当代中国人文大系

亚里士多德关于本体的学说

汪子嵩 著

中国人民大学出版社
·北京·

“当代中国人文大系”
出版说明

改革开放以来，中国社会的变革波澜壮阔，学术研究的发展自成一景。对当代学术成就加以梳理，对已出版的学术著作做一番披沙拣金、择优再版的工作，出版界责无旁贷。很多著作或因出版时日已久，学界无从寻觅；或在今天看来也许在主题、范式或研究方法上略显陈旧，但在学术发展史上不可或缺；或历时既久，在学界赢得口碑，渐显经典之相。它们至今都闪烁着智慧的光芒，有再版的价值。因此，把有价值的学术著作作为一个大的学术系列集中再版，让几代学者凝聚心血的研究成果得以再现，无论对于学术、学者还是学生，都是很有意义的事。

披沙拣金，说起来容易做起来难。俗话说，“文无第一，武无第二”。人文学科的学术著作没有绝对的评价标准，我们只能根据专家推荐意见、引用率等因素综合考量。我们不敢说，入选的著作都堪称经典，未入选的著作就价值不大。因为，不仅书目的推荐者见仁见智，更主要的是，为数不少公认一流的学术著作因无法获得版权而无缘纳入本系列。

“当代中国人文大系”分文学、史学、哲学等子系列。每个系列所选著作不求数量上相等，在体例上则尽可能一致。由于所选著作都是“旧作”，为全面呈现作者的研究成果和思想变化，我们一般要求作者提供若干篇后来发表过的相关论文作为附录，或提供一篇概述学术历程的“学术自述”，以便读者比较全面地了解作者的相关研究成果。至于有的作者希望出版修订后的作品，自然为我们所期盼。

“当代中国人文大系”是一套开放性的丛书，殷切期望新出现的或可获得版权的佳作加入。弘扬学术是一项崇高而艰辛的事业。中国人民大学出版社在学术出版园地上辛勤耕耘，收获颇丰，不仅得到读者的认可和褒扬，也得到作者的肯定和信任。我们将坚守自己的文化理念和出版使命，为中国的学术进展和文明传承继续做出贡献。

“当代中国人文大系”的策划和出版，得到了来自中国社会科学院、北京大学、清华大学、中国人民大学、北京师范大学、复旦大学、南京大学、南开大学等学术机构的学人的热情支持和帮助，谨此致谢！我们同样热切期待得到广大读者的支持与厚爱！

中国人民大学出版社

前　言

在西方哲学史中，本体（οὐσία，substance）[①] 是个最常见、很重要的概念。将本体作为一个哲学的概念进行分析，加以论证的，第一个人就是亚里士多德。

在亚里士多德以前，古代希腊哲学从一开始，就提出了有关本体的问题。从泰勒斯开始提出“本原”（ἀρχή）以后，无论是当时唯物论哲学家所讲的物质性的元素，或者是毕达哥拉斯学派所讲的“数”、爱利亚学派巴门尼德所讲的“存在”，一直到柏拉图所讲的“理念”，实际上讲的都是本体。但是因为他们都还没有意识到本体这个概念，还不能将本体和性质、数量、关系等其他范畴区别开来，常将它们混淆在一起，因而产生了不少问题。亚里士多德正是看到这些情况，意识到需要将本体和其他范畴区别开来。他在《范畴篇》中所作的这种区别，一直到现在都被人们接受和运用。所以应该承认，亚里士多德提出本体这个范畴，是人类认识史上的一次前进。

但是，正因为这是一个开始，亚里士多德自己对于究竟什么是本体，也还在探索之中。在他的著作中，除了《范畴篇》外，主要是《形而上学》这本书，几乎有一半左右的卷章是讨论直接和本体有关的问题的。亚里士多德关于本体的论述并不是前后一致的。他在《范畴篇》中讲的“第一本体”和在《形而上学》中所讲的，恰恰是相反的，即使在《形而上学》一书的各卷之间，也不是完全一样的。将亚里士多德的这些思想加以整理，找出其思想发展变化的线索，这是哲学史工作者的任务。本书企图在这方面做点粗浅的尝试。

恩格斯在《反杜林论·引论》中说：“古希腊的哲学家都是天生的自发的辩证论者，他们中最博学的人物亚里士多德就已经研究了辩证思维的最主要的形式。”在这个《引论》的草稿中，恩格斯还说

① substance这个词，现在通常译为“实体”，容易被误解为具体实在存在的物体，我以为还是译为比较抽象的“本体”更符合亚里士多德的原意。

亚里士多德是“古代世界的黑格尔”①。恩格斯在《自然辩证法》中还说过：“而辩证法直到现在还只被亚里士多德和黑格尔这两个思想家比较精密地研究过。”② 三十多年来，我国对于黑格尔的研究还是比较多的，有些同志写了一些有意义的著作。但是，对于亚里士多德的研究，几乎可以说还没有人做过，以至在一些哲学史课本中将亚里士多德的思想说得那么简单，那么贫乏，实在不配“古代世界的黑格尔”的称号。本书想补这方面的空白，做点基础性的工作。

当然，因为我现在研究的题目是亚里士多德关于本体的学说，本体问题可以说是亚里士多德哲学（所谓“第一哲学”）思想的核心，所以本书没有全面探讨亚里士多德的辩证法思想。亚里士多德在《物理学》中讨论了事物运动变化的形式、空间和时间、有限和无限等等辩证法的问题；在《形而上学》中也有一些卷章是直接讨论矛盾对立等问题的。因为这些和我们讨论的本体问题没有直接的联系，不在本书讨论范围之内。但是，在亚里士多德关于本体的学说中，也是有许多辩证法思想的。本书要着重探讨的一个问题，就是一般和个别的关系问题。亚里士多德自己关于本体的思想是怎么变化的？他怎么从个别事物上升到认识本体——本质的？以及他是怎么批判柏拉图的“理念论”的？这一系列问题都是同一般和个别的问题分不开的。列宁在《哲学笔记》中的一篇最著名的文章《谈谈辩证法问题》，恰恰就是举了亚里士多德在《形而上学》中讲到个别就是一般的话，然后展开讨论一般和个别的关系问题的。③ 在这篇文章后面，紧接着就是列宁同时期写下的《亚里士多德〈形而上学〉一书摘要》。在这个《摘要》中，列宁摘引了许多段亚里士多德关于一般和个别的关系问题的论述，他既肯定了亚里士多德就一般和个别的关系对柏拉图唯心论所作的批判，同时又一再指出：亚里士多德就是在一般和个别的辩证法问题上，“陷入稚气的混乱状态，陷入毫无办法的困窘的混乱状态”④；还说：“这个人就是弄不清一般和个别、概念和感觉、本质和现象等等的辩证法”⑤。正是在关于本体的问题上，亚里士多德从个别上升到一般，看到了一般和个别

① 《马克思恩格斯选集》，1版，第3卷，59页，北京，人民出版社，1972。
② 同上书，466页。
③ 参看《列宁全集》，中文1版，第38卷，409页，北京，人民出版社，1959。
④ 同上书，416页。
⑤ 同上书，418页。

的某些辩证关系；但也是在关于本体的问题上，亚里士多德分不清一般和个别的辩证法，在这个问题上陷入了毫无办法的混乱状态。为什么会产生这种矛盾的情况？这就必须具体地分析亚里士多德自己的论证才能清楚。本书就是通过分析亚里士多德关于一般和个别的论述，试图解释他思想中的这些矛盾情况。

多少年来，我们的哲学史研究工作犯了简单化、贴标签的毛病。对于一个哲学家，只要抓住他几句话，就可以给他戴上唯物论或者唯心论、辩证法或者形而上学的帽子。这样做当然是最省力的，但是并不科学。任何一个哲学家，特别是有丰富著作并在历史上起过重要作用的哲学家，要是从他的著作中去找出几句话，用来证明他是唯物论者，或者找出另外几句话来证明他是唯心论者，大概都是不困难的。即使在黑格尔的《逻辑学》这部最唯心的著作中，列宁却深刻地看出它是唯心论最少、唯物论最多。“矛盾”，然而是事实！① 哲学史研究工作当然要区别唯物论和唯心论、辩证法和形而上学，但决不是作出这样简单的结论就算完事。哲学家的思想是复杂的，特别是像亚里士多德这样的哲学家，他动摇于唯物论和唯心论、辩证法和形而上学之间，我们只有对他的论证进行具体的分析，才能对种种矛盾现象有所说明，才能提高我们的思维能力。我们企图以这样的方法来研究亚里士多德，当然，要做到这一点是不容易的，本书只是一个初步的尝试。

我很赞成孙叔平同志在他的《中国哲学史稿·序言》中说的：“在论述每一个人的哲学思想的时候，我遵守这样的原则：第一，论点一定要是他本人的，而不是我认为的。”“第二，逻辑也要是他本人的，而不是我妄加的。”我们研究哲学史，不能像黑格尔或者罗素那样，要历史上的哲学家们的思想为我所用，可以按照我的理论需要任意剪裁史料。那是哲学家的做法，不是哲学史研究者应该采取的科学态度。哲学史研究工作的科学态度只能是实事求是。我们要研究的这个“实事”，就是哲学家的著作中的论点和逻辑。根据哲学家本人的论点和逻辑，我们作出分析和判断，才是研究哲学史应遵循的科学态度。

但是，研究亚里士多德哲学的困难，恰恰也就在这里。亚里士多德的著作，特别是《形而上学》这本书，至少也可以说是西方哲

① 参看《列宁全集》，中文1版，第38卷，253页。

学著作中最难读的书中的一本。它之所以难读，有种种原因，本书将有一章专门介绍这本书。因为它难读，也妨碍了对亚里士多德哲学的研究。因此，本书想尽可能全面地、通俗地介绍这本书的有关内容。对大部分卷和章节，都转述了（也就是意译了）他的所有论证，然后再加上需要的解释。这样做，可能有些读者会觉得过于琐碎。我是为了两个目的：一是给想读《形而上学》这本书的同志提供一点帮助，二是给将来编写哲学史提供素材。

《形而上学》有各种翻译本。由于古代希腊文和现代语言有很大差距，加上两千年来西方对《形而上学》一书有很多注释，所以各种译本的差别很大。我主要是根据罗斯（W. D. Ross）主编的《亚里士多德著作集》牛津版英文译本①；对于《形而上学》各章节的文字解释，主要参考罗斯的校释本②；关于亚里士多德的“第一本体”思想的变化，则主要根据陈康先生的研究。③

1963 年，我写过一篇文章，是解释亚里士多德在《形而上学》第一卷（A）第九章中对柏拉图“理念论”的批判的，与本体问题直接有关，和本书第十五章讨论的《形而上学》第十三卷（M）第四、五章有些重复，可以相互对照，所以作为附录，编入本书。

---

① Cf. The Works of Aristotle，vol. VIII，*Metaphysica*，Oxford，1954.

② Cf. W. D. Ross：*Aristotle's Metaphysics*，Oxford，1924.

③ Cf. Chen Chung-hwan：Aristotle's Concept of Primary Substance in Books Z and H of the Metaphysics，*Phronesis*，vol. II，1957.

目　录

第一章
亚里士多德为什么提出本体概念？

亚里士多德为什么要提出“本体”这样一个哲学概念来？要回答这个问题，还得用亚里士多德自己常用的办法，对它作一番历史的回顾，看看在他以前的哲学家对此都说过些什么。

古希腊哲学从米利都学派开始，就提出了万物本原的问题。所谓“本原”（或译“始基”，ἀρχή），按照亚里士多德在《形而上学》第一卷（A）中的解释，就是万物都由它构成，最初由它产生，最后又复归于它的那个东西。① 泰利士说本原是水，阿那克西美尼说是气，赫拉克利特说是火，这些都是物质性的元素。只有阿那克西曼德是例外，他看到无论用哪一种特定的物质元素去解释万物的生成，都会发生困难，所以提出一个“无限”。不过，他说的无限仍是一种物质的元素，只是它不具备任何一种规定性，既不冷也不热，既不是水也不是火，是一种没有任何规定性的物质，所以叫作“无限”。这些哲学家都以物质性的元素作为万物的本原，他们是最早的唯物论哲学家。但是，古代的唯物论哲学家单用物质的元素也不能说明万物是怎样生成的。因此，恩培多克勒认为，除了四种元素外，还要假定有“爱”和“恨”两种力量，阿那克萨戈拉更提出一个“努斯”——理性。这些“爱”、“恨”和“努斯”，与物质元素是不是同样的东西？它们之间有什么关系？这就是他们无法解释清楚的问题。亚里士多德用四因和本体的学说来说明这个问题。

与他们几乎同时，出现了毕达哥拉斯学派，他们认为万物的本原不是物质的元素，而是“数”。这是因为，古希腊的科学——数学、几何学、天文学，还有音乐等已经有相当的发展了，人们从几何图形、天体运动和韵律等现象中都发现有数的比例关系，因而认

---

① 983^b8—9。（贝刻尔 Bekker 标准本页码，下同。）

为“数”是决定各种现象的本原。从毕达哥拉斯学派提出这个问题开始，“数”和万物之间究竟是什么关系，便成为许多哲学家，包括柏拉图和他的学派在内，都感到困惑的问题。这也是使得亚里士多德要将本体和其他范畴——如数量——区别开来的一个重要的原因。

这时，以巴门尼德为代表的爱利亚学派，又提出了存在的学说。“存在”（ὄν，Being）这个哲学概念的提出，在西方哲学思想的发展上是十分重要的。如果没有存在这个概念，后来的希腊哲学，特别是柏拉图和亚里士多德的哲学，可能就不会形成像我们知道的这样的体系。如果不先讲清楚巴门尼德的存在概念，就无法说明亚里士多德的本体学说。因此，关于存在，需要多说几句。

巴门尼德是从认识论方面提出问题的。他认为我们平常感觉到的形形色色、千变万化的实在世界，只是人们的意见的对象，并不是真实的世界。人们要认识真理，只有通过思想；只有思想才能认识唯一的、不变不动的“存在”，这才是真实的世界。所以有两种认识：低级的认识，他叫作意见，就是感觉、感性认识；高级的认识，他叫作真理，就是思想、理性认识。这两种认识各有自己的对象，这样就有两个世界：一个是我们所处的现实世界，是不真实的；真实的世界是“存在”，它是高一级的实在。

“存在”也可以译成“有”或“是”。“有”是中国哲学固有的概念，《老子》中就有“天下万物生于有，有生于无”，魏晋玄学中发生过“有”、“无”之争。“存在”则是外来的概念，但是现在大家对于这个概念都已经习惯了。当我们说“这是一张桌子”或“有一张桌子”时，就表示这张桌子是存在的。在西方文字中，助动词“是”（is）的分词当名词使用，就是“存在”（Being）。巴门尼德的存在就是这样得来的。它的特点就是：所有的东西，将它们各自具有的特殊性都一个一个地去掉以后，最后只留下一个最普遍、最一般的共性，那就是存在。比如，我们说：这是人，这是神，这是桌子，这是美，这是大，这是二，这是相等……这些人、神、桌子、美、大、二、相等……都是各个的特殊性，将这些特殊性抽象掉，那就只留下它们的共性——“是”，也就是“存在”。

这样的存在是最一般的哲学概念，从逻辑上讲，它的外延最大，内涵最少。因为它外延最大，所以宇宙万物以及它们的属性、动作等，无一不是存在。从这方面说，只有一个“存在”，它是唯一的存在。所以，巴门尼德说，只有“存在”是存在的，“非存在”是根本没有的。其他各种特殊性都由某一门具体的科学来研究，只有“存在”是哲学应该研究的对象。后来，亚里士多德在《形而上学》中提出“作为存在的存在”是第一哲学研究的对象，就起源于巴门尼德的“存在”。研究存在（希腊文 ὀν 即 on）的学问，就叫本体论（ontology，或译万有论）。古希腊哲学主要是本体论的思想。从这一点也可以看出巴门尼德提出存在这个概念在西方哲学史上的重要性。

巴门尼德讲的存在还有另外方面的意义，它是和赫拉克利特讲的变动相对立的。赫拉克利特认为万物都在不断流动之中，任何事物都既是这样又不是这样，既存在又不存在。巴门尼德认为，如果那样，我们就不能得到真实的知识。真实的知识只能是：只有“存在”存在，“非存在”是不存在的，所以“存在”是永远不运动不变化的。这两种思想，一种将运动绝对化了，认为只有运动；一种将静止绝对化了，认为只有静止。

这样就提出了运动和静止的矛盾。在他们以后的哲学家恩培多克勒、阿那克萨戈拉，还有原子论者德谟克里特等都认为运动变化不是绝对的，而是相对的，在运动中有静止，在变化中有不变。他们的哲学就是要找出这个变中的不变来。恩培多克勒说是“元素”，阿那克萨戈拉说是“根”或“种子”，德谟克里特说是“原子”。无论“元素”、“种子”或“原子”，本身都是不变的，只是由于它们的分和合才产生不断变化的万物。这个“变中的不变”的思想，也是亚里士多德形成“本体”概念的来源之一。

这些“元素”、“种子”和“原子”，很明显，都是物质性的东西，这些哲学家是继承和发展了唯物论的传统。和他们不同，柏拉图却提出个“理念”来。“理念”（εἶδος, ἰδέα）希腊文原意是“看”，转为名词就是所看到的东西。看到的是事物的形状，后来亚里士多德讲的“形式”也就是这个词。它相当于中文里的“形”、“型”、“相”。柏拉图和亚里士多德用这个词时都没有“理”（规律）的意思，也没有主观的“念”的意思，他们只在少数著作中说它是主观的思想，主要还是将它当作是客观存在的东西。严格地说，将它译为“理念”并不恰当，但现在已经通用了这个译词，约定俗成，我们也就沿用了它，只加以说明如上。

柏拉图的“理念”，主要来自巴门尼德的“存在”。在他的主要对话《斐多篇》和《理想国》中，他将巴门尼德的两个世界的学说用更明确的形式表达出来：一个是我们所处的现象世界，它是变化生灭的，是感觉感知的对象；另一个是理念的世界，它是真实的，永恒不变的，是理性认识的对象。“理念”也是“存在”。柏拉图的理念和巴门尼德的存在不同，主要只在这一点上：巴门尼德的存在是包括万事万物的，不论什么东西，物质的或精神的东西都在内，它们只有一个唯一的共性，就是存在。而柏拉图的理念却只是一类事物的共性。苏格拉底、张三、李四等等所有个别的人，有一个共同的“人的理念”。美的人、美的花、美的画等等所有个别的美的东西，有一个共同的“美的理念”。可以说，“理念”是巴门尼德的“存在”再加上某一种特殊性（人、美等），所以“理念”的内涵比“存在”的要丰富一点，外延当然就小得多。只要有一类东西，就可以有它们的共同的“理念”。它们都是个体的共性、特殊中的一般，是“多”中之“一”。不过存在是最普遍最一般的，理念的一般性比它少一些。

柏拉图的“理念论”存在许多困难问题，主要是从“理念”和个别事物的关系问题引起来的。既然柏拉图肯定在个别事物以外还有“理念”存在，那么，个别事物和“理念”究竟是什么关系呢？柏拉图说，个别事物“分有”（参与）理念。但什么是“分有”呢？柏拉图不可能提出明确的解说，所以亚里士多德批评它不过是“空洞的语言和诗意的比喻”而已。还有，“理念”是存在于个别事物之中，还是在个别事物之外，和个别事物分离开，独立存在的？这就是所谓“分离问题”。自从亚里士多德提出这个问题以后，西方哲学史上一直在争论这个问题。中世纪的唯名论和唯实论的争论，就是围绕这个问题展开的。从这个问题可以划分唯物论和唯心论的界限，因为，承认共性只存在于个性之中，一般只存在于个别之中，才能坚持唯物论；如果认为一般可以和个别分离存在，将一般摆在个别之上，认为一般先于个别，就必然导致唯心论。这个问题，我们在下文讨论亚里士多德的本体学说时，经常会遇到。我们将看到，亚里士多德虽然在个别和一般的问题上批评了柏拉图，但是他自己在这个问题上，也还是混淆不清的，正如列宁所说，亚里士多德在一般与个别的辩证法上“陷入稚气的混乱状态，陷入毫无办法的困窘的混乱状态”①。在这个问题上发生混乱，就使他在唯物论和唯心论

① 《列宁全集》，中文1版，第38卷，416页。

之间动摇不定。就他关于本体的学说的变化情况来看，他就是从原来的唯物论立论逐渐转化成为唯心论的。

但是，和我们现在讨论的问题——亚里士多德为什么要提出本体——直接有关的，却是这个问题：是不是每一类存在的东西，都有一个理念？从柏拉图的理念论的根本原理说，既然一类东西的共性就是理念，他就应该承认，任何一类东西，都应该有一个共同的理念。但正是在这个问题上，柏拉图自己就开始感到踟蹰了。

柏拉图在以《斐多篇》为代表的前期对话中，主要只承认两类东西的理念，一类是伦理方面的，如美、善、正义、勇敢等；另一类是数学方面的，如一、多、大、小、相等、类似等。柏拉图这时期的对话还是在苏格拉底思想影响下的。苏格拉底主要关心的是道德方面的问题，要寻求一般的道德的定义。柏拉图早期的对话往往讨论这样的问题：什么是智慧？什么是勇敢？什么是美？什么是善？什么是正义？对话者总是举出某种具体的东西来回答，比如当问到什么是道德时，回答是男人的道德是这样，女人的道德是那样，等等。苏格拉底说，我不是要你回答这样的道德或那样的道德，而是要你说出道德之为道德，即一般的道德，可以适用于一切道德的共同的定义是什么。经过反复的问答诘难辩证（这就是“辩证法”的最早出处！）之后，始终得不到完满的回答，许多对话都以这样告终。正是在这种情况下，柏拉图渐渐形成了他的“理念论”。虽然什么是一般的智慧、美、道德等的实际内容，我们说不出来，但是我们可以说，有一个一般的智慧、一般的道德、一般的美，这就是“智慧的理念”、“道德的理念”、“美的理念”。具体的事物总是相对的、不完全的，只有“理念”才是绝对的、完全的。一个美的人，一朵美的花，无论它们怎么美，总是美中有不美；它们想达到那个绝对的美，但是永远不能达到它。“理念”是具体事物所追求的目的，这就是目的论的思想。数学的东西也是这样，具体的大、相等都不是绝对的，只有“大的理念”才是绝对的大，“相等的理念”才是绝对的相等。这些方面都有一个“价值”的含义在内，绝对的就是有价值的、好的、善的。“善”就是最高的目的。所以柏拉图在《理想国》中，以善为最高的理念，善是理念世界中的太阳。在现实世界中，因为有太阳的光照着，具体事物才能被我们看到；在理念世界中，一切理念也因为有善的光照耀着，才能被我们认识。

但是，按照这个观点来看，是不是每一类具体的事物都有一个理念？凡是有价值意义的东西，如上述伦理的和数学的东西，可以说它们有理念；可是那些没有价值意义的东西，是不是也有理念呢？这就成为问题了。

柏拉图后期对话中的思想，在某些方面修改了他前期对话中的"理念论"。这种变化，最初出现在《巴门尼德篇》前半部分中，柏拉图借巴门尼德之口，对"少年苏格拉底"的"理念论"进行了批判。这个批判提出了许多论证，其中之一就是关于哪一类东西是有"理念"的。我们看看他们是怎样对答的：

> 巴门尼德问：是不是有类似、一、多的"理念"呢？
>
> 少年苏格拉底答：我是这样认为的。
>
> 巴：有没有公正、美、善这类的"理念"呢？
>
> 苏：有的。
>
> 巴：有没有"人的理念"、某个人的"理念"，以及水、火的"理念"呢？
>
> 苏：对这些东西我常感到困难，究竟是有还是没有。
>
> 巴：还有看起来更可笑的，比如头发、污泥、秽物，这些最无价值的东西，能不能肯定有它们的"理念"呢？
>
> 苏：绝对不能，说有这样的理念，是太荒诞了。但是这些使我很不安，遇到这样的问题，我只好逃避，害怕会坠入愚昧的深渊中去。
>
> 巴：苏格拉底呵，因为你还年轻，哲学还没有抓紧你；将来它会抓紧你的，那时候你就不能轻视它们中间的哪一个了。①

在这里，柏拉图是从目的论的观点立论的。凡是有价值的东西，他很快承认它们有"理念"；凡是没有价值的东西，他绝对不承认有它们的"理念"。但是这样，就和他原来的理论——任何一类东西都有它的"理念"——相矛盾了，所以他感到害怕，想逃避这样的问题。可是还有一类事物，它们说不上有价值或是没有价值，如人、水、火之类，究竟有没有"理念"呢？他感到困难。实际上，他在对话中承认过类似这些东西的"理念"。在《理想国》中，他为了说明人根据国家的"理念"（就是理想的国家）构造现实的国家，就举出"床的理念"来，木匠根据"床的理念"造出了床。这样的人造物也可以有"理念"，那么，像人、水、火这些的自然物，为什么不能有

① 《巴门尼德篇》130B—E。

“理念”呢？不过从目的论的观点看，要肯定它们的“理念”就有困难了。

柏拉图自己对这个问题的批判，还只限于从目的论的观点来判断；到亚里士多德，就超出了目的论的范围，更深入更广泛地提出这个问题来了。历史上传说，在柏拉图的学园里，对于哪些东西有理念，哪些东西没有理念，就已经发生争论了。亚里士多德在《形而上学》第一卷（A）第九章中，提出许多论证批判“理念论”，其中有些是和我们当前讨论的问题有关的，亚里士多德说，如果按照“多中之一”的理论，则一切可以成为科学研究对象的东西，都可以有和它们相应的“理念”了。他认为这是不可能的，因为那些东西是不应该有“理念”的。他举出以下三种①：

第一，各种否定的东西也会有它们的理念了。不但有“美”的理念，而且应该有“非美”的理念，也就是“丑”的理念；不但有“存在”的理念，而且应该有“非存在”的理念。他的这个论证，基本上还和柏拉图一样，是从目的论方面立论，所以不能承认否定的东西也有理念。

第二，具体的事物都是要消灭的，那就要有“消灭的理念”了。可是，按照“理念论”的基本原则，“理念”本身是不能消灭的，这样就陷于自相矛盾。从我们现在来看，“消灭的理念”也是抽象的一般，它和具体的要消灭的事物不同，乃是不能消灭的。但古代希腊的哲学家虽然提出了许多抽象的概念和理论，却还没有能真正搞清楚抽象和具体、一般和个别之间的区别；他们发现了一般，但往往又将这一般当作个别，将个别事物所具有的一些属性加到一般上去，因而作出了错误的推论。从亚里士多德对柏拉图的“理念论”的批判可以看出，“理念论”的根本错误就在于将一般当作个别，将个别的属性加到一般上去了。亚里士多德在这一点上批评了柏拉图，但是他自己又陷入同样的错误。这里就是一个例子。这个事实，只能这样说明：在人类认识的发展史上，古希腊哲学家开始从具体认识抽象，他们试图将一般和个别区别开来，但又不能完全认识它们的区别，因而，即使像亚里士多德这样伟大的思想家，在这个问题上也不免陷入“稚气的混乱”之中。从认识的发展史来看，这是完全可以理解的。

---

① 990^b9—16。

第三，我们应该承认有“关系”的理念了，可是“关系”本来不是一种独立的存在。关系，如“在先”、“在上”、“大于”、“相等”，原来是只发生在两个事物之间的，如“甲在乙之先”，它不是一个独立的存在，怎么能有它的“理念”呢？

这里，亚里士多德已经指出，“关系”和个体是不一样的。甲和乙是两个个体，只有在两个个体之间才有“在先”、“在上”等等关系。在“甲在乙之先”中，除了承认有甲和乙的“理念”外，是不是还要承认有个“在先”的“理念”呢？其实，上面的第二点，也可以从同样的道理来说明，所谓“消灭”，本来只是个体的一种动作，我们说“甲消灭”，是不是在承认了甲的“理念”之外，还要承认有个消灭的“理念”呢？显然，这里应该将个体和它的关系、动作等等区别开来，只能有个体的“理念”，而不能有关系、动作等等的“理念”。

所以，亚里士多德接着就明确指出：如果按照那个使我们相信“理念”的假定，就会不仅有本体的理念，而且有许多别的东西的理念了。[①] 因为，如果理念是“多中之一”，同一类事物（多）中只能有一个单一的“理念”，则不但本体可以是多中之一，其他性质、数量、关系等等都可以各自成为多中之一，各有它的“理念”。可是，这样也就产生成千种困难。比如，苏格拉底这个人，既是丑的，又有智慧，他比柏拉图年老，又比巴门尼德年轻，他经常和人辩论……我们承认苏格拉底分有“人”这个“理念”外，是不是还要承认他分有“丑”、“智慧”、“年老”、“年轻”、“辩论”等无穷的“理念”呢？这显然是荒谬的。从这个例子可以看出，我们必须将苏格拉底这个“个体”（主体、本体）和他的性质、数量、关系、动作等等区别开来。

简单说来，这就是亚里士多德提出“本体”这个概念的主要原因。

---

① 990^b23—25。

第二章
本体是存在的中心
——《范畴篇》第五节

《范畴篇》是亚里士多德的逻辑学著作，其实也是他的形而上学（本体论）的著作。

亚里士多德是形式逻辑的创始人。在人类认识史上，他是第一个研究思维和语言的形式，找出其规律（“逻各斯”，由此得出“逻辑”）的人。

亚里士多德的逻辑，是简单的主宾词逻辑。在一个简单的判断——

甲是乙

中，甲是主词，乙是宾词；乙是表述（述说、说明）甲的。“范畴”这个词，希腊文原来就是表述的意思。亚里士多德将它们进行分类，得出十个范畴。“范畴”就成为分类、类别的意思。中国古代《书经》有“洪范九畴”的说法，范指法，畴就是类，所以汉译为范畴。

亚里士多德是在《范畴篇》第四节中得出十个范畴的。他说：每一个不是复合的（比如“白的人”）词，即单一的词，总是各表示下列十种情况中的一种——本体、数量、性质、关系、地点、时间、姿态、状况、动作、遭受。接着他就各个举例说明：

本体——“人”或“马”；

数量——“二尺长”或“三尺长”；

性质——“白的”或“懂语法的”；

关系——“二倍”或“一半”或“较大”；

地点——“在市场里”或“在某个地方”；

时间——“昨天”或“去年”；

姿态——“躺着”或“坐着”；

状况（具有）——“穿鞋的”或“武装的”；

动作——“开刀”或“烧灼”；

遭受——“被开刀”或“被烧灼”。①

亚里士多德在这里说的是单词的分类，但每一个词都有所指，是有客观对象的，所以，这又是“存在”的分类。“是人”、“是二尺长”或“是白的”，就是说，人、二尺长、白都是“是”的，是“有”的，是“存在”的。以上十类，都是“存在”的东西，都是存在。十个范畴，就是有十类存在。

现在我们要研究的是：什么是本体?《范畴篇》第五节主要说明这个问题。亚里士多德在那里提出了本体之成为本体的几个特征、几个标准。

“不表述主体”和“不存在于主体之中”

亚里士多德提出本体的第一个标准是：本体是既不可以用来表述一个主体，又不存在于一个主体之中的东西。他说，这是关于本体的最真实的、第一位的、最确实的含义。②

这句话的意思不容易理解。亚里士多德在《范畴篇》第二节中对这个问题作过说明。③ 他在那里讲（I）“表述一个主体”，和（II）“在一个主体之中”；其中每个又都分为肯定（a）和否定（b）两种，即有 I_a、I_b、II_a、II_b 这样四种情况，按照这四种的不同组合，他举出四类例子：

> 一、可以表述一个主体（I_a），但不存在于一个主体之中（II_b）的，如：“人”可以表述个别的人，却绝不存在于主体之中；
>
> 二、存在于主体之中（II_a），却绝不表述主体（I_b）的，如：个别的语法知识是存在于心中，但不能表述任何主体。又如：一种特殊的白色是存在于一个物体之中，但不能表述任何东西；
>
> 三、既可以表述主体（I_a），又存在于一个主体之中（II_a）

① 1^b25—2^a4。

② 2^a12—13。

③ 以下关于这段文字的解释，根据 Chen Chung-hwan：On Aristotle's Two Expressions：*καθ ὑποκειμένου λέγεσθαι* and *ἐν ὑποκειμένῳ εἶναι*，*Phronesis*，vol. II，1957。

的，如：知识既存在于心中，又可以表述语法；

四、既不存在于主体之中（II_b），又不可以表述主体（I_b）的，如：个别的人和个别的马。[①]

亚里士多德在这里的说法，和我们通常的想法不大一样（这里也有古希腊文和中文上的差异问题），需要分析说明。

第一，关于“表述主体”。这是从逻辑上说的。在“甲是乙”这样的判断中，甲是主词，是主体，乙是宾词，是表述甲的。什么东西能够表述主体，什么东西不能表述主体？用什么标准来分别呢？从上面四个例子中可以看出，亚里士多德是以“个别”和“一般”来区别的。凡是个别的、特殊的东西，比如他所举的个别的语法知识、特殊的白色、个别的人和个别的马这些东西，都是个别和特殊，亚里士多德认为它们是不能表述主体的。凡是能够用来表述主体的东西，必然都是普遍的、一般的东西。比如：

苏格拉底是人。
苏格拉底是丑的。

在这样的判断中，“人”和“丑”都是一般的、普遍的东西。如果我们将判断的主宾词颠倒过来——

人是苏格拉底。
丑的（人）是苏格拉底。

这就不对了，这种判断犯了逻辑错误。所以，亚里士多德说：一般地说，凡是个别的单一性的东西，就绝不可以用来表述主体。[②] 他在例子中认为，一般的“人”可以表述主体，个别的人就不能表述主体；一般的知识可以表述主体（语法）——“语法是知识”这个判断是对的，而个别的语法知识就不能表述主体。

第二，关于“存在于本体之中”。这就不是从逻辑方面，而是从存在方面，从本体论方面说的。亚里士多德自己作了一个说明：所谓“存在于本体之中”，我的意思不是指像部分存在于整体之中那样的存在，而是指离开了主体，便不能存在。[③] 他所说的部分与整体的关系，是像头和身体的关系或三分之一块木板和整块木板的关系，

---

① $1^a20—1^b3$。
② $1^a5—6$。
③ $1^a23—24$。

他认为这样的部分是可以和整体分离开，独立存在的。他所说的“不存在于主体之中”的东西，实际上就是主体，也就是本体；而他所说的“存在于主体之中”的东西，就是除了本体以外的一切东西——数量、性质、关系、地点等等其他范畴，亚里士多德有时将它们统称为“属性”（συμβεβηκός）。希腊文原意就是“和……在一起的”，表示这些属性是不能离开主体而存在的。“二尺长”的量是不能离开主体而存在的，“白”的颜色也是不能离开主体而存在的；离开了主体，就没有什么数量和性质了。所以，亚里士多德在这里说的“存在于主体之中”的东西，就是指本体以外的各种属性；而他所说的“不存在于主体之中”的东西，就是本体，他举的例子就是“人”和个别的人。他在这里区分是不是“存在于主体之中”的标准，实际上就是看它是不是本体。凡是本体，就是“不存在于主体之中”的。这里也是亚里士多德提出的“分离问题”的一个方面，那就是本体和属性（本体以外的一切其他范畴）是否分离的问题。亚里士多德在这里回答了这个问题的一个方面，那就是：属性是不能和本体相分离而独立存在的。至于另外一个方面，即本体是否可以和属性相分离而独立存在呢？亚里士多德在下文谈到这个问题。

但是，这里还留下了一个问题，即虽然同是主体——“人”和个别的人，它们也有不同，即前者是一般，后者是个别，它们之间是不是也有分离问题，一般的“人”能不能和个别的人相分离而存在呢？这是亚里士多德要探讨的一个重要问题，在《形而上学》中将详细展开。

“表述主体”和“在主体之中”是亚里士多德常用的说法，在这里简单地分析一下，有助于下面的阐述。

“第一本体”和“第二本体”

亚里士多德在提出了上述关于本体的第一个标准以后，随即指出：按照这个标准——既不表述主体又不存在于主体之中——判断，只有个别的事物（个别的人、个别的马）才是“第一本体”，而包含个别事物的“属”和“种”，是“第二本体”。① 苏格拉底这样的个

① 2^a12—18。

别的人是第一本体，而它们的“属”（人）和“种”（动物）是第二本体。

亚里士多德经常将本体分为三级：个体、属、种。所有个别的人都包含在“人”这个“属”里，“人”、“马”等等“属”都包含在“动物”这个“种”里。同一个“种”下的各个“属”是不同的，这叫“属差”。比如，人是两足的动物，马是四足的动物，鸟是有翼的动物。这“两足的”、“四足的”、“有翼的”都是“属差”。

人＝两足的＋动物，

这就是：

属＝属差＋种。

“人”和“动物”都是一般，一般的东西可以用来表述个别的东西。而“人”和“动物”虽然都是一般的东西，但它们的一般性的程度不同，“动物”的一般性比“人”更大，所以，亚里士多德说：

既然　“动物”可以表述“人”，
而　　“人”可以表述个别的人，
所以　“动物”也可以表述个别的人，
因为　个别的人既是“人”，又是“动物”。①

既然“人”可以表述主体，性质、数量等属性也可以表述主体，它们之间有什么区别呢？亚里士多德是这样区别的：任何一个表述主体的宾词，都可以分为名称和定义两个方面。比如“人”的名称是“人”，定义就是“两足的动物”。当用“人”去表述主体时，它的名称和定义都可以表述主体。因为：

苏格拉底是人

和

苏格拉底是两足的动物

是一样正确的。可是，作为可以存在于主体之中的属性，情况就不同了。它们的名称可以用来表述主体，而它们的定义就不能用来表述主体。比如“白”的定义是“一种颜色”，我们只能说：

苏格拉底是白的。

① 1^a12—15。

而决不能说：

苏格拉底是一种颜色。①

“属”和“种”这样的“第二本体”，虽然不存在于主体之中，但是它们也可以表述主体。亚里士多德由此得出结论：除了“第一本体”以外，任何其他的东西（包括第二本体），或者是表述第一本体，或者是存在于第一本体之中。他说：如果没有第一本体，就不可能有其他的东西存在。② 所以，第一本体是最根本的东西，是决定其他一切的东西。

从上面这个标准看，“属”和“种”相比较，“属”更接近于第一本体，按本体性的程度说，“属”比“种”是更明确的本体。亚里士多德举例说：我们说“苏格拉底是人”，和说“苏格拉底是动物”，虽然都是说明了本体，但前者比后者更中肯，更能说明苏格拉底的特性，而后者则更为一般化。③ 在这里，亚里士多德事实上已经得出这么一个结论：越是一般性大，即越是一般，越是普遍的东西，它的本体性就越小；而越是个别的东西，它的本体性也就越大，所以，个别事物是第一本体。

亚里士多德再从另外一个方面来论证：第一本体之所以是更明确的本体，因为其他一切东西都是表述第一本体的。从这方面说，“种”是表述“属”的，而不是“属”去表述“种”。我们只能说“人是动物”，而不能说“动物是人”。这也是一个根据，可以断定“属”比“种”是更明确的本体。④

虽然在个别事物、“属”和“种”这三者中，从本体性的程度上说，是有差别的；但是这三者都是本体，它们有共同性。为什么说“属”和“种”也是本体呢？亚里士多德是从下面三个方面来论证的：

第一，因为在所有的宾词中，只有“属”和“种”才能说明第一本体是什么。只有当我们说明苏格拉底是人、是动物时，我们才说明了苏格拉底是个什么东西；如果我们用别的属性来说明他，如说苏格拉底是白的、他在跑等等，并不能说明苏格拉底是什么。所以，他说，除了第一本体以外，只有“属”和“种”才可以被称为本体。⑤ 在亚里士多德指出的这个特点中，已经孕育着后来在《形而上学》中提

---

① $2^{a}19$—33。

② $2^{b}4$—6。

③ $2^{b}7$—14。

④ $2^{b}15$—20。

⑤ $2^{b}30$—37。

出的"本质就是本体"的思想了。

第二，第一本体之所以称为第一本体，因为它们是其他东西的基础、基质和主体。[这里的"基础"和"主体"在希腊文是同一个词ὑποκείμενον，即"在背后（底下）的那个东西"。它在逻辑上的意义，就是主词、主体；在本体论上的意义则是基础、基质，罗斯在《形而上学》英译本中将它译为 substratum，我们将它译为"基质"。]第一本体和其他一切属性的关系——第一本体是主体和基础，其他都是它的属性，也同样适用于"属"与"种"和其他一切属性，其他一切属性也以"属"和"种"为它们的主体和基础。① 在这点上，"属"和"种"也是本体。

第三，本体的一个特性，就是它不存在于一个主体之中。在这点上，"属"和"种"和个别事物是一样的。亚里士多德在《范畴篇》中明白宣称："人"并不存在于个别的人之中；同样的，"动物"也不存在于个别的人之中。他的理由是：因为"属"和"种"与其他一切属性不同，正如上面讲过的，其他属性的名称可以表述主体，但是它们的定义却不能表述主体；而"属"和"种"则不但是它们的名称，连它们的定义也可以表述本体。他说：因此，这样的本体不能存在于主体之中。② 这个理由，至少是不充分的，不能令人信服的。按照他以上的说法，只有属性才存在于主体之中，本体不能存在于主体之中；"种"和"属"也是本体，所以不存在于主体之中。但是，他又认为，"种"和"属"是第二本体，在本体性上不如个别的本体；则这些第二本体和第一本体的关系，在某种意义上又相当于属性和本体的关系，这样，就应该承认"种"和"属"可以存在于个别本体之中了。但是，亚里士多德只承认前一点，不承认后一点，而他的理由是说不通的。为什么连其定义也能够说明主体的东西，却一定是在主体之外呢？"人"的定义和"苏格拉底"的定义是一样的。（苏格拉底的定义不过就是"人"的定义——两足的动物再加上某种特殊性而已。）为什么一般的"人"不能在个别的人——苏格拉底之中呢？这个例子也可以说明，亚里士多德弄不清一般和个别的关系。正因为这个困难，亚里士多德在《形而上学》中就将它——一般是否存在于个别之中？——作为一个问题来讨论，而不是像《范畴篇》中那样断言一般不存在于个别之中了。

---

① 3^a1—5。

② 3^a6—20。

在《范畴篇》中，亚里士多德还指出："属差"和"种"有同样的特性：第一，"属差"也不存在于主体之中；第二，"种"可以表述"属"，从而也可以表述个别事物，同样的，"属差"也可以表述"属"和个别事物，"两足的"既可以表述一般的"人"，也可以表述个别的人。① 在《范畴篇》中，亚里士多德还没有看到"属差"和"种"的不同，这一点也可以说明，《范畴篇》是亚里士多德比较早期的著作。

总之，亚里士多德在《范畴篇》中明确地肯定个别事物是"第一本体"，而一般的东西——"属"和"种"是"第二本体"。这是《范畴篇》中本体学说的一个重要特点。将个别的、具体的事物认作是第一位的、基础的东西，这是唯物论的观点。我们可以根据这一点，说亚里士多德在《范畴篇》中的思想基本上是唯物论的。

"个体性"和"变中的不变"

亚里士多德在指出了本体的上一个标准，并且区别了第一本体和第二本体以后，接着又指出了本体的其他几个特征。

第一个特征是：本体是一个个体。希腊文 *τόδε τι* 相当于我们说"这一个"、"这样的一个"、"这一个东西"。它指一个单一的、个别的东西，一个个体。这一个人、这一匹马、这一支笔，都是"这一个"，都是个体。而白、大、在上、做等等，都不能说是"这一个"，都没有个体性。本体的特征，就是它是"这一个"，是一个单一的个体。这是其他范畴所不能具有的特征。

亚里士多德指出：个体性首先属于第一本体。第一本体——每一个个别的事物都是"这一个"，这是无可怀疑的。问题在于：第二本体是不是也具有这个特征呢？亚里士多德在这里回答说：比如，我们说"人"或"动物"时，好像也是在说"这一个东西"；但严格说来，这是不真的。因为，第二本体并不是一个个体，"人"和"动物"并不是单一的、个别的、像个别事物那样的"这一个东西"，而是许多个具有同一性质的一类东西。②

这里，亚里士多德提出的"这一个"，也是他后来讨论本体时常用的一个概念。他在《范畴篇》中明确地指出：只有第一本体才真

---

① 3^a21—28；3^a33—3^b9。

② 3^b10—18。

正具有这个特征，第二本体——“属”和“种”，严格说来，是不具有这个特征的。这也是他在《范畴篇》里划分第一本体和第二本体的主要标志之一。但是，关于这个特征的看法，后来他在《形而上学》中也改变了。至于他是怎么改变的，我们在后面再分析介绍。

亚里士多德刚才指出，第二本体是许多具有同一性质的一类东西。他在这里说到“性质”，就是说，像“人”就是具有像“两足的动物”这样性质的一类东西。为了避免误解，他立即指出这种“性质”和白色的那种性质（属于“性质”范畴）的区别。他说，像白色这种性质，只表示性质，不表示性质以外的任何东西；而“属”和“种”之成为性质，是就本体来规定的，是表示具有这样性质的本体。① 亚里士多德这样区别是否清楚，是可以研究的。实际上，像“两足的动物”，特别是“两足的”，我们经常将它说成是人的性质。这个问题，即“属差”是不是性质的问题，亚里士多德后来在《形而上学》中还要谈到。

第二个特征是：本体没有和它相反的。②

亚里士多德在《范畴篇》第十节专门讨论“对立”这个概念，将对立分为四类：（一）相互关联的；（二）相反的；（三）实有和缺失；（四）肯定和否定。在《物理学》和《形而上学》中也有几处专门讨论“对立”的问题，又增加了一类“矛盾”。他在那些章节中企图找出这些概念之间的联系和区别，为今天我们研究“对立”、“矛盾”这些范畴的历史发展提供了重要的资料，是我们研究辩证法发展史所必须探讨的材料。因为这些和本书讨论的问题没有直接关系，我们只能略而不论。

这里只要说明：亚里士多德所说的“相反的”，是指例如好与坏、多与少、大与小、上与下、白与黑这种相反的性质、数量、关系等等，这些都是只有本体以外的范畴才有的，本体是没有和它相反的东西的。“人”或“苏格拉底”有什么相反的东西呢？③

第三个特征是：本体是没有程度上的不同的。亚里士多德特别说明，这并不是指各类不同的本体之间，比如第一本体和第二本体之间，以及第二本体中的“属”和“种”之间没有程度的不同。上面已经讲过，它们在本体性的程度上是有不同的。第一本体比第二

---

① 3^b18—20。

② 3^b24。

③ 3^b25—26。

本体，“属”比“种”是更明确的本体，在本体性的程度上更高。

亚里士多德在这里指的是，在同一类本体的各个本体之间，是没有程度上的不同的。这一个人（苏格拉底）和那一个人（柏拉图）之间，这一个“属”（人）和那一个“属”（马）之间，这一个“种”（动物）和那一个“种”（植物）之间，是没有程度上的不同的，我们不能说苏格拉底比柏拉图更是人一些。而本体以外的范畴，如大、热、美等等，却都是有这种程度上的不同的。[①]

第四个特征：本体是变中的不变。亚里士多德指出，本体最明显的标志是，在保持数目上的同一时，它能容许相反的性质。在本体以外的其他范畴，都没有这种特性。比如，同一颜色不能既是白的又是黑的，同一行为不能既是善的又是恶的。但是，同一个本体，当它保持着自己的同一性时，却能够容许有相反的性质。同一个人，可以有时候是白的，有时候是黑的；有时候是热的，有时候是冷的；有时候是好的，有时候是坏的。这种特性只有本体才有，别的范畴是没有的。[②] 颜色可以从白色变为黑色，但那不是同一个颜色，而是由原来的颜色变成另一种颜色。而一个人从白的变成黑的，却还是同一个人，作为“人”这个本体说，它没有变；只是它所具有的性质发生了变化。

所以，亚里士多德在最后说：总起来说，本体有一个明显的标志，就是保持着自身在数目上的同一时，能够容许有相反的性质；而这种改变之所以发生，乃是由于本体自身中发生的变化。[③] 他在这里所说的“本体保持着自身在数目上的同一”，包含着两种意思：第一，本体作为本体，它没有改变；第二，它还是同一个本体，并没有从这一个本体变成另外一个本体，所以亚里士多德说它“在数目上是同一个”。在这两点上，本体都没有变化。但是亚里士多德也说“本体自身发生变化”，这只是说，本体所具有的性质发生了变化。一般说，本体作为本体没有发生变化，当它是自身同一的时候，它所具有的性质、数量、关系、位置、运动等等，却是可以经常不断发生变化的。所以，本体是“变中的不变”。

为什么本体能是“变中的不变”呢？因为本体是其他一切属性的主体、基础。当主体、基础不变时，它所有的一切属性却可以不断发生变化。前面我们讲到本体和属性的分离问题时指出：一切属

---

① $3^b33—4^a9$。

② $4^a10—21$。

③ $4^b16—18$。

性都不能和本体分离而独立存在。因为在现实世界中，没有一个离开主体的属性的，“白”只能是人、墙壁、纸张的颜色；离开了具体的东西，那里还有什么单独存在的“白”呢？现在我们却看到这个问题的另外一面，那就是：本体是可以和它的属性相分离而独立存在的。因为当属性发生变化时，本体却可以保持不变。苏格拉底本来是白的，他现在不是白的了，可是他还是苏格拉底。可见，苏格拉底是可以离开“白”而存在的。从这个意义说，本体是可以和它的属性相分离而独立存在的。但是，这种分离是相对的。苏格拉底可以从白变成黑，也可以从黑变成白，对于“白”、“黑”这种特殊的颜色说，他是可以分离的；但他无论怎么变，他总有某种颜色，没有颜色的苏格拉底也是不存在的。所以，他只能和特殊的那一种颜色相分离，却不能和一般的颜色相分离。同样的，它可以和特殊的性质、数量、关系等相分离，却不能和一般的性质、数量、关系等相分离。有没有根本不具有任何性质、数量、关系等等的本体呢？亚里士多德认为有，那就是他后来发现的“质料”。在《范畴篇》中，他还没有提出“质料”的思想来。

这里讲到本体是“变中的不变”，其实，本体的不变，也是相对的。亚里士多德在《范畴篇》第十四节讲“运动”，将运动分为六种：产生、消灭、增加、减少、变化（变性）和位移。① 在这六种运动中，产生和消灭就是指本体的变化，增加和减少是指数量的变化，变性是性质的变化，位移是指位置的变化。具体的（个别的）本体都是要产生和消灭的，不过当它已经产生而尚未消灭的时候，即当它存在的时候，它的各种属性会不断发生变化。所谓“变中的不变”，指的就是这个意思。亚里士多德在这里讲的六种运动，到《形而上学》就成为四种：本体的变化、性质的变化、数量的变化和位置的变化。②

值得提出注意的是，当亚里士多德说明本体是变中的不变时，他举出“说话”和“意见”来相比。他说，正如同一个本体，可以有时候白、有时候黑一样，同一句话也可以有时候正确、有时候错误。比如，“他坐着”这话是正确的，可是，当他已经站起来以后，“他坐着”这话就是错误的了。但是，他又指出，语言的这种情况，和本体是不同的。因为，本体之能够容纳相反的性质，是由于本体

---

① 15^a14。

② Λ，2，1069^b9—14。

自身的性质发生了变化。而语言之由正确变成了错误，并不是语言自身发生了变化，而是因为在事实上，实际情况发生了改变，才使得语言具有相反的性质。① 他得出结论说：语言是正确的还是错误的，取决于事实如何，而不是依靠语言自身具有容许相反性质的能力。② 主观是由客观决定的，这种素朴的唯物论的观点，是古希腊哲学中比较为许多哲学家所接受的观点，因为这本来是常识的看法，即使是一些唯心论的哲学家，也不自觉地会接受它。

*　　　　　　*　　　　　　*

现在，我们可以对亚里士多德在《范畴篇》中的本体学说，概括起来说几句了。

亚里士多德在《范畴篇》中区别了十个范畴。但是，这十个范畴并不是平列的，其中，"本体"占着特别的位置。本体是其他范畴的主体、基础。这表现在两方面：第一，本体是主体，其他范畴都是表述它的，而它却不是表述其他范畴的。第二，其他范畴存在于本体之中，也就是说，只能依附于本体而存在，不能和本体分离，独立存在；只有本体才不存在于其他范畴之中，它是可以和其他范畴分离，独立存在的。这就是因为，第三，在其他范畴变化时，本体作为本体，是保持不变的，本体是变中的不变。由此可以看出，亚里士多德认为，本体是高于其他一切范畴的，本体是其他范畴的中心。这就是亚里士多德的"本体中心论"思想。

在本体中，亚里士多德又区别了"第一本体"和"第二本体"。他在《范畴篇》中认为个别事物是第一本体，而具有一般性的"属"和"种"则是第二本体。所谓"第一本体"，也就是主要的、基本的、决定性的本体。用我们现在的哲学语言来说，亚里士多德在《范畴篇》中，认为现实世界中的个别事物是第一性的，而具有一般性的"形式"或"理念"（它在希腊文中和"属"是同一个词：εἶδος）却是第二性的。这明显地表现亚里士多德在《范畴篇》中的思想是唯物论的。

《范畴篇》中认为个别事物是第一本体的思想，和《形而上学》中的基本思想是有矛盾的。如何解释这个矛盾呢？

因为现存的亚里士多德著作，并不是亚里士多德自己亲自编定的。亚里士多德死后，他的手稿被藏入地窖，经过一百多年，才被

---

① 4^a24—36。

② 4^b9—10。

人发现。后来，由他的学院（吕克昂学院）继承人安德洛尼可编纂成书的。后代的许多考据家、注释家认为现在称为亚里士多德的著作，并不完全都是亚里士多德自己的著作，其中有些可能是他的学生听讲时作的笔记，或者是别人的著作；其中有些章节很可能是后人编纂时加进去的。对于《范畴篇》是不是亚里士多德自己的著作，也是有人提出怀疑的。[①] 但是，多数亚里士多德的研究者认为，至少《范畴篇》的大部分章节（除了后面几节）是亚里士多德本人的著作。

这样，我们就只能从亚里士多德思想的发展变化来说明这个矛盾了。从以下各章我们可以看出，亚里士多德关于本体的学说，是有许多变化和发展的。

① 参看 W. D. Ross：*Aristotle*，1930，London，pp. 9-10。

第三章
关于本体的问题
——介绍《形而上学》这本书

以下各章，我们将分析介绍《形而上学》书中若干卷的主要内容。为了说明我们为什么要按以下的次序来论述，首先就得对《形而上学》这本书作简要的介绍。

《形而上学》的结构

亚里士多德自己并没有写过一本叫作《形而上学》的著作，这个书名是后人加的。根据历史记载，后来编纂亚里士多德著作的人，将他写的关于自然事物，即我们可以感觉到的运动变化的事物的那部分著作编在一起，定名为《物理学》。“物理”（Physics）希腊文原意就是“自然”的意思。他们又将亚里士多德写的另外一部分著作，即讨论比较抽象的东西的著作编在一起，摆在《物理学》的后面。无以名之，就将它叫作“在物理学以后”（Meta-physics），meta 的希腊文是“在后的”意思。亚里士多德自己将他的这部分思想叫作“第一哲学”，表示它是高于其他研究具体事物的各门科学的。中国的《易经·系辞》中有“形而上者谓之道，形而下者谓之器”。意思也是说，具体的、有形的事物是物质性的东西，而超于有形的物质之上的，则是抽象的道。所以，将 Metaphysics 译成“形而上学”，是符合原来的含义的。自从亚里士多德这本书这样定名以后，西方哲学史上凡是讲到纯哲学的这部分思想，主要也就是亚里士多德所说的讨论“作为存在的存在”的思想——通常叫作本体论（以区别于认识论）的思想，都叫作“形而上学”（过去中文也有译为“玄学”）。可以简单地说，形而上学就是哲学，特别是指本体论思想。

本来意义的“形而上学”，和我们现在通常用来称作辩证法的对立面的“形而上学”，虽然是同一个词，其间有联系，后者是由前者的一种含义（抽象、不变）中引申出来的，但它们有不同。并不是每个哲学家的形而上学思想都是反对辩证法的。亚里士多德的哲学思想主要表现在《形而上学》书中，而恩格斯却称赞亚里士多德是在黑格尔以前，古代最伟大的辩证法家；黑格尔和列宁都认为在亚里士多德的《形而上学》书中有很多辩证法思想，对这样的问题，必须具体分析。

《形而上学》这本书是后人编纂成的。亚里士多德的研究者都认为，它并不是亚里士多德原来就是这样写下来，准备供人阅读的。从它的形式和内容看，有不少重复和矛盾，前后各卷间，有许多是不相连接的；有一些显然是不同时期的著作，有的还可能是他的学生的笔记。这些都说明，是后来编纂的人将不同的著作编在一起了。因此，我们要读《形而上学》这本书，必须先了解它的结构。在这方面，西方的研究者做了不少工作，以下介绍的是多数学者比较同意的说法。①

古代有一种记载，说《形而上学》只有十卷，但是现在我们看到的《形而上学》却有十四卷。这十四卷的主要内容列举如下：

第一卷（A）：历史的回顾。

第二卷（α）：一般地讨论研究哲学的问题。

第三卷（B）：提出必须研究的十几个问题。

第四卷（Γ）：“作为存在的存在”是哲学研究的对象。

第五卷（Δ）：分析了三十个哲学术语。

第六卷（E）：分析不同的学科和存在。

第七卷（Z）：讨论本体。

第八卷（H）：讨论质料和形式。

第九卷（Θ）：讨论潜能和现实。

第十卷（I）：讨论“一”和“多”等范畴。

第十一卷（K）：分两部分，第一部分是BΓE的节要；第二部分是《物理学》第二、三、四卷的选录。

第十二卷（Λ）：前五章讨论可感觉的本体，后五章讨论不

① W. D. Ross的*Aristotle's Metaphysics*一书的导言开始部分专门讨论《形而上学》的结构（13～33页），可以参看。

朽的本体。

第十三卷（M）：讨论数学对象和“理念”是不是本体。

第十四卷（N）：继续第十三卷的讨论。

亚里士多德在每一卷中的论述，并不是严格地始终讨论一个问题的，所以这里列举的仅是各卷的主要之点。

在这十四卷中，一般认为有四卷的位置，显然摆放在不是它应有的地方。这就是：

第二卷（α）。它的内容是一般的学习哲学的导言，和《形而上学》其他各卷之间没有密切的联系，从它的标题也可以看出它是后来插进去的。其他各卷都以大写的希腊字母作为标题（次序），只有这一卷例外，以α（小写的“阿尔发”）为题，这也可以说明它是在其他各卷都已经安排好以后，才被人插进去的。有人认为，它可能是亚里士多德的学生听讲时作的笔记；也有人认为，从思想和语言文字看，可能是亚里士多德自己写的。

第五卷（Δ）。它列举了三十个哲学术语，对每一个都分析它的内容，却没有讲到它们之间有什么内在的关系。它的写法很像后来的辞典，所以被称为“哲学辞典”。一般认为它是亚里士多德自己写的。在古代的狄奥根尼·拉尔修举出的亚里士多德著作表中，提到这一卷，而没有提到《形而上学》。此外，在亚里士多德的其他著作中，多处提到这一卷的内容，不但在《形而上学》其他几卷中提到它，比较早期的著作《物理学》中，也提到过它。可见，它是亚里士多德比较早期的著作。一般认为，在《形而上学》各卷之中，它是较早写成的一篇独立的著作。

第十一卷（K）。它是由两个彼此独立的部分组成的。前一部分是BΓE三卷的内容摘要，可能是亚里士多德自己为讲课写的提纲，也可能是他的学生记的笔记；也有人认为，它可能是在BΓE之前写成，它的内容后来扩展为BΓE三卷。后一部分几乎是逐字逐句从《物理学》中摘抄来的，但是精心作了摘录，对讨论的主题作了更清楚的说明。是亚里士多德自己摘的，还是他的学生摘的？似乎都有可能。不过，无论如何，将这两部分合在一起，插在《形而上学》中作为独立的一卷，显然不是亚里士多德的原意。

第十二卷（Λ）。一般认为，它是较早写成的一篇独立的论文。它的前五章讨论可感觉的本体，基本思想和《物理学》相似，而和《形而上学》中ZHΘ各卷有关的思想有些不同，说明它是属于亚里士多德前期写《物理学》时期的思想，是先于《形而上学》ZHΘ 的。它的后五章讨论“不朽的本体”，这是在《形而上学》中许多地方提出过的问题，但在别处都没有正面回答，唯一在这里谈到这个不朽的本体——神，所以被称为亚里士多德的“神学”。后来的许多哲学家，特别是黑格尔对此非常欣赏，他在《哲学史讲演录》中讲亚里士多德的《形而上学》时，主要就是发挥这部分思想。奇怪的是，既然是这样重要的思想，为什么在《形而上学》的其他各卷中很少提到呢？这一点也可以说明这一卷原来是独立于其他各卷以外的，很可能是一篇单独的论文，写作的时间也比较早。

以上四卷，是比较公认为不应列入《形而上学》这本书的系统以内的，很可能是在比较早的时期写成的。

除去这四卷，剩下的 ABΓEZHΘIMN 等十卷，可能就是古代记载的十卷本的《形而上学》。但是，这十卷的地位和作用也是不同的。

第一卷（A）是全书的序言。亚里士多德自己这样说过，而且也符合他通常讨论问题的方式，即先开始对以前的哲学家的有关论点加以评述，然后再提出他自己的理论。

第三卷（B）提出了十几个问题。这些问题是亚里士多德提出来，认为是第一哲学应该讨论并加以解决的。可以说它是全书的提纲。对于这些问题的回答，便构成了以后各卷的主要内容。但是，由于亚里士多德自己的思想是在发展的，后来有些问题的回答，实际上已经超出了原来提出问题的范围。可是，了解他提出的这些问题，还是我们理解全书的关键。

第四（Γ）和第六（E）两卷的内容都是围绕着第一哲学的主要对象——“作为存在的存在”而展开的。它们讲到不同意义的“存在”，本体是“第一存在”（主要的、基本的存在）；讲到存在的公理——矛盾律和排中律，讲到研究各种不同的存在属于各种不同的学科。

一般认为，以上 ABΓE 四卷构成一组，它们有明显的内在联系。

ZHΘ 三卷构成一组。从 Z 讲本体开始，讲到质料和形式、潜能和现实。这是公认的亚里士多德哲学体系的核心，是他的本体论思想的主要内容。

MN 也是密切联系的两卷。它们是针对当时柏拉图的“学园”（Academy）中的人——也包括柏拉图自己——将数学对象和“理念”认为是最高的本体的思想进行的驳斥。他认为这些不是本体。

第十卷（I）讨论的问题又有独立性。亚里士多德认为，像“一”这样最一般的范畴，不是本体。他由此分析“一”和“多”、“同”和“异”等各种“对立”和“相反”，分析它们的各种含义和关系。

从上面的介绍可以看出，《形而上学》所有各卷，几乎都和本体有关。但是，本书不可能全面地介绍它，而只能就其中集中讲到本体问题的几卷，作些简单的、必要的分析。主要介绍以下四部分：

（一）第五卷（Δ）第八章，这是专门论述本体的；

（二）第十二卷（Λ）；

（三）第七卷（Z），这也是专门讨论本体的，以及H、Θ两卷；

（四）第十三、十四两卷（M、N），这是从反面论证为什么数学对象和“理念”不是本体，从这里也可以看出他关于本体的思想。

以上排列次序，虽然和《形而上学》书中的排列不同，但大体上是符合亚里士多德著作的先后次序的。

四因说

亚里士多德在《形而上学》中的本体学说，是从他的四因说中引申出来的。关于这四种原因的系统的说明，亚里士多德在《物理学》第二卷第三章中已经阐述过了。① 在《形而上学》第一卷中，他作历史的回顾时，是根据这四因的观点来分析、讨论和批评在他之前的哲学家们的哲学思想的。从他对于过去的哲学家的一些评述中，我们可以看到他的四因说和本体学说的关系。

最初的哲学家是从探寻万物的本原（άρχή）开始的。什么是“本原”？它并没有确定的含义。最初似乎就是指：万物从它产生出来，最终又复归到它那里去的那个东西，就叫作本原。在这样的理解下，所谓“本原”，往往是指物质性的元素，它们是构成万物的因素。所以，早期的哲学家都是唯物论者。但是，慢慢发现单是物质性的元素不能解释一切事物了，于是就提出了关于动力的问题，关于数或“理念”这些形式的问题，关于目的的问题。这些方面，也

① 参看《古希腊罗马哲学（原著选辑）》，249～255页，北京，商务印书馆，1961。

还可以说是属于“本原”的问题，但这个本原，已经不仅是指物质性的“元素”，而且也指抽象的“原则”了。所以有些译本，将ἀρχή译成“要素”和“原则”。亚里士多德用“原因”这个概念来概括。他看到了这些要素和原则是万物的原因，它们之间存在着因果关系，从这方面说，他使“本原”这个概念具有了比较确定的含义。但是，我们也不能将他在这里所说的“原因”，和我们通常使用的“原因”完全等同起来，以为它只有因果方面的意义。实际上，亚里士多德这里所说的原因，仍旧包含有要素、原则的意义。

在《形而上学》第一卷第三章中，亚里士多德在简要地叙述了四因以后，接着就说，在最初的哲学家中，大多数认为万物的本原是物质性的元素。万物由它们组成，最初由它们生成，最后又复归于它们。他接着就解释说，发生变化的并不是本体自身，而是它的属性。比如，当我们说苏格拉底成为美的或有教养的时候，并不因此说苏格拉底存在；当他丧失了这些特性时，我们也不因此说苏格拉底停止了存在。因为，这个基质——苏格拉底自身是保持不变的。他们说的是，当其他的东西（属性）生成或毁灭，发生变化时，总有某个或某些不变的东西继续存在着。①

在这里，亚里士多德的说法和《范畴篇》中说本体是“变中之不变”的思想是一致的。这就是说，亚里士多德认为，早期唯物论哲学家提出的物质性的元素——质料因，是他所说的本体中的一种。

但是，单是用质料因还不能解释一切。当人们进一步探索时，就会发现，怎么用一种或几种元素来说明一切生成和毁灭呢？至少，这些基质本身是不能变化的，木头怎么会成为床，铜怎么会成为雕像呢？必须有某种东西是产生这种变化的原因。于是就要寻找第二原因——动因。②

正是在寻求这种动因时，人们又发现，为什么事物在其存在和变化中，会表现为善、美呢？这显然不能由火、土这类元素来说明。于是便有阿那克萨戈拉提出“理性（努斯，νοῦς）”，认为它是安排一切秩序的原因。亚里士多德对阿那克萨戈拉的这点发现作了很高的评价，说他是在先前的糊涂虫中的一个清醒的人。理性不但在动物中，而且在整个自然中存在，它既是动因，也是使事物成为善、

① 983b6—18。
② 984a16—b1。

成为美的原因——目的因。[1]

在第五章中，亚里士多德讨论了毕达哥拉斯学派的“数”，说他们认为“有限”和“无限”并不是火、土这类物质的事物的属性，相反，“无限自身”和“一自身”乃是这些事物的本体。所以，他们认为，“数”是万物的本体。亚里士多德指出，在这方面，他们已经接触到“本质”问题，开始说出“定义”了。但是，他们说得太简单了。[2] 在第六章中，亚里士多德说，柏拉图所说的“理念”——“形式”，也是一种本质因——形式因。[3]

在第一卷第七章中，亚里士多德对此作了概括的总结。[4] 他说：

> 我们已经简略地回顾了前人关于本原和实在的各种说法。我们可以从中学习到，他们所说的各种原则或原因，并没有超出我们在关于自然（物理）的著作中所分析过的那四种。但是，他们都是含糊地谈到这些的。
>
> 有些人将第一原则说成是质料，无论他们说的是一种或者不止一种，有些说这是具体的物体，有些说是不具体的，比如，柏拉图说的“大和小”，意大利学者说的“无限”，恩培多克勒说的火、土、水、气，阿那克萨戈拉说的由相同的部分组成的无限事物，等等。
>
> 有些别的人提到运动的根源，例如，有人认为友爱和斗争、理性、爱等是原因。
>
> 关于本质，即构成本体的实在，没有人作过清楚的说明。这主要是由那些相信“理念”的人暗示出来的。他们并不认为“理念”是可感觉事物的质料，或者“一”是理念的质料，也不认为它们是运动的根源（因为他们说，这些只是不动的、静止的原因），他们是以“理念”作为别的事物的本质，“一”是理念的本质。
>
> 至于那些因为它们才产生运动和变化的东西，他们是将它们当作一种原因，但并不是当作由它们的本性而成为原因的。因为，他们是将理性或爱作为善的原因，但是，他们并没有说是不是任何存在的或生成的事物之所以存在，是为了理性或爱，

① 984^b8—22。
② 987^a13—22。
③ 988^a7—11。
④ 988^a18—$^b16$。

> 他们只是说运动是由理性和爱开始的。同样的，那些说“一”或“存在”是“善”的人，也只是说它是本体的原因，也不是说本体的存在或生成是为了它［目的］。这样就变成，在一种意义下，他们既认为又不认为“善”是一种原因，因为他们只是偶然地，而不是将它作为“善”［目的］而成为原因。

从亚里士多德的这段论述中，可以看出：

第一，他认为过去的思想家明白清楚地认识到的只是质料因和动因。而且亚里士多德归为质料的东西，既有具体的物质元素如水、火、土、气等，也有抽象的东西，如柏拉图说的“大和小”，爱利亚学派所说的“无限”。

第二，他认为过去的哲学家都没有讲清楚本质因即形式因。只有柏拉图学派讲的“理念”，可以说是暗示了本质因。因为“理念”既不是质料，也不是动因，实质上是指事物的本质。

第三，他认为过去的有些哲学家虽然看到了“善”是原因，但是他们只是偶然地将善当作原因，而不是从善的本性看到它是原因。因为他们只是一般地说善是本体的原因，而没有看到本体之所以存在和生成，都是因为善的缘故，是为了善而存在和生成的，善是本体的目的。这才是善的本性。

这四因——质料因、动因、形式因、目的因——后来就成为亚里士多德所说的质料和形式，也就是他所说的本体。因为他认为以前的思想家对本质（形式）和目的的问题没有能够说清楚，所以《形而上学》的讨论重点也就自然放在这两方面了。

有关本体的一些问题

在人类认识的发展史上，亚里士多德是第一个提出要将哲学当作一门独立的学科进行研究的人。亚里士多德把它叫作“第一哲学”，因为“哲学”原来就是“爱好智慧”（philo-sophia）的意思，所以他也简称之为“智慧”（Sophia）。既然这是一门以前没有独立研究过的学科，就需要明确它研究什么，它所研究的对象即内容应该包括些什么。为此，他在《形而上学》第三卷（B）中提出了一些他认为是哲学应该研究的问题。

亚里士多德在第三卷第一章开始时就指明：为了我们正要研究

的这门学科，最好先列举我们应当讨论的问题。他说，我们思想上遇到的困难，就像是一个一个的结，如果不能解开它，就会被它们束缚住，不能前进了。因此，需要对这些问题通盘考虑一下。只有明白了有哪些难题，才会明白应该从哪里去研究，也才能在研究中知道有没有找到我们所寻求的东西，是不是达到了目的。[1] 由此可见，他认为这些问题是研究哲学必须探讨的问题。我们要了解《形而上学》这本书的主要内容，也必须先知道他所提出的这些问题。

亚里士多德在第三卷第一章中简单地列举了这些问题，然后在第二—六章中又分别对每个问题作了比较具体的说明。在第十一卷（K）第一、二章中，这些问题又以比较简略的形式重复出现过。这些问题的先后次序并不是固定不变的。亚里士多德在《形而上学》以后各卷中的研究，也没有受这些问题的限制，而是按照他后来研究的问题展开的，对于其中有些问题并没有直接作出回答。但是，我们随处可以发现，这些问题是一直在他心上的。所以，他对于这些问题的答案，散见于Γ、E、Z、H、Θ、I、Λ、M、N各卷。

亚里士多德提出的问题究竟可以分为几个？每个问题的答案主要在何处？对此，亚里士多德的研究者有不同的说法。我们这里主要根据罗斯的说法[2]，他分为十四个问题，简述如下（括号内的数字，前一部分表示B卷第一章和相应于它的B卷第二—六章的贝刻尔本标准页码，后一部分表示其答案在第几卷第几章）：

（一）对于各种原因的研究，是不是同一门学科的任务？（995^b5—6＝996^b18—$^b26$；Γ，1，2）

（二）这门学科是不是既研究本体的原则，同时又研究公理？（995^b6—10＝996^b26—997^a15；Γ，3）

（三）是不是同一门学科，研究所有的本体？（995^b10—13＝997^a15—25；Γ，2，E，1）

（四）在可感觉的本体以外，是不是还有别的本体？如果有，它们是同一类的，还是不同类的？例如，有人认为既有“理念”，又有数学的对象。（995^b13—18＝997^a34—998^a19；Λ，6—10，M，1—9，N）

（五）是不是同一门学科，既研究本体，又研究它们的属性？还有，“同”和“异”、“类似”和“不类似”、“在先”和“在后”这些

---

① 995^a24—$^b4$。

② Cf. W. D. Ross：*Aristotle's Metaphysics*，vol. I，pp. 222-223.

“相反”的东西由什么学科研究呢？（995^b18—$27=997^a25$—34；Γ，2，I）

（六）事物的本原是“种”，还是它的组成部分？（995^b27—$29=998^a20$—$^b14$；Z，10，13）

（七）如果本体是“种”，那么它是最高的“种”呢，还是最接近个别事物的“属”？（995^b29—$31=998^b14$—999^a23；Z，12，13）

（八）在质料以外，是不是还有别的“原因”存在？它们是一个还是几个？是不是还有一些东西，在个别事物之外独立存在着？（995^b31—$39=999^a24$—$^b24$；Z，8，13，14，Λ，6—10，M，10）

（九）本原是在数目上是同一个呢，还是在定义（逻各斯）上是同一个？（996^a1—$2=999^b24$—1000^a4；Λ，4，5，M，10）

（十）有生灭的事物和没有生灭的东西，它们的原则是相同的，还是不同的？（996^a2—$4=1000^a5$—1001^a3；Z，7—10，Λ，1—7）

（十一）“一”和“存在”是本体，还是属性？（996^a4—$9=1001^a4$—$^b25$；Z，16，I，2）

（十二）本原是一般的，还是个别的？（996^a9—$10=1003^a5$—17；Z，13—15，M，10）

（十三）本原是潜能的，还是现实的存在？（996^a10—$11=1002^b32$—1003^a5；Θ，1—9，Λ，6，7）

（十四）数学的对象（数、线、形、点等）是不是本体？如果它们是本体，它们是和可感觉的事物分离而独立存在的，还是只存在于可感觉的事物之中？（996^a12—$15=1001^b26$—1002^b11；M，1—3，6—9，N，1—3，5，6）

这就是亚里士多德提出来的问题。他在最后说，对于这些问题，不但要求得真理是困难的，甚至要说明这些疑难之点也是不容易的。因此，他在第三卷第二—六章中展开讨论这些问题时，采用了他特有的分析方法：他是用“某物是甲，还是非甲”这样的方式提出问题的。提出问题以后，就进行分析：如果是甲（正题），则有几种可能的（或不可能的）理由；如果是非甲，则有几种可能的（或不可能的）理由。他对这些问题作出解答时，也往往采用类似的方法：分析在什么条件（意义）下，可以得出正面的结论，在什么条件（意义）下，可以得出反面的结论。有些哲学史家将这叫作亚里士多德的“辩证法”，认为采用这种方法，可以避免得出独断的结论。亚里士多德的这种分析方法，对于后来西方文化的发展，产生了重要的影响。不但在哲学上，西方的哲学注重分析，像康德《纯粹理性批判》这样的重要著作，在方法论上显然是受到亚里士多德的很深影响的。而且这种分析方法，也成为各门科学必不可少的方法。正因为亚里士多德注重分析，他对客观的“存在”进行了分门别类的研究，从而成为逻辑学、生物学、物理学、天文学、伦理学、政治学等等以至“第一哲学”的创始人，在人类思想发展史上占有很重要的位置，对各门科学的创立和发展起了很重要的作用。这些历史功绩是不能抹煞的。

从这些问题的内容看，可以说，几乎每一个问题都直接或间接地和他要讨论的本体问题有关。

第一个问题，他是问：如果研究这四种原因，属于不同的学科，那么，哪一门学科才是最高的“智慧”呢?① 他说，就知识的权威性来说，只有研究目的即“善”的学科，才是最高的，其他学科都像奴婢一样，是不能违抗它的。② 在《伦理学》一书开始时，亚里士多德就断言，每一种技术、研究、活动和事业，都被认为是以各种善为目的的，所以，说善是一切事情的目的，是正确的。③ 但是，他又指出，从知识的对象说，只有我们认识了这个事物“是什么”时，才能说我们真正认识了它。认识它“是什么”，就是认识了它的本质和定义（逻各斯），也就是它的本体。所以，亚里士多德说，研究本体（本质因、形式因）的学科是具有“智慧”的性质的。④ 这里，他作了这样的分析：从知识的权威性说，研究目的的学科（伦理学）的地位最高；从理解知识的对象说，研究本质、本体的学科（第一哲学）的地位最高。

第二个问题，他问：研究本体的学科和研究公理的学科，是不是同一门学科？他说的“公理”，是像几何学上那样的公理，但从第四卷中他所研究的问题看，主要是指形式逻辑的排中律和矛盾律。他认为这些是一切论证的出发点，任何论证都不能违背这些公理。所以，公理是最一般的，它应该属于所有的学科，而不专属于研究本体的学科。⑤ 但是，另一方面，亚里士多德又指出：既

① 996^b8—10。

② 996^b10—14。

③ 《伦理学》1094^a1—3。

④ 996^b14—18。

⑤ 996^b33—997^a11。

然公理是最一般的，是一切事物的原则，要研究它如何是真，如何不真，如果不是哲学家的任务，又是谁的任务呢？这就是研究本体和研究公理的关系，用后来的术语说，就是研究本体论和形式逻辑的关系。

以下的一些问题，几乎都是和本体直接有关的。第三个问题是问：是不是所有的本体都由同一门学科来研究？所谓“所有的本体”，就是在第四个问题中问到的：在可感觉的本体以外，是不是还有其他的本体——不可感觉的，也就是抽象的、一般的本体存在呢？第五个问题则是问本体和它的属性的关系问题。讲到属性，和它相连的就有“相反”的问题——“一”与“多”、“同”与“异”、“相似”与“不相似”这些范畴和本体是什么关系？它们是不是本体？在亚里士多德看来，这些“相反的”不同于一般的属性，有些研究者将它列为另外一个问题。亚里士多德在第三卷第二章中，对此没有展开说明，后来却专门写了一卷（I）来讨论这方面的问题。从这里也可以看出，亚里士多德的思想是在变化发展的。

第六个问题中所讲的“种”，就是事物的共性、一般性，也就是“一般”的本体。所谓“组成部分”，就是指组成个别事物的要素。第七个问题是从一般的本体方面提出来的，所谓一般的“种”，是有层次的不同的，比如对于苏格拉底这样个别的人说，“人”是他们的“最接近的属”，“动物”就是他们的“种”。究竟是“种”还是“属”才是一般的本体呢？第八个问题是从本体的“组成部分”方面说的，即组成本体的部分，除了质料以外，是不是还有别的东西，别的本体呢？

第九个问题是：如果有不同的本体，为什么将它们都叫作本体呢？是因为它们在数目上就是相同的一个呢，还是因为它们有相同的定义，是“种”上的同一？第十个问题是第九个问题的具体化。有生灭的具体的本体和没有生灭的（永恒存在的）一般的本体，它们二者是不是有共同的原则、共同的定义呢？第十二个问题：本体是一般的，还是个别的？第十三个问题：本体是潜能的，还是现实的？这两个问题就是从上面的问题引申出来的。

第十一个问题和第十四个问题是从否定的方面提出来的。毕达哥拉斯学派、爱利亚学派和柏拉图学派认为“一”、“存在”和“数学的对象”是本体，亚里士多德不同意他们的意见，所以提出这两个问题。

以上只是对亚里士多德提出的问题作极其简要的介绍。我们知道了亚里士多德认为这些就是他所要讨论的问题，对他在《形而上学》各卷中关于本体的学说，以及为什么要作那些分析和论述，也就比较容易理解了。

第四章
存在和本体
——《形而上学》第五卷第七、八章

《形而上学》第五卷（Δ）中讨论了三十个哲学概念，对每一个都作了简单的分析，所以人们通常称它为“哲学辞典”。亚里士多德的研究者认为，它本来是一卷独立的著作，是后来的编纂者误插入《形而上学》中去的；这篇著作的写作时间也比较早，早于《形而上学》其他各卷，但和《范畴篇》相比，又是比较晚的。所以，第五卷中的本体学说，是从《范畴篇》到《形而上学》的过渡时期的学说，我们可以从中看到，亚里士多德的思想正在变化发展中。

第五卷中对每一个哲学概念的分析都很简单，其中第八章分析“本体”也是这样。我们现在将它和分析“存在”的第七章合并起来讨论，因为它们本来是密切相关的。

存在的几种意义

亚里士多德在第五卷第七章讨论“存在”。开始时他说：我们说事物“存在”（也就是说它们“是”），或者是在偶然性的意义上说的，或者是在事物的本来性质意义上说的。接着，他将“存在”分为四种含义。

第一，偶性意义的存在，例如：

正直的人是有教养的　　(a)
这人是有教养的　　(b)
这个有教养的是人　　(c)

他说，这三个“是”（存在）都具有偶然性的意义。正好像我们说“这个有教养的人在造房子”，这里，刚好遇到这个造房子的人是有教养的，或者这个有教养的人是造房子的，两者并没有必然的联系，有教养的人并不必然去造房子，造房子的人也并不必然是有教养的。所以这里说“甲是乙”时，只是说甲是乙的偶然属性。在上述例子中，

这人是有教养的　（b）

就是说，这个人碰巧是（偶然地是）有教养的，而

这个有教养的是人　（c）

就是说，有教养的是这个人的偶性。他还举这样的例子：

这个苍白的人是有教养的　（d）

这也就是说，这个有教养的是苍白的。这里，“苍白”和“有教养”是同一主体的两种偶然的属性。①

亚里士多德指出：在这个意义上，“非苍白”也可以说是“存在”，因为我们可以说：这个人是不苍白的。这里，“不苍白”就成为主体的一种偶性。这就是古希腊哲学中一直争论的“存在”和“非存在”的问题。自从巴门尼德提出只有“存在”是存在的，“非存在”不存在以后，这一直是一个有不同意见的问题。本来，巴门尼德所说的“存在”，是一个排除了任何特殊的规定性以后，留下的一个最空洞的概念，将它的最后一个规定性——存在——也否定了的“非存在”，当然是绝对的“无”，是我们不能说、不能想的东西，是绝对不存在的东西。可是我们通常所说的“存在”，只是相对的，它总具有某种特殊的规定性，比如，它是本体，它是性质，它是白，等等。这种具有特殊的规定性的“存在”，它们的“非存在”就不是绝对的“无”，而是具有一种和原来那种特殊的规定性相对立的规定性的东西。比如，“非本体”，就是本体以外的东西，它可以是性质、数量等等，但它还是一种“存在”，不过它不是本体而已，“非白”可以是红、黑等等。这种“非存在”是相对的，它还是一种存在。这种相对的非存在，在柏拉图的对话《智者篇》中作过讨论。② 亚里士多德是接受这种思想的。

最后，亚里士多德概括指出，所谓偶性的存在，是指这几种情况：（一）如上面的 a（还有 d）中，正直和有教养这两种属性都属

① 1017^{a}7—18。

② 《智者篇》256D—261B。

于同一事物；（二）如上面的 b 中，有教养的属于主体——人；（三）如上面的 c 中，“有教养的”是那个作为宾词的“人”的偶然属性。这些就是偶性的存在。

第二，本质意义的存在。上面偶性的存在，是指甲和乙之间只有一种暂时的、偶然的联系；现在讲本质的存在，是指一种必然的联系。亚里士多德在第五卷第七章说的本质的存在，他明白指出：这恰恰正是那些用宾词的形式——就是范畴——所表示的存在。因此，他说：有多少个范畴，就有多少个这种意义的存在。既然有的范畴是表示本体的，别的是表示性质、数量、关系、主动或被动、处所、时间。相应于这样的每一个范畴，就有一种本质意义的存在。①

当然，每一个范畴都是一种存在，这是没有问题的。但是，亚里士多德为什么将各个范畴的存在都归为本质的存在？这是值得讨论的。所谓事物的本质，用我们通俗的话来说，就是要说明这事物“究竟是什么”。从这个意义说，说它是本体，或者是性质，是数量，等等，也可以说是说明了它们的本质。但是，亚里士多德讲的本质，一般不是这种意义。在《范畴篇》中，我们已经看到，他认为，要说明一个事物是什么，必须说出它的本体，一切其他的范畴都是附着于本体，是本体的属性，不能离开本体的。虽然在《范畴篇》中亚里士多德没有明白地说只有本体才是事物的本质，但他已经有这样的思想却是很明白的。在《形而上学》中，“只有本体才是事物的本质”这样的思想是非常明确的。在第五卷下一章分析本体时，他就指出本体的一种意义就是本质；在第七卷（Z）中，这成为他的本体学说的核心部分。所以，从亚里士多德的一贯思想看，只有本体才是本质，而性质、数量等其他范畴，是不能称作本质的。

从亚里士多德自己举的例子也可以看出这里存在的问题。他举例说：“这人正在恢复健康”和“这人恢复健康”，“这人正在走”和“这人走路”等，是没有不同的。这些例子，和上面偶性存在中所举的例子“这人是有教养的”、“这人是在造房子”有什么区别呢？难道不都是只有偶然的、暂时的关系吗？为什么将这样的例子列在本质的存在之中？亚里士多德并没有作任何说明。②

第三，真和假的存在。亚里士多德说：“存在”或“是”就是指

---

① 1017a23—27。

② 可参看 W. D. Ross：*Aristotle's Metaphysics*，vol. I，pp. 306-308。

这种说法是真的；而“非存在”，就是指这种说法不是真的，是假的。这和肯定与否定是一样的。但是，他举的例子却是：

苏格拉底是有教养的
苏格拉底是不苍白的

他认为这两个命题都是真的；而

正方形的对角线不是可以用它的边计量的

才是假的。由此可见，判断一个命题是真的还是假的，并不以这个命题的形式为“是”（肯定）或“不是”（否定）来决定，仍是以它和事实是否相符来决定。“苏格拉底是不苍白的”，虽然是个否定的命题，但它还是真的，还是一种存在（是），不是非存在（不是），因为它是和事实符合的。只有“正方形的对角线不是可以用它的边计量的”，如果将它说成“是”（可以计量的），就是假的，才是“非存在”，因为它不符合事实，所以说它“是”（存在）就是假的。①由事实来判断一个命题是真的还是假的，亚里士多德在这个问题上是站在朴素的唯物论的立场上的。

第四，潜能的存在和现实的存在。他说，当我们说“存在”（是）时，有些东西是说潜能的存在，有些东西是说现实的存在。比如，我们将能够（潜能地）看到的和现实看到的，都说是“看”；能够实现的知识和已经实现的知识，都是“知”；已经静止的和能够静止的，都是“静止”。“潜能”包含可能、能够、有这种能力的意思，虽然它现在还不是现实存在的，但它可能存在，具有存在的能力，这就是亚里士多德所说的“潜能的存在”。他在第五卷第十二章中专门分析过这个概念。他特别指出在本体情况中的潜能，比如：赫尔梅的雕像虽未完成，但是它已经潜存在大理石中；在一条整线中潜存有半段的线；还有，成熟的谷穗潜存于谷种之中。这些都是亚里士多德经常喜欢举的关于潜能的例子。

关于潜能和现实这两种形式的存在，亚里士多德仅仅列举了这些例子，没有从理论上加以阐明，他只说，留待别处再来解释。②直到《形而上学》第九卷（Θ），潜能和现实的问题才另有详细说明。

在这四种“存在”中，第一种偶性的存在，当然和本体无关；

① $1017^a31—34$。
② $1017^a35—^b9$。

第三种真和假的存在，实际上是关于认识的问题，也与本体没有直接的关系；只有第二种关于本质的存在和第四种关于潜能和现实的存在是和本体有关的，但亚里士多德在这里都没有展开论述。

本体的几种意义

亚里士多德在第八章中讨论本体。他说，我们称为“本体”的有以下几种：

第一，那些单纯的物体，就是土、水、火这类元素，以及一般的物体和由这些元素组成的事物，包括动物和神圣的存在，以及这些事物的部分。所有这些东西被称为本体，因为它们不是表述主体的，而是其他的东西都来表述它们的。①

这里，被亚里士多德称为本体的物体，包括下列几种东西：

> 1. 单纯的物体，即水、火、土这些通常称为物质元素的东西。
>
> 2. 由这些物质元素组成的一般物体，也就是《范畴篇》中称为“第一本体”的个别事物。
>
> 3. 在一般物体中，他特别指出动物和神圣的存在。这里说的“神圣的存在”，并不是指神这类东西，因为他说的还是由物质元素组成的物体，他是指天空中的星体——日、月、星等。古希腊常将它们称为神圣的物体，亚里士多德在《形而上学》中多次将它们称作“神圣的东西”②。
>
> 4. 这些个别的具体物体的部分。究竟指什么部分？他在这里没有说明。亚里士多德说到具体事物的部分，有两种说法：一是指整体事物的某个部分，例如，头、手、足是动物的部分；一是指具体事物的组成因素，指形式和质料。从这里的上下文看，他是指前一种部分，而不是指后一种；因为在这里，他还没有将质料和具体事物区别开来。

亚里士多德虽然作了这些区别，但在这里他所说的物体，无论是单纯的物体或组合的物体，都是指个别的、具体的物体，相当于在

---

① 1017^b10—14。

② 如：E，1021^a18—20；Λ，1074^a30。

《范畴篇》中称为“第一本体”的具体事物。不过在这里，他并没有指出这些是第一本体。

为什么将这些物体叫作本体？他在这里只指出一个标准，就是：它们不是表述主体的，而是别的东西都是表述它们的。这就是说，它们是主体，是主词，而不是宾词。

第二，那个存在于这些事物之中的，虽然不是表述主体的，而是这些事物存在的原因，例如，灵魂是动物存在的原因。①

这种本体的特点是：它存在于主体之中，却不是表述主体的。在《范畴篇》中讲到具有这个特点的东西是：具体的语法知识存在于心中，却不是表述主体的；特殊的白色存在于事物之中，也不是表述主体的。可是，那里说的具体的语法知识和特殊的白色，都不是本体。所以在这里，决定它是本体的主要特征还在于，它是这个事物的原因，因为它在这个事物之中，所以它是事物的内在原因。决定这个事物的存在，是由于这个原因。

“灵魂”，希腊文 *ψυχὴ* 这个词，原来有“呼吸”的意思。人这样的动物，只有当他们是在呼吸的时候，才有生命；呼吸一停止，生命也就停止了。古希腊人将呼吸看成是生命的因素，后来就成为具有神秘色彩的“灵魂”了。灵魂是动物之所以成为动物的内在原因。这种原因，主要是从动因的意义上说的。亚里士多德在这里将灵魂列为本体。

第三，存在于这些事物中的部分。这些事物作为个体，是受这些部分限制，由它们标志的。当这些部分毁灭时，事物整个也就毁灭了。像有些人说的，物体的面毁灭时，整个物体就毁灭了；线毁灭时，面也就毁灭；点毁灭时，线也毁灭。有些人认为，一般地说，“数”就是具有这种特性的：“数”毁灭时，任何东西都不能存在；“数”是事物的部分，它又是限制一切事物的。②

亚里士多德这里说的“有些人”，主要是毕达哥拉斯学派。他们认为“数”是事物的本体。“数”虽然是事物的部分，但是它限制事物，成为事物的标志；如果“数”毁灭了，一切事物都不能存在。从这个意义上，毕达哥拉斯学派认为“数”是事物的本体。作为原因，“数”是事物的形式因。

亚里士多德在《形而上学》第五卷中，接受了毕达哥拉斯学派

---

① $1017^{b}14$—16。

② $1017^{b}17$—21。

的说法，承认“数”是事物的本体。但是，后来在《形而上学》最后两卷中，他不承认“数”是独立分离存在的本体。亚里士多德提出一些论证，反驳“数”是独立分离存在的本体的说法。

第四，本质，它的公式（逻各斯）就是定义，也被称为事物的本体。①

在这里，亚里士多德第一次明确提出本质是本体的思想。但只对本质作了简单的说明——它的公式就是定义，没有作再多的说明。这方面的思想，亚里士多德到第七卷（Z）中才详细展开。

在讲了以上四种本体之后，亚里士多德又概括起来说，本体有两种意义：甲，本体是最后的主体（基质），它不再是表述任何别的东西的；乙，本体是一个“这个”，是可以分离的——具有这种性质的，是事物的“形式”。②

这里说的第一种意义，上面已经讲清楚了。问题在于第二种意义。在第二种意义中，亚里士多德又列举了本体的两个标准——“这个”（个体性）和分离性。在《范畴篇》中，本体也有这两个标准。但是，在那里，这两个标准首先是属于第一本体——个别事物的。而现在，这两个标准不是属于个别事物了（这里的第一种意义的本体，才是个别事物），而是属于事物的形式了。这表明亚里士多德的思想发生了变化，而且是个很重要的变化。说个体性和分离性是个别事物所具有的特征，这是很容易理解的。每一个个别事物都是一个个体，这个人是苏格拉底，那个人是柏拉图，他们谁也不存在于另一人之中，而是彼此独立，分离存在的。所以，个别事物具有个体性和分离性。但是现在，亚里士多德将这两个特性，不归于个别事物，而归之于事物的“形式”，这就难于理解了。“形式”怎么能是个体呢？它又和什么东西分离呢？为什么亚里士多德认为它们是形式的特征呢？对于这些问题，亚里士多德在这里都没有回答，这也是到第七卷中才详细讨论并作出回答的。

还有一个问题：亚里士多德在后面所说的本体的两种意义和前面所说的四种本体之间是什么关系？后面的第一种意义相当于前面的第一种本体，这是清楚的。前面讲的另外三种本体是不是就是“形式”呢？可以这样认为。亚里士多德在第七卷中曾经说过动物的

---

① 1017^{b}21—22。

② 1017^{b}23—26。

灵魂是本体，因为灵魂是动物的本质、形式。① 数也是事物的形式，本质也是形式。所以，“形式”是包括后三种本体的。

*　　　　*　　　　*

将《形而上学》第五卷第八章中的本体学说和《范畴篇》第五节中的本体学说相比较，可以看出，有以下几点不同：

第一，虽然两处都认为个别事物是本体，但在《形而上学》第五卷中，不但分析了各种不同的个别事物，更重要的是没有再提个别事物是第一本体了，而且也没有在各种本体之间进行比较，确定哪一种的本体性更多一点。

第二，在《范畴篇》中提到的几种本体——个别事物、“属”和“种”，现在也发生变化了，增加了灵魂、“数”和本质，这些都是《范畴篇》中没有提到的。当然，亚里士多德讲的“形式”，在希腊文中和“属”是同一个词：εἶδος。从这个意义说，两处有共同之处，但从亚里士多德所作的具体解说看，这两处的 εἶδος 的含义是显然不同的。

第三，《范畴篇》中提到的关于本体的几个特征，在《形而上学》第五卷中保留了三个：不是表述任何别的东西的、“这个”、分离性。但这三个并不都是属于个别事物的，后两个现在成为“形式”的特征了。“不存在于主体之中”这个特征好像已经放弃了，因为他现在说：“灵魂”是在动物之中的，“数”也是事物中的部分。而“变中的不变”、“没有和它相反的”这些特征，在这里根本没有提到。

亚里士多德在这里只是提出了和《范畴篇》不同的思想，至于为什么会发生这些不同，他并没有作任何说明。这些问题，只有在《形而上学》其他各卷中才能得到解释。由此可以看出，《形而上学》第五卷中的本体学说，在亚里士多德的本体学说的发展过程中属于过渡阶段，由它发展到以后各卷中的思想。

---

① Z，1035^b15。

第五章
本体的原则和原因
——《形而上学》第十二卷前五章

《形而上学》第十二卷（Λ）可以分为两个部分：前五章主要研究可感觉的、运动的本体，即具体事物，分析它们的原则和原因；后五章讨论最后的动因即目的因，也就是亚里士多德所说的“神”，这部分通常被称为亚里士多德的“神学”。

事物的三种原则

第十二卷第一章开始，亚里士多德就指出：我们研究的主题是本体。从开始有哲学以来，哲学家都在探讨万物的本原，而本原就具有原则的意思，亚里士多德更将它引申为原因。所以，哲学就是探讨万物的原则和原因的。

而探讨万物的原则和原因，最主要的，也就是探讨本体的原则和原因。因为，将宇宙作为一个整体，在万物之中，本体是占第一位的。在这里，亚里士多德又重新申述他的本体中心论思想。他说，如果将宇宙当作一个连续相继的系列，那么，首先就是本体，然后才是性质、数量等等其他的范畴。其他这些范畴甚至不是完全意义的存在，它们只是本体这种存在的属性和运动，因为它们都是不能离开本体而独立存在的。从这种不完全意义的存在说，“非存在”如“非白”、“非直”，也是这种不完全的存在。因为，我们说“这张纸是不白的”和“这条线是不直的”时，这种“不白”、“不直”也是“是”，也是一种存在，不过它们是本体的属性，不是独立的存在而已。① 亚里士多德

① 1069ᵃ18—25。

常说的"完全意义的存在"，就是指本体。

他说，先前的哲学家实际上都是认为本体是第一位的，他们寻找的，都是本体的原则、元素和原因。不过，近来的哲学家作抽象的研究，倾向于将一般的东西当作本体，而较早的哲学家却以具体的物体如火、土等当作本体。[①]

这样，就有三种本体：

> Ⅰ，可感觉的、运动的本体，又可分为：
> 　(1) 永恒的（天体的星球）；
> 　(2) 可毁灭的（所有人都承认的具体事物，如动物和植物）；
> Ⅱ，(3) 不动的本体（即抽象的一般的本体）。

他说，对于前两种，我们只要把握住它们的元素，无论元素是一种或是多种。对于第三种，有人也认为有两种，即"理念"和数学的对象，也有人只承认其中的一种。但是，亚里士多德特别指出：有些思想家认为，这种不动的本体是可以和运动的本体分离存在的。[②] 这"分离"存在是什么意思？亚里士多德没有进一步说明。他只是说：研究前两种本体的，是物理学的任务。因为物理学是研究运动的事物的。而研究第三种本体的，如果这一种本体的原则和前两种本体的原则不同，那就是另一门科学的任务了。[③] 究竟这几种本体有没有共同的原则呢？这就是亚里士多德在这里要研究的问题。

第一章结尾和整个第二章都研究可感觉的本体。可感觉的本体都是可变化的，因此，亚里士多德从研究变化入手。他说，变化总是从相反的变为相反的，比如，从白的变为非白的，或从白的变为黑的，"非白"和"黑"都是和"白"相反的。亚里士多德对变化的情况作了分析：由相反的变为相反的，由白变为非白，并不是这相反的东西发生了变化，"白"作为白是不会变的，而是在它们的背后有个东西变了，是这个东西由这个状态变为相反的状态。在变化中，那相反的东西（白）不再存在了，但有某个东西还继续存在。这个东西就是在这一对相反者（白和非白）之外的第

---

① $1069^{a}25$—30。

② $1069^{a}30$—36。

③ $1069^{a}36$—$^{b}2$。

三者，亚里士多德说，这就是“质料”（matter，希腊文 ὕλη，原来是木柴、材料的意思）。①

在《范畴篇》中，亚里士多德说，“变中的不变”的是本体；在《形而上学》第五卷中，亚里士多德讲到本体的第一种意义是“基质”；只是在这里，他才明确地提出来，“变中的不变”的是质料。“质料”和“物质”是同一个词，但是亚里士多德用这个词，是和“形式”相对而言的。一般地说，他主要是指物质的东西，但有时候，他也认为某些非物质的东西也是质料，比如后来他将“种”说成是质料。所以不将它译为“物质”，而译为“质料”比较恰当一些。

为什么“变中的不变”不再是本体，而是质料呢？这和他对于“变化”的看法有关。他接着分析有四种变化：

> 1. “什么”的变化，也就是“这一个”的变化，本体的变化，即生成与毁灭；
> 2. 性质的变化，即变性；
> 3. 数量的变化，即增和减；
> 4. 位置的变化，即运动。

他说，变化就是在这几个方面由已给的状态变为相反的状态。② 在《范畴篇》中，亚里士多德讲的变化，不包括本体的变化，所以，他在那里认为，在变化背后“变中的不变”的是本体。而在这里他讲的变化，却包括了本体的变化，所以，在变化背后的不变的东西，就不是本体，而是质料了。

为什么质料能是在背后的不变的东西呢？亚里士多德认为，这是因为质料是兼具这相反的两种状态的能力（可能）的。③ 它既能从生存到毁灭，又能在性质、数量、位置方面从这一个变为和它相反的。所以，质料具有这样一种特性：它是一种能力，一种可能。它可能是这样，也可能是那样；而单纯的质料，却还既不是这样，也不是那样。所以，它是一种“潜能”，是潜在的能力和可能。亚里士多德说：既然“存在”的一个意义是潜能和现实，我们可以说，每一个变化都是由潜能的变为现实的，由潜能的白变为现实的白，由潜能的增或减变为现实的增或减。所以，可以说，万物都是由存

① 1069^b5—9。

② 1069^b9—14。

③ 1069^b14—15。

在变为存在，不过，前一种存在是潜在的，后一种存在是现实的。① 这样，过去的一些哲学家如阿那克西曼德、阿那克萨戈拉、恩培多克勒、德谟克里特所说的“混在一起”的“一”，就可以理解了。其实，那就是：一切是潜在地，而不是现实地混在一起。② 如果它们从潜在变为现实，那它们就成为各种各样不同的事物，就不再是混在一起的了。所以，亚里士多德说：“看来，这些哲学家已经有了某些‘质料’的观念。”③ 当然，他们自己并不明确，而是亚里士多德为他们作的解释。

亚里士多德说，一切变化的事物都有质料，但是它们的质料是不同的。比如，永恒的事物——天上的星体——是不能生灭的，只有位置的运动，它们的质料就是只能作位置的运动，而不能生灭的。④ 亚里士多德很强调这点，说不同的事物的质料都是不同的。他说：不同的事物只能来自不同的东西，如果质料都是相同的，怎么会产生出无限多的不同事物呢？值得注意的是他提出这样一个论证：因为“理性”（“努斯”）是一，所以如果质料也是一，潜在的质料就必然要变为现实的了。⑤ 这里，亚里士多德开始提出了“理性”，这是本卷后五章的主题，他只说“理性”是一，万物之不同是由于质料的不同，而“理性”起什么作用？他在这里没有说明。

作了以上的分析以后，亚里士多德在第二章结尾时指出，有三种原则（原因），那就是：两个是一对相反的，一个是定义或形式，一个是缺失，第三个就是质料。⑥ “缺失”（*στέρησις*，privation）是一个亚里士多德的专门术语，是“对立”的一种，表示原来有这种东西，现在丧失了它。例如，人原来有视觉，丧失视觉就是“盲”，就是视觉的“缺失”。“有视觉”和“盲”就是一对相反的。

三种本体和动因

第三章最初两段都以“注意”这种字样开始。有些注释家认为

① $1069^{b}15$—20。
② $1069^{b}20$—23。
③ $1069^{b}23$—24。
④ $1069^{a}24$—27。
⑤ $1069^{a}30$—32。
⑥ $1069^{a}32$—34。

这表示它可能是一个讲课的纲要。不仅这里是这样，整个第十二卷的前五章，都具有这个特点，它们提出了许多看法，却都只有简要的阐述，没有详细分析；对前后不一致的看法也没有解释。说它是一份提要，是可能的。但在这份提要中，包含了亚里士多德的本体学说的许多重要思想，因此是我们需要了解的。

第三章提出的第一个思想是：具体事物都是生成的，产生出来的；不过，它们的形式和质料，却不是生成的。但他立刻说明：这里所说的形式和质料，是指最后的形式和质料。① 下面他接着进行了解释，所谓变化，包括以下三个东西：

1. 是某个东西发生变化，这个被变化的东西，就是质料；

2. 被某个东西所变化，这就是使它发生变化的原因，动因；

3. 变成了某个东西，即形式。②

所以，质料和形式都是变化的，生成的。质料变化，成为形式，也就是从潜能的存在变成为现实的存在。亚里士多德还举出例子：将铜造成圈，不仅铜圈是生成的，而且连铜和圈也是生成的。（因为铜对于铜圈说，它是质料；但它本身又是一个具体事物，它也是由某个质料——古希腊人说是土或金属——造成的。圈，作为具体的铜圈来说，它是生成的；但作为一个抽象的“形式”说，就很难说它是生成的。亚里士多德在 Z，$1033^{a}29$ 中也是举的这个例子，却说“圈”是不能制造的。所以，亚里士多德在这里的说法是不精确的。）如果质料生成为形式，成为具体事物；这个具体事物又是另一种具体事物的质料，它又可以生成为具体事物。比如，由土造成砖瓦，再由砖瓦造成房子。如果这种生成过程可以无限延续下去，那就没有终结了。他说：“所以，必须有个终点。”③ 他认为终点就是最后的质料和最后的形式。但对于这些，他在这里却没有进一步说明。

下一个思想，他分析生成的原因。他说，有四种生成：

1. 由技术造成的；

2. 由天然生成的；

3. 由偶然生成的；

---

① $1069^{b}35$—36。

② $1069^{b}36$—$1070^{a}2$。

③ $1070^{a}4$。

4. 自发生成的。

他指出，由技术造成的和由天然生成的这两者的区别在于：由技术造成的事物，它的动因是在这事物以外的另一个事物中，比如，造房子的技术是在建筑师那里，却不是在房子中；而天然生成的事物，他的动因在生成的事物本身之中，他举的例子是，人生人。他的意思是：人不是由别的事物制造的，而是由人本身生成的。（有人指出，这个例子不好，因为父母和孩子是不同的个体。亚里士多德这里指的是一般的人，人的“属”——形式。）后两种生成（偶然和自发的生成）是前两种的缺失。本来应该由技术制造成的，现在没有用技术，它却偶然地生成了；本来应该天然生成的，现在却没有天然的原因，它自发地产生了。后两种只是例外情况，亚里士多德后来很少提到它们。

接着，亚里士多德又宣告有三种本体。和第一章中讲的三种本体不同，他现在讲的是以下三种：

1. 质料，它是显得是一个“这个”；

2. 本性，它是一个“这个”，也是运动得到的肯定状态（这是指和否定的“缺失”相反对的肯定的“形式”）；

3. 由以上二者组合成的作为个体的本体，如苏格拉底和加里亚这样一个一个具体的人。①

这三种本体的分法，和第一章中三种本体的分法，是从不同的角度来分的。第一章中说的，是指存在有三类不同的本体，即永恒运动的天体、有生灭的具体事物和一般的抽象的本体。现在是分析具体事物（包括天体），得出它们都是由形式和质料组成的。于是，形式、质料和具体事物就成为三种本体。这是以后亚里士多德最常讲的三种木体。

这三种本体的思想，显然是从第二章结尾提出的三种原则变化来的。那三种原则中的两种——“形式”和“缺失”，实际上都是形式，不过一个是肯定的形式，一个是否定的形式而已。这样，三项原则实际上就是形式和质料，再加上由它们组成的具体事物，这也就是三种本体。

值得注意的是“这一个”（个体性）的问题。我们已经看到，在

---

① 1070a9—13。

《范畴篇》中，亚里士多德认为，只有具体事物才是“这一个”；到《形而上学》第五卷第八章中，又改成只有“形式”才是“这一个”，却没有说明理由。在这里，亚里士多德说：质料是显得是“这一个”。这包含着这样的意思：质料还不是真正的“这一个”，真正的“这一个”是形式。为什么形式是“这一个”呢？他没有直接回答这个问题，但是他将“这一个”和分离的问题连起来谈了。因为它们本来是分不开的问题。所谓“这一个”，就是独立存在的个体，就是能够互相分离的。

所以，下面亚里士多德就接着讨论：“这一个”（形式）是不是能和个别事物分离呢？他的回答是：有些时候，形式和个别事物是不能分离的，比如，房子的形式只存在于具体的房子之中。这就是列宁在《亚里士多德〈形而上学〉一书摘要》中所讲到的“一般的‘房屋’和个别的房屋”①。亚里士多德认为一般的房屋存在于个别的房屋之中。但是，他说，有时候，形式也可以分离存在。比如，房子的形式存在于建筑师的头脑之中。所以，从一个人造物来讲，它的形式在一种意义下是存在于具体事物之中的，在另一种意义下却不是，而存在于制造者的头脑中。人造物是如此，亚里士多德说：如果说形式是和具体事物分离的，那就只能是自然物（动物、植物等等）。他说：所以，柏拉图说得不很错。柏拉图说，有多少自然物就有多少个“理念”，实际上，如果有“理念”就是这些自然物的“理念”。②

这里，亚里士多德又提出了一个值得注意的问题：柏拉图所说的“理念”是不是和具体事物分离存在的？亚里士多德说，如果有分离存在的“形式”，那就只能在自然物中。因此，柏拉图说的“理念”，是说得不很错。好像亚里士多德肯定了“理念”是和具体事物分离存在的，而且这还“不很错”。可是，我们知道，亚里士多德批评柏拉图的“理念论”，其中主要的一个论点，就是说柏拉图将“理念”和具体事物分离开来，所以错了。这个论点和现在这里的说法，不是互相矛盾的吗？这个问题，在这里找不到解答。

但是，亚里士多德接着就是要否定柏拉图说的有分离存在的“理念”。他是从两方面来论证的。一方面，从事物的形式方面说，形式存在于具体事物之中，和具体事物同时存在。比如，一个人是

---

① 《列宁全集》，中文 1 版，第 38 卷，421 页。

② 1070^a17—19。

健康时，健康的形式和他同时存在；铜球的形式和铜球也是同时存在的。（在这里他又承认一般存在于个别之中了。）另一方面，他是从事物的动因说的。他说，人是由人产生的，这一个人是由他的父亲产生的，并不是由“人的理念”产生的；产生健康的是医疗技术，也不是“健康的理念”。从前一方面说，不需要肯定和具体事物分离存在的“理念”；从后一方面说，不需要肯定一个作为动因的“理念”。所以，亚里士多德说：显然，至少在这个理由上，说“理念”存在，是不必要的。①

但是，亚里士多德提出了一个例外的情况，那就是灵魂。他说，别的形式是不能和具体事物分离存在的，但是灵魂却是可以分离存在的——也不是所有的灵魂，而只是“理性”，它是永恒存在的。②亚里士多德将灵魂分为三部分：营养的灵魂、感觉的灵魂和理性（思想）的灵魂。他在《论灵魂》中说，别的灵魂都是和动植物同时生灭的，只有理性的灵魂是永恒的，是能和别的心理能力分离存在的。③ 亚里士多德突出了理性的地位。

一般和个别

在讨论了上述问题以后，亚里士多德在第四章开始，又提出这样一个问题：所有事物的原则和原因是不是都是相同的？第四、第五两章都反复讨论这个问题。本来，前三章实际上已经得出共同的原则、原因和共同的本体，为什么这里又要专门作为问题来讨论呢？从这两章的讨论中，我们可以看出，亚里士多德实际上是在反复说明“一般”和“个别”的道理。这说明，当时人们尽管已经认识到一般和个别是不同的，但还不能正确地将二者区别开来，所以亚里士多德才反复不厌其烦地来说明这个道理。

不同事物的原则和原因，是不是相同的？亚里士多德说，如果说一切都有相同的原则，这是荒谬的。他举“本体”和“关系”这两种范畴为例（因为“关系”这个范畴和“本体”的差别最大，所以用它来代表其他范畴），如果说它们之间有共同的因素，那么，这

① 1070^a26—27。

② 1070^a24—26。

③ 《论灵魂》413^b24—27。

个共同的因素是什么呢？他认为，本体和本体以外的其他范畴之间是没有共同的东西的；本体不是关系的因素，关系也不是本体的因素；任何因素不能既是本体又是关系，它只能或是这一个，或是那一个。所以，万物不能都有相同的因素。①

但是，他接着就指出：在一个意义下，它们没有共同的因素；而在另一个意义下，又可以说它们有共同的因素。因为一切可感觉的物体都有共同的因素，那就是：形式、缺失、质料。本体就是这三种原则，以及由它们所组成的物体。这些就是可感觉事物所共同的因素、原则。但是，亚里士多德又特别指出：说它们有共同的因素，并不是说它们有完全相同的东西，而只是类比说的，说它们有类似的相同的东西；就每一个特殊的东西说，它们具有的共同的因素也还是各有不同的。他说，虽然都有形式、缺失和质料这三种原则，但表现在颜色中，它们就是：白（形式）、黑（缺失）和平面（质料）；表现在白昼和黑夜，它们就是：光（形式）、暗（缺失）和空气（质料）。② 用我们现在的话说，就是：形式、缺失、质料是一切事物所有的共性，这共性在每个特殊事物中表现的又是它的个性。亚里士多德想说明的，就是这个共性和个性、一般和个别的道理。

亚里士多德还指出：除了这三种原则或元素外，还有一种动因。他说，可以说有三种原则或四种原因。比如：健康（形式）、疾病（缺失）、身体（质料），再加上动因——医疗术；房子的形式、缺少安排（缺失）、砖瓦（质料），动因就是建筑术。但是，在有些情况下，动因就是形式，如在这两个例子中，医疗术也就是健康的形式，建筑术也就是房子的形式。所以，可以说有四种原因，也可以说只有三种原因。但是，他又特别指明，这是就一般的动因讲的，它们就是形式因。可是，在这些动因之外，还有一个最后的动因，它是居于万物之首，并且使万物运动的最后的动因。③ 亚里士多德几次指出这点，都是为了提示本卷后五章中的“理性——神”的问题。

亚里士多德讲到潜能和现实也是这种情况。一方面，潜能和现实是一种存在的方式，万物都或者是潜能的存在，或者是现实的存在，所以，潜能和现实是一切事物共同的原则。另一方面，潜能和现实又有它们的特殊性，这不仅表现为不同的事物有不同的潜能和

---

① 1070ᵃ33—ᵇ10。

② 1970ᵇ16—21。

③ 1070ᵇ23—35。

现实，而且潜能和现实应用于它们的方式，也是不同的。而且，同一个具体的事物，比如人、酒、肉等，都可以在一个时候是潜能的存在，另一个时候变为现实的存在。① 所以，潜能和现实也有一般和个别之分。

在上面说的三种原则——形式、缺失、质料，还有由它们组成的具体事物中，哪些是潜能的，哪些是现实的呢？亚里士多德认为：形式，它是分离的，是现实存在的；形式和质料结合成的具体事物，也是现实存在的；缺失——例如黑暗和疾病，也是现实存在的；以上三种都是现实的存在。只有质料是潜能的存在，因为质料只是一种可能的存在，当它被形式或缺失所分化（即它分化为形式或缺失，也就是与形式或缺失相结合）后，才成为现实的存在。② 在这里，亚里士多德已经明确提出：形式（和缺失）是现实，具体事物也是现实，只有质料是潜能。这是亚里士多德以后一直坚持的一个观点。为什么形式和具体事物是现实呢？它们和潜能的区别在哪里？这里，他指出了一点，就是形式是分离独立存在的，所以它是现实的。上面我们已经看到，他称以前的哲学家说万物混合在一起时，它们只是潜能，是还没有独立分离存在的。由此可以看到，亚里士多德是以是否独立分离存在作为区别潜能和现实的标准的。潜能的东西，没有任何形式，所以不能独立存在；而凡是能够分离开独立存在的东西，总是现实的。任何一个具体事物，都是具有自己特有的形式，所以是彼此分离独立存在的。这是可以理解的。但是，为什么说形式也是分离存在呢？他只是从逻辑推论出来的：凡是现实的，都是分离存在的；形式是现实的，所以形式是分离存在的。但是，它和什么东西分离？是和具体事物分离存在吗？那不恰恰就是重蹈柏拉图的覆辙——认为“理念”和具体事物分离存在吗？而亚里士多德是反对这个意见的。这里说形式是分离存在的，究竟指什么意思？他在这里也并没有明白回答。

以下，亚里士多德又谈到一般的原因和个别的原因。他说，原因和结果也是多种多样的。拿“人”来说，他的原因有：

1. 在人本身之内的原因，如作为质料的水、土、血、肉，还有他所特有的形式；

---

① 1071a3—7。

② 1071a7—11。

2. 在他以外的，另一个人（父亲）；

3. 还有太阳等等其他间接的原因，既不是人的质料，也不是形式，也不是和人同“属”的，而是动因。①

亚里士多德指出：有些原因是可以用一般的词来表述的，有些则不能。对任何一个具体事物说，它的一般的原因就是：一个在现实上最接近的“这一个”——形式，还有一个是在潜能上最接近的东西——质料。这就是每个具体事物所共同有的一般的原因（因素）。但是，亚里士多德随即指明：我们所说的一般的、普遍的原因，在现实世界中是不存在的。因为，一般地说，是人生人，但实际上没有一般的人，只有一个一个具体的人。产生你的，是你的父亲，而不是一般的人。② 从这里我们才能看出上面那个问题——一般的形式是分离存在的——是什么意思。亚里士多德并不是说一般的形式可以在现实的具体世界中分离存在，他只是说，它能在我们思想中（将它从具体事物中抽象出来）分离存在。这是到第十三卷中才说明的问题。

他又从另外的角度来分别一般的原因和个别的原因。从一般说，本体的原因就是其他范畴的原因；但从具体说，不同的事物就有不同的原因，不是同一类东西（范畴）的原因是不同的。例如，颜色的原因和声音的原因不同，本体的原因和数量的原因也不同。除非只是类比地说，它们有共同的原因。他说：同一类事物的原因在类上是相同的，但个别来说，又是不同的。你和我都是人，你的质料、形式、动因，和我的质料、形式、动因是不同的，虽然它们的一般的定义是相同的。③ 这里发生了一个问题：按照亚里士多德的思想，你和我，作为不同的人，质料是不同的，动因是不同的，可是形式——作为人的形式——却是相同的。在柏拉图、亚里士多德的思想中，“理念”（即形式）是同一类事物所共有的。柏拉图只承认有“人的理念”，而不承认有个别事物如“苏格拉底的理念”；同样，在亚里士多德看来，无论苏格拉底这个人或者柏拉图那个人，他们的形式是共同的——人，他不承认有苏格拉底所特有的或柏拉图所特有的形式。一直到中世纪，才有人认为有个体的“理念”即形式。

① 1071ᵃ13—17。

② 1071ᵃ17—24。

③ 1071ᵃ24—29。

所以，亚里士多德在这里说，我的形式和你的形式是不同的，这是和他的整个思想不符合的。实际上，他在后面紧接着的一句话就已经否定了他的前一句话。因为他接着说：它们的一般的定义是相同的。亚里士多德认为定义就是形式，“人”的定义就是“两足的动物”，这就是人的形式。既然我和你的定义相同，形式也就是相同的，而不是不同的。

亚里士多德末后总结时问：我们探究一切事物或范畴的原因是不是相同的？如果一般地说，它们有共同的原因，但是从具体的意义区别开来说，它们的原因又是各个不同的。这就是一般的原因和个别的原因。

但是，他又特别指明，在下列三点上，一切事物的原因是共同的。①

第一，作为质料、形式、缺失、动因，在这个意义上说，一切事物的原因是相同的；

第二，当本体消失时，其他一切范畴的东西也都不再存在，从这个意义上说，本体是一切事物存在的共同的原因；

第三，还有那第一现实的东西，它是万物共同的原因——这就是后面将要提到的理性——神。

* * *

在第五章结束时，亚里士多德将前面五章总结了一下：这样，我们已经说明了，可感觉事物的原则是什么，它们有多少个，以及在什么情况下它们是相同的，在什么情况下它们是不同的。②

他所说的可感觉的事物的原则或原因，就是：形式、缺失、质料，或者再加上动因。这种分法，和《物理学》第一卷的思想是一致的。《物理学》讨论的就是可感觉的事物，研究它们的运动及其形式等等。《形而上学》第十二卷前五章，也是讨论可感觉的事物，它和《物埋学》的思想接近。所以，许多研究者认为第十二卷的写作时间大体上和《物理学》接近，后于亚里士多德的逻辑著作《范畴篇》，先于《形而上学》的其他各卷，除了第五卷（Δ）。

第十二卷中的本体学说，显然要比第五卷第八章的本体学说丰富得多。首先，这里明确提出了“质料”的思想；其次，这里开始提出了有形式、质料、具体事物这三种本体，这就是后来亚里士多

---

① 1071a33—36。

② 1071b1—2。

德有关本体的主要思想，是第七卷（Z）中的基本思想。可以看出，第十二卷是从第五卷到第七卷的过渡思想。

第十二卷前五章中，很强调动因的思想。这一方面是因为讨论的对象是可感觉的本体，它们的特点就是在运动中的事物，因此，必须讨论到它们之所以发生运动的原因。另一方面，因为这一卷的主题是神学，神——理性就是亚里士多德所说的“第一动者”，最高的动因。所以，在前五章中，他处处暗示了这一点。

第六章
理性——神是本体
——《形而上学》第十二卷后五章

《形而上学》第十二卷第六—十章并不是连续的著作。其中第八章，据亚里士多德研究专家耶格尔（W. Jaeger）的意见，是亚里士多德比较晚期的著作。因为：第一，这一章讲了当时的天文学说，显然是打断了第七章和第九章讲的关于“第一动者”的论证；第二，这里讲到古代著名的天文学家欧多克索（Eudoxus）的学生加里浦（Callippus）的天文学说，从历史时代说，只有在亚里士多德的晚年时期，才有可能讨论他的学说，而第十二卷其他各章的写作时间都是比较早的；第三，第十二卷的其他各章都是提纲性质的，独有第八章却是完全而详细地讨论了天文学说，在文体上也是和前后都不一致的。[①] 所以，一般研究者认为，第八章是后人编纂时插进去的。我们现在只讨论第六、七、九、十这四章。这就是通常被称为亚里士多德的“神学”部分，他在这里论述理性——神是本体，是“第一动者”。

第一动者

第六章开始就提出：既然有三种本体，其中两种是运动的（有生灭的具体事物和永恒的天体），一种是不动的。我们现在应该承认有一种永恒的、不动的本体存在。因为本体在存在中是居于第一位的，如果本体都毁灭了，任何东西都不能存在。但是，运动是不生不灭，永远存在的，时间也是这样。[②]

---

① Cf. W. Jaeger：*Aristotle*，Oxford，1934，pp. 342−367.

② 1071^b3—7。

亚里士多德在这里是这样论证的：

> 如果所有的本体都是可毁灭的，
> 则一切其他东西也都是可毁灭的
> （因为其他东西都是依靠本体的）；
> 可是运动和时间是不毁灭的，永远存在的，
> 因此不是所有的本体都是可毁灭的，
> 所以必然有不可毁灭的本体。

关于运动、变化的不可毁灭，亚里士多德是在《物理学》第八卷第一——三章中讨论的。他在那里讲的是：就一个一个具体事物的运动变化说，总是有生有灭的；但就整个运动、变化说，它是没有生和灭的，如果它有生，则在运动之前难道没有运动？如果它有灭，在运动以后难道没有运动？在那里，他实际上已经提出了这样的思想了：运动不灭；时间和空间是运动的形式，也是不灭的。

他接着论证：如果时间不存在，那就没有在先和在后了。[①] 他这个论证是这样的：

> 如果你说时间是生成的，
> 则在此之前就没有时间，
> 可是“在此之前”就是时间；
> 所以时间不是生成的，
> 不然就不能有“在此之前”和“在此之后”了，
> 所以，时间是不生不灭的。

他又论证：运动是连续的，时间也是连续的；时间和运动或者是相同的东西，或者时间是运动的属性。而且除了位置的运动外，没有连续的运动，只有圆形的运动才是连续的。[②] 这也是在《物理学》第八卷中讨论过的问题。在那里，他说明：在所有的运动中，只有位置（空间）的运动是连续的，而在位置的运动中，只有圆周的运动，才是永恒的无限的连续运动，可以不停止地运动下去的。[③] 所以，是有一种运动是永恒的。

接着，亚里士多德又从潜能和现实来讨论这个问题。他说，如

---

① 1071^b8—9。

② 1071^b9—11。

③ 《物理学》261^a31—263^a3。

果有东西只是能够运动，而是没有现实地这样做，那就并不必然有运动。因为那只是能够，只是可能，还没有现实。即使我们假定有永恒的本体，像那些主张有“理念”的人那样，也还不够。因为：第一，如果这个永恒的本体，像“理念”，它本身不包含产生变化的原因，如果“理念”本身并不是动因，那也不能说明运动；第二，即使在“理念”以外，又假定另外一种本体——数学对象（像柏拉图学派所做的），也是不行的，因为它们本身不活动，还是不能说明运动；第三，即使说这个永恒的本体是活动的，也还不够，如果它的本质是潜能，而不是现实，因为潜能的东西可能是，也可能不是，如果它不是，还是没有永恒的运动。——亚里士多德通过这样三层论证，然后得出结论说：这种永恒的本体必须具有这样一种原则，它的本质恰恰就是现实性。这样的本体就是不带任何质料的本体，有质料就有潜能，不带任何质料的本体，才能是完全的现实性。要能成为永恒运动的本体，必须是这样完全现实的本体。① 这就是亚里士多德得出来的结论：永恒的本体必须是完全现实的，不带任何质料的本体，它才能成为永恒的运动的原因。

但是，亚里士多德接着又从反面来考虑这个问题。他说：这样就会发生一个困难。因为我们通常的看法是：凡是已经活动和正在活动的（就是现实的）都是能活动的（可能的、潜能），而不是相反：凡是能活动的都在活动。这样，按照通常的看法，应该是先有潜能，潜能在先。（亚里士多德所说的“在先”，往往既包括时间上在先，又包括逻辑上在先，在先的就是起决定作用的，就是我们现在说的“第一性”的。）既然潜能在先，那就是说万物可以只有潜能而没有现实，只是可能存在，而现实没有存在。他说，事实上，有些人就是这样考虑问题的。比如，有些神学家认为世界是从黑夜产生出来的，而有些自然哲学家（指恩培多克勒和阿那克萨戈拉）认为世界最初是“万物混合在一起”的混沌一片。黑夜和混沌一片就是只有潜能，没有现实。如果只是潜能，那怎么能产生运动呢？木头自己不会运动，要木匠的技术才能使它成为事物；土地自己不能生长东西，要将种子种下去，才能长出植物来。②

由此可见：虽然按照我们通常的说法，总是先有潜能，后有现实，但如果是这样，世界就只能永远是混沌一片，任何存在和运动

① $1071^{b}12$—22。

② $1071^{b}22$—31。

都不可能有了。所以亚里士多德接着就指出：这就是为什么有些人要假定有永恒的现实性存在的缘故。例如，留基伯和柏拉图，因为他们认为总是永远有运动的。但是，亚里士多德接着就批评了留基伯和柏拉图，指出他们的缺点是：第一，他们没有说明为什么有运动，以及运动是什么；第二，如果有这样或那样的运动，总有运动的原因，而他们没有说明这点。因为，任何事物都不是胡乱运动的，总是有东西使得它运动：或者由于它自己的本性，是自然的运动；或者由于外力推动它运动；或者由于理性或别的东西的影响。（认为在这几种情况中哪一种是主要的，会构成很大的不同——成为完全不同的学说，唯物论或者唯心论。）亚里士多德说，至少，在柏拉图那里，他还没有能够说明作为第一原则的自我运动，究竟是什么。因为，按照柏拉图的说法，"灵魂"并不是最初就有的，而是后来才有，是和天体同时产生的。①

这里，亚里士多德讲到留基伯和柏拉图，我们必须作些说明。留基伯，据说是和德谟克里特齐名的原子论者，现在留下的材料很少，无法讨论。关于柏拉图的"理念论"是否说明了动因，一直是个有争论的问题。亚里士多德认为柏拉图的"理念"不是动因，他在《形而上学》第一卷第七章讲述柏拉图的学说时，认为"理念"与其说是运动的原因，还不如说是不动和静止的原因。② 这可能是因为亚里士多德认为柏拉图的"理念"本身是静止不动的。但是，许多研究者认为，亚里士多德对于柏拉图的批评是不公平的。他们指出：柏拉图在《斐多篇》和《理想国》中所讲的"理念"，虽然本身是静止不动的，但它是具体事物要努力达到的目的。他在《斐多篇》中说，一切相等的事物都追求"相等的理念"，然而不及它。③ 别的事物因为想达到它而努力运动，所以，这种"理念"既是目的因，也是动因。这和亚里士多德自己的思想是一样的，为什么亚里士多德看不到"理念"本身就是动因呢？但是，亚里士多德在这里是针对柏拉图的后期对话《蒂迈欧篇》讲的。在这篇对话中，柏拉图认为最初是原始的无秩序的运动，然后才有灵魂，灵魂安排了有秩序的运动，所以灵魂和天体同时产生。④ 因此，亚里士多德说，

① 1071^b31—1072^a3。

② 988^b2—4。

③ 《斐多篇》75A。

④ 《蒂迈欧篇》30A。

在柏拉图的这种灵魂学说中，灵魂还不是第一的，是后来才有的。所以，还是潜能先于现实。

亚里士多德在作了以上这些分析以后，概括起来说：假定潜能先于现实，在一个意义下是对的，在另一个意义下是不对的，这些意义我们已经说明了。① 但究竟指什么意义？并不是很明白。从上面的论述可以看到：从我们通常的理解讲，总是先有可能，然后才有现实的。还有，从一个一个具体的事物讲，它总是由潜能变为现实的，也是潜能在先。而亚里士多德提出的问题是：如果潜能在先，它怎么会成为现实？潜能自己不会运动，不能成为现实，必须有另一种力量使它运动；这种力量不能是潜能，必须是现实。从这个意义讲，必须是现实在先。后面这个观点，是亚里士多德后来一直坚持的观点，是他的哲学思想中一个很重要的论点。在《形而上学》第九卷第八章，亚里士多德专门讨论现实先于潜能的问题，那里的论证和这里并不完全一样。看来，那里是把这里的论证进一步扩大了。这也说明，第十二卷写作的时间在先，或者它仅是一个提纲。

亚里士多德说：这种现实在先，就是由阿那克萨戈拉的“努斯”（理性）表现出来的，也是由恩培多克勒的“爱”和“恨”表现出来的。这些“努斯”、“爱”和“恨”就是现实性，就是动因。既然现实先于潜能，混沌和黑夜就不会永恒存在，而是总有相同的现实存在的东西。② 他使恩培多克勒和阿那克萨戈拉的学说得到解释。

亚里士多德最后说：运动，或者是由它自己运动，或者是由其他的东西推动。我们寻找事物的动因，可以从这个原因推到更高的原因，从第三个原因推到第二个原因，最后推到第一个原因。最好的是寻找那第一原因，即第一动者。③ 这个论证是这样的：

> 如果甲是乙的原因，
> 而乙是丙的原因，
> 则甲也是丙的原因。

因此，我们最好是推到第一原因（甲），它是一切事物的原因。我们要寻找的，就是这个第一动者。

---

① 1072^{a}3—4。

② 1072^{a}4—9。

③ 1072^{a}13—15。

理性、善、神

在第七章开始，亚里士多德说：总有东西在不停止地运动，那是一种圆周的运动。不但在理论上证明是这样，而且在实际上也可以看到这样，那就是“第一天”（古希腊人认为它是宇宙的外环，是恒星所在的地方），它是永恒的圆周运动。但是，必然有东西在使它运动。那些既主动又被动的东西是在中间的，所以必然还有一个东西，它是主动而不被动的。这就是亚里士多德所说的“不动的动者”。他说，这是永恒的，是本体，是现实性。①

这种不动的动者是什么呢？亚里士多德说，这就是愿望的对象和理性（努斯、思想）的对象。它是主动而不被动的。愿望的对象和理性的对象基本是相同的。因为，愿望就是以好的东西，即“善”作为自己的目的；而真正好的东西，真正的“善”，是只有理性才能认识的。所以，愿望与理性比较，应该说愿望服从理性，而不是相反，不是理性服从愿望。② 亚里士多德所说的“第一动者”，实际上仍是柏拉图在《理想国》中所说的那个最高的“善”。但是亚里士多德对它作了更具体的说明。他首先指出，这个“善”既是愿望的对象，又是理性的对象，因为愿望和理性都是以达到“善”为目的的。但是，愿望见到的，只是像是善的，是现象；只有理性才能认识真正的善。所以，理性高于愿望，愿望应该遵循理性，而不是理性遵循愿望。亚里士多德强调的是理性。

亚里士多德接着又指出：理性是出发点，理性是由它的对象运动的。③ 这里，亚里士多德还是按照当时一般都接受的朴素唯物论的观点，认为理性也是由它的对象决定的。什么是理性的对象呢？他举出在《形而上学》第一卷第五章讲到毕达哥拉斯学派所讲的由十组对立组成的两个系列④，——一个是无限、右、雄、明、善……一个是有限、左、雌、暗、恶……——他认为前一系列就是理性的对象。他还说，在这个理性对象的系列中，本体是占第一位

---

① 1072^{a}20—26。

② 1072^{a}26—30。

③ 1072^{a}30。

④ A，986^{a}23。

的；而在本体中，单纯而现实的本体是第一位的。美，它是愿望的对象，也是在这个系列中的。在这个系列中，也就是理性的对象中，占第一位的就是“善”，它是最好的。①

理性的对象，所谓“善”、“美”等等，实际上并不是别的，只是事物运动所要达到的目的。所以，亚里士多德接着就分析目的因。他说，目的因是表示某种存在，一种活动是由于它的善才完成的；这就是动作所要达到的那种东西。作为目的因，它是不动的；但是因为它被“爱”，别的事物想要达到它，才产生了运动。它不像别的东西，那是因为被动作，才产生运动的。如果是被动的东西，它就可能是这样，也可能不是这样（具有偶然性）。而作为现实性来说，如果就其主要的空间形式说，它也可能不是这样，但那只是在位置上可以不是这样，不是在本体上。作为一个自身不动的动者，作为完全现实存在的本体说，它是不能不这样的（是必然的）。这就是说，其他的存在都有偶然性，只有第一动者的存在是必然的；因为它是必然的存在，它存在的方式就必须是善，是最好的，所以它是第一原则。说它是必然的，也因为它和一般的自然冲动不同，而是一种必然的力量，没有这种力量，善就不可能了，所以它只能以这种方式存在，不能以另外的方式存在。② 这里，亚里士多德阐明了目的、必然与偶然，认为最后的目的因是善，它只能是必然的存在；它不能以别种方式存在，所以它是不动的，又是永恒的动者。

既然理性的对象和原则就是“善”，一切天体和自然界都是依赖这个原则的，而且善也是我们能够享受的最好的生活。可惜我们能够享受的时间太短暂了，因为善是永恒的，而我们却不能永恒。善的现实就是愉快，是幸福，所以我们醒着、知觉、希望、回忆，特别是达到理性，那是最愉快、最幸福的。亚里士多德由此作出一个很重要的推论：理性所对付的对象，就是它本身是最好的东西即善；完全意义的理性也就是完全意义的善。理性分有了它的对象的性质（善），它思想，就是想它自己；当它和它的对象相接触，并且想到它时，理性也就变成为理性的对象。所以，“理性和理性的对象是同一的”。因为，那个能够接受理性的对象的东西，就是理性。当理性保有对象时，它是主动的。与其说理性接受对象，不如说它保有对象，这就是理性所包含的神圣因素，这种静观（理性思想其对象）

---

① 1072a30—35。

② 1072b1—13。

就是最愉快、最好的活动。①

亚里士多德在这里作了一个很值得重视的推论，即认为理性（思想）和它的对象是相同的，同一的。② 前面我们已经几次指出：亚里士多德讲到感觉、思想的时候，总把它们和它们的对象区别开来，并且认为感觉、思想是决定于它们的对象的，不是主观决定客观，而是客观决定主观。他一直保持了朴素唯物论的观点。只是到这里，他才明确地提出来：思想和对象是同一的。这是他明确地放弃了唯物论的立场，所以值得我们重视。“思想和对象（存在）是同一的”这个命题，最早见于巴门尼德留下的残篇。因为只是残篇，我们无法明确分析它的含义。现在，亚里士多德不但提出了这个命题，还作了论证。他的论证是以“善”作为中介，理性是“善”，理性的对象也是“善”，所以理性和理性的对象是相同的。这样的思想，和柏拉图在《理想国》中实际上是一样的，不过柏拉图在那里是以一种比喻的形式说出来的，他将“善”比为太阳，思想因“善”而能认识对象，对象也因“善”而能被认识。而在这里，亚里士多德是以逻辑的论证形式得到这个结论的。他的论证其实也很简单，说穿了，不过就是：理性是“善”，理性的对象也是“善”，所以，理性和理性的对象是同一的。

而这样的理性就是神。亚里士多德说，神总是在善的状态中存在的，而我们却只能有时候做到这一点，所以我们只能敬佩神，赞美神；神越好，我们就越加敬佩和赞美它。生命也是属于神的，因为理性的现实性就是生命，而神就是现实性。神的自我依存的现实性就是最善的、永恒的生命。所以我们说神是有生命的存在，是永恒的最善的存在，那永远延续的不朽的生命是属于神的，因为这就是神。③

这就是亚里士多德关于“神”的主要论证。神就是理性，就是最高的善，它是人们敬仰的对象，人们企望能达到这种善的状态，但只在有些时候可能达到它。因此，神就是人们永远追求的目的；因为永远不能完全达到它，就得永远追求它。亚里士多德说神是有生命的存在，这并不是说它是像人一样具有生命的，像古代神话中所说的神，有生有死还有各种活动。哲学家说的神不是这种人格神。

---

① $1072^{b}13$—24。

② $1072^{b}21$。

③ $1072^{b}24$—30。

说神有生命，只是说它是现实性，永远是能动的、主动的，不是被动和潜能。因为它是这样的现实性，所以它是生命，是永恒的存在。

亚里士多德所说的这个“神”，不是宗教的神，而是哲学的神。这种神的思想，在柏拉图或者更早的思想家那里已经开始有了。古希腊的哲学家，即使那些唯物论的哲学家也都讲到神。但是像这样用哲学的语言将它概括起来，说明神——理性的内容，亚里士多德是最早的人。亚里士多德的这个思想，直接影响了中世纪的经院哲学；从长远说，西方哲学史中的唯心论思想，几乎都是从他的这个思想出发的。最明显的例子就是黑格尔。黑格尔在《哲学史讲演录》中，对亚里士多德的这个思想作了极高的评价：

> 神是纯粹的活动性，是那自在自为的东西；神不需要任何质料——再没有比这个更高的唯心论了。①

正因为这样，黑格尔在论述亚里士多德的形而上学思想时，所讲的几乎全部都是《形而上学》第十二卷中这几章的内容，对其他许多重要内容几乎都忽视不论，好像根本不存在似的。黑格尔讲哲学史，本来不是客观地科学地论述哲学史，而只是为他自己的哲学思想服务的。我们要是将他所讲的亚里士多德的思想认为就是如实地概括亚里士多德自己的思想，那就会上当了。这里是最明显的例子。

亚里士多德在概述了理性——神之后，又批判了毕达哥拉斯学派和柏拉图学派的斯潘雪浦等，因为他们没有将善看成真正的原因。亚里士多德说，他们认为，最高的善和美并不在本原（始原）中，却认为动物和植物的始原是原因，而美和善只是它们的结果。他们的意见是错误的。② 实际上，他所说的毕达哥拉斯学派和斯潘雪浦的看法，是从一个一个具体事物说的：动物和植物都是先有种子，然后才有动植物，动植物比起种子来，当然更为美善。所以，美和善不是原因，而是结果。亚里士多德批评他们的看法是错误的，他指出：任何种子都是从另一个个体来的，这另一个个体就是在先的、完全现实的，所以，在先的并不是种子，而是完全的存在。例如，在有种子之前总得先有人，是这个人产生了种子，然后种子才能生成为另一个人。③ 这里讲的实际上还是前面讲过的，是潜能在先还

① 黑格尔：《哲学史讲演录》，第 2 卷，295 页，北京，商务印书馆，1962。

② $1072^{b}30$—34。

③ $1072^{b}35$—$1073^{a}3$。

是现实在先的问题；这和我们通常说的是鸡生蛋还是蛋生鸡的问题，是一样的问题。从亚里士多德整个形而上学说，他是主张现实在先的。在第九卷第八章说明现实先于潜能时，亚里士多德就用了这个论证。

最后，亚里士多德总结说：从以上所说的，可以看出，有一种本体，它是永恒的、不动的，是和可感觉的事物分离的。① 但在下面一段话中，他对于这几点没有作进一步解释，反而提出了与此无关的问题。有些注释家认为这里至少是脱漏了字句的。

理性的特征

以上在第十二卷第七章中谈到理性——神的一些特征，但没有进一步阐述。接着第八章是讲天体，实际是当时的天文学说，显然是后来的编纂者插进去的。所以，第九、十章接着又讲理性的特征，是和第七章的内容直接相连的。

他指出理性的第一个特征，就是理性以它自身为对象。他用以下的论证来说明这一点。

第一，如果理性（思想）以“无”（不存在）为对象，那正好像是一个人睡着了一样，有什么尊严呢？②

第二，如果它思想，但这思想又依赖某些别的（理性以外的）东西，那它就不是主动，不是现实性，而是被动，只是一种潜能。这样，“善”就不是理性，只是它的对象，因为理性想“善”，依赖对象，它才能有价值。③ 理性就不是第一位的，对象才是第一位的。后面他又重复解释说：如果理性不是思想的活动，而是潜能，这样，只有思想的对象才是高贵的，而思想本身却成为讨厌的劳动了。理性的潜能，只有在它想到了那个最好的对象时，才成为现实；如果不是这样，理性本身就不是最好的“善”了。④ 亚里士多德一直认为主观的思想应该服从客观的对象，对象是第一位的，思想是第二位的；只有在这里讲理性的时候，他才将这个次序颠倒过来。因为

---

① 1073a3—5。

② 1074b17—18。

③ 1074b18—21。

④ 1074b28—33。

理性就是“善”，如果它要依靠对象，则对象是“善”，理性就不能是“善”了。

第三，理性想什么？只有两种可能：或是想它自己，或是想某些别的东西。若是想别的东西，则总是想同一个东西呢，还是在不同的时候想不同的东西？它想的是高贵的东西，还是低下的东西？这总有不同吧。显然它只能想到那最神圣的、不变的东西，因为有变化就会变坏，而且已经是运动了。① 所以，理性只能也必须想它自身。理性在思想，就是思想理性自身。② 这就是说，理性是一个自足的本体，它不依赖任何别的东西。

亚里士多德又从另一个角度来论证这个问题。他说，一般地说，理性、感觉、意见等主观的东西，总是有某些和它们自己不同的东西作为它们的对象的，而它们以自己为对象却是偶然的。如果思想和被思想是不同的，从哪一方面说“善”是属于思想自身呢？他说：因为思想的对象就是知识。在生产的科学中，它的对象就是本体或本质，它们是不带质料的；在理论科学中，对象就是定义或理性活动本身，也是不带质料的。（因为科学的对象是抽象的东西，所以是不带质料的。）所以，在没有质料这一点上，理性和它的对象是没有不同的，神圣的理性和它的对象是相同的，也就是说，理性和它所思想的对象是同一个。③ 这里值得注意的是：他不仅谈到了“神圣的理性”，而且谈到了一般的应用科学和理论科学，这些科学的对象是“知识”——无论是本质或是定义，都是不带质料的（这句话，用现代的话说就是：它们不是物质的），所以，理性和它的对象——知识——乃是同一个东西。他将思想或知识的客观内容取消掉，当然就只能得出唯心论的结论了。

亚里士多德又进一步从理性的不可分性来论证这一点。他问：神圣的理性的对象是不是组合成的？组合就是由许多部分合成的，如果对象有部分，理性就会从这部分变到那部分。这样，理性就会有变化和运动了。但是，每一个没有质料的东西都是不可分的，人类理性也是这样，不能说它在这个时候是善的，在那个时候是不善的，它是在整个时期都是善的。所以它是不能分的，理性以它自己

---

① $1074^{b}21$—28。

② $1074^{b}33$—35。

③ $1074^{b}35$—$1075^{a}5$。

为对象是永恒的、不变的。① 亚里士多德讲的“组合”有几种不同的意义。可以是形式和质料的组合，他认为理性的对象——知识，就是本质和定义，是不含有质料的，理性只以形式为对象（他在第十二卷还没有详细论述形式），所以理性和它的对象是同一的。

亚里士多德在第十章中指出了理性的另一个特征：它是绝对的“善”。

他是这样提出问题的：善或至善在宇宙中，是作为一个分离的、独立存在的东西呢，还是作为它的各部分的秩序而存在？他说，可能这两种方式同时存在，正如在军队中一样。在军队中，善既表现在军人之有秩序，也表现在它的领袖之善于指挥。他特别指出，在这两个方面，善更表现为领袖这方面，因为领袖不依赖秩序，而是秩序依赖领袖。②

从这个例子可以看出，亚里士多德认为善可以表现在（包含于）两方面，一是在事物之内，它的各部分很有秩序；一是这个秩序的安排者——指挥者。他认为后者就是最高的、绝对的独立存在。善就是理性，就是神。理性和理性所安排的秩序相比，当然理性高于它所安排的秩序；秩序依赖理性，而不是理性依赖秩序。所以理性是最高的独立存在。他说：一切事物，无论是鱼、禽兽、植物，都是这样被安排为有秩序的，虽然它们的秩序是彼此不一样的。世界上的一切事物，都不是彼此无关，而是相互联系的，都是为了一个目的而安排的。自由民在混乱之中，至少可以有活动的自由；而奴隶和动物（在奴隶社会，奴隶主将奴隶和动物同样看待，百般蔑视，亚里士多德也不例外）对公共事务做得很少，大都生活在混乱之中。这就是构成事物的各种本性的原则。他的意思是：一切事物都可以分解为它们的要素，这些要素也分有（参与）了善的作用，和整体分有善的作用是相似的。③

一切事物都分有最高的理性——善，在这点上它们是相似的；但不同的事物分有善的程度是有差异的，奴隶和动物不如自由民，这就是它们各自具有的不同的原则。——亚里士多德这里说明的，实际上就是这个绝对的善（理性——神）和相对的善（在具体事物中的善）的道理。

---

① 1075^{a}5—10。

② 1075^{a}10—15。

③ 1075^{a}15—25。

以下，亚里士多德批评了以前的思想家在这个问题上的错误观点：

第一种观点，就是许多思想家都认为万物是由相反的原则产生的。这种观点是错误的，因为相反的不能作用于相反的。亚里士多德的观点是，认为在一对相反的东西背后，有个第三者——基质。当时有些思想家将相反的一个方面作为质料，如说“不等”、“多”（都是当时柏拉图学派中的人主张的）是质料，但亚里士多德认为这也不对，因为质料是不能有相反的东西的。再说，如果相反的是最高的原则，则善和恶都将成为最高原则了。但是亚里士多德认为，只有善才是第一原则。有些人承认善是最高原则，但分不清善是目的因，还是动因，还是形式因。①

亚里士多德批评恩培多克勒，说他说的“爱”实际上就是善。但是，恩培多克勒认为爱既是动因（将一切结合在一起），又是质料因（爱是结合中的一个部分、一个元素）。亚里士多德认为，动因和质料是不同的，有不同的原则，怎么能是同一个东西呢？同时，恩培多克勒还将“斗争”也当作是不变的永恒的原则，亚里士多德认为这是不对的，因为斗争是恶而不是善。② 我们现在可以看出：正是在这点上，亚里士多德实际上是从恩培多克勒倒退了，因为恩培多克勒承认“爱”和“斗争”是矛盾的原则，而亚里士多德却将“善”绝对化，只有善而不承认恶，就陷入了形而上学。

亚里士多德又批评了阿那克萨戈拉，说他虽然承认了“理性”是事物的动因，但是他以为理性安排万物是要达到另一个目的，这目的并不是理性自身。亚里士多德认为，只有像他自己那样，认为动因就是目的因，理性的目的就是理性，才是正确的。另外，阿那克萨戈拉既然认为世界最初是一片混沌，为什么不肯定这个混沌是和“善”相反的原则呢？③ 显然，亚里士多德在这里所说的“恶”和“善”是相反的原则，是从具体事物讲的，而不是就绝对的“善”说的。

亚里士多德又概括起来说，这些思想家们虽然认为有相反的原则，但是不能真正说明和利用它们。他以为，只有像他那样，将相反的东西认为不是别的，它们都只是事物的“形式”，才能说明问

---

① 1075a25—b1。

② 1075b1—8。

③ 1075b8—11。

题，说明为什么有些事物是可以毁灭的，有些事物则是不可毁灭的，等等。①

亚里士多德接着指出：承认有相反的原则的思想家并不能说明产生运动的原因是什么，因此，他们就得在一对相反的原则之外，再肯定一个更高的原则，所以有些人（柏拉图学派）相信有“理念”。但是，事物为什么分有理念，以及怎样分有理念，他们都说不清楚。（这是亚里士多德批评“理念论”时经常使用的一个论证。）亚里士多德说，凡是要给最高的智慧（哲学、理性）去确定一个相反的原则，必然要面对困难。因为，最高的理性是不能有相反的；凡是有相反的东西必然是有质料的，有质料的就是潜能。潜能不能是第一位的，第一位的理性、善是不能有相反的原则的。②

亚里士多德总结说：如果在可感觉的事物以外，没有别的东西存在，那就既没有第一原则，也没有秩序，没有变化运动，没有天体了。这样，就要像神学家和自然哲学家那样，从一个原则推论回去，寻找在前的更高的原则了。③ 这就是说，亚里士多德认为，只有他自己的思想——认为在可感觉事物以外，还有理性——神，这是第一原则，它既是目的，又是本质，又是动因，才能解决以上这些思想家所遇到的困难。这个第一原则只能是在可感觉事物之外独立存在的。他在上面用了“分离”这个词，他的意思也是可以理解的：一切可感觉事物都是运动变化的，而理性——神本身却是不动的，所以它只能是在可感觉事物以外分离存在的。

最后，亚里士多德又不忘记批评当时柏拉图学派所讲的“理念”和“数”，指出他们的学说存在以下一些困难④：

第一，“理念”和“数”不是事物的原因，至少不是动因。

第二，“理念”和“数”本身是没有广延的（因为它是抽象的），怎么能产生具有广延的事物呢？“数”不能成为一个系列的动因或形式因。

第三，相反的东西不能成为动因。因为一切相反的东西都是能存在又不存在的（当变为相反的那一端时，这一端就不存在），所以是具有潜能性的。如果以潜能作为动因，就得是现实性后于潜能性

① $1075^{b}11$—16。

② $1075^{b}16$—24。

③ $1075^{b}24$—27。

④ $1075^{b}27$—$1076^{a}4$。

了。如果潜能性的东西作为第一原则，那就没有永恒的东西了。

第四，如何能使“数”、灵魂和物体、形式和事物统一在一起，成为“一”呢？那些主张“理念”和“数”的人也没能说明。因为只有动因才能使它们统一，而“理念”和“数”却不是动因。

第五，那些将数学的数摆在第一位，又造出一系列不同种的本体的人（指斯潘雪浦），给了每一种本体以不同的原则，这样就将整个宇宙割得支离破碎，构成了许多统治的原则。亚里士多德引用《伊利奥德》的一句话说：“多数的统治是不好的，还是让一个人统治吧。”

的确，亚里士多德在这里讲的理性——神，是唯一的最高原则。这是彻底的唯心论的一元论。在他以前，以及和他同时的思想家，都没有他这样彻底，所以他要批评他们。他对于当时柏拉图学派讲的“理念”和“数”，在第十三、十四卷作了详细批判，我们在这里先不讨论。

*　　　　*　　　　*

这样，我们对于亚里士多德的“神学”就可以有概括的了解了。他所说的“神”实际上就是理性（努斯），这个“理性——神”有以下这些特点：

第一，理性没有别的对象，它自身就是自己的对象。在这里，主观和客观合而为一了。不是主观合到客观方面去，而是客观合到主观方面。

第二，这种理性就是“善”、“至善”，它自身就是目的，不能在它以外再寻求什么目的。

第三，这种理性不包含任何质料，没有一点潜能，是纯粹的完全的现实性。所以它是一切事物运动的原因，是最后的动因。

第四，它自身是不动的。它只能是圆形的空间运动（那是唯一的永恒的运动），如果是别的运动变化，它就要变成不是它自己，就不是永恒的了。所以，它是不可分的，永恒的，绝对的善。

第五，它是在具体事物之外，分离开独立存在的第一原则，也就是最高的本体。一般地说，亚里士多德不承认有分离存在的本体，唯有这个“理性——神”是例外。

亚里士多德将这么一些特征，加于他的“理性——神”，后来一切唯心论者所讲的第一原则，还有哪个能够超越这些原则的呢？难怪黑格尔要说这是最高的唯心论了。

而且，一般地说，承认矛盾的、对立的原则是比较深刻的，符合辩证法的。亚里士多德自己的体系的原则也就是形式和质料、现实和潜能，也是矛盾的原则。他在这里却否认矛盾的原则，在矛盾之上列一个绝对的“善”，实际上是向形而上学的倒退。

必须指出的是：亚里士多德讲的这种神学理论，只在《形而上学》第十二卷这四章中出现。后来，当他在《形而上学》中更深入地讨论本体时（第七、八、九卷），这种思想却很少提到了。这是不是表示亚里士多德的思想发生了变化了呢？从第七、八、九卷的论述，我们至少可以说，亚里士多德转为专心钻研作为本质和形式的本体。他对本质论的思想倾向浓厚了，对神学也就淡薄了。

第七章
作为“基质”的本体
——《形而上学》第七卷第一、二、三章

现在，我们可以进入《形而上学》一书中专门讨论本体的部分了。这就是第七卷（Z）以及和它有关的第八卷（H）、第九卷（Θ）。人们通常认为这三卷是《形而上学》一书的核心部分，也是亚里士多德的哲学本体论思想的核心部分，因为它们讨论的就是本体、形式和质料、现实和潜能，这就是亚里士多德哲学体系的核心。

第七卷的篇幅也特别长，一共有十七章。大体可以分为以下几个部分：

1. 第一、二章，引论，讲“存在”的含义，本体是第一存在。
2. 第三章，讲有四种本体。讨论其中的第一种——基质。
3. 第四、五、六章，讨论另一种本体——本质。
4. 第七、八、九章，讨论生成和变化。
5. 第十、十一、十二章，继续讨论本体，讨论本质和定义。
6. 第十三、十四、十五、十六章，讨论第三种本体——一般或普遍的东西，论证它们不是本体。
7. 第十七章，结论：形式是本体。

从这个目录就可以看出：第七、八、九章是被后人误插进去的，可能原来是一组独立的论文。现在的第十章应该是和第六章相连接，它们的内容是相连的。不过，第七、八、九章的内容还是和本卷讨论的问题有关，只是从生成和变化的事物的角度来讨论本质和形式的问题而已。此外，有些亚里士多德专家，如那托普（Natorp）认为，后面几章的次序也是有问题的，并认为这一卷是由两组论文组

成的：

1. 第1—6，10—14章。
2. 第17，7—9，15，16章。①

他的意见可供参考。

我们现在还是按照书中的章节次序分别介绍。

本体是“第一存在”

亚里士多德在第七卷第一章，还是从讨论“存在”开始的。

上面我们已经讲到亚里士多德在较早的著作——《形而上学》第五卷第七章中区别存在的四种意义：

1. 偶性的存在；
2. 本质的存在；
3. 真和假；
4. 现实和潜能。

这种区别，亚里士多德一直保持着。在《形而上学》一书中，亚里士多德在第三卷（B）中提出了第一哲学所要研究的问题，到第四卷（Γ），他就指明：哲学研究的对象就是“作为存在的存在”。到第六卷，他又讨论存在的几种意义，在第六卷第二章中，他又将存在分为四种：

1. 偶性的存在；
2. 不同范畴［“什么”（即本体）、性质、数量、地方、时间等］的存在；
3. 真和假；
4. 潜能和现实。②

这四种区别和第五卷第七章的区别是一样的。那里讲的“本质的存在”，实际上也是讲不同范畴的存在。他在第六卷中讨论了偶性的存在和真假的存在都不是“第一存在”。这样，就自然要讨论另外两种存在了。所以，第七卷一开始就是从讨论上述第二种意义的存

① 参看W. D. Ross：*Aristotle's Metaphysics*，vol. II，p. 181。
② E，2，1028a33—b2。

在——不同范畴的存在——开始的。

亚里士多德说：我们已经讨论过存在的各种意义了。一种意义的存在就是指事物是“什么”，或“这一个”；另一种意义就是指性质、数量这些宾词（即范畴）。他说，存在的主要意义就是它是“什么”，这就是指的本体。因为，当我们说一个事物的性质是什么时，我们回答说，它是好的或坏的，而不说“它是三尺长”或“它是一个人”。但当我们问它是什么时，我们不会回答“它是白的、热的”或“它是三尺长”，而要回答“它是一个人”或“它是一个神”。只有说明这种“什么”的才是主要的存在，是“第一存在”；别的存在都不过是它的性质、影响等等，都是受它规定的。所以，人们可以提出这样的问题：像“走路”、“健康”、“坐下”这样的一些词，是不是存在的？回答是：它们都不能自我存在，都不能和本体分离而单独存在。我们只能说，那个走路的（人）、健康的（人）、坐着的（人）是存在的。所以，正确地说，应该是：在这些走路、健康等后面，还有某个确定的东西，这就是本体或个体。它包容了这些宾词，我们不能离开那个在背后的东西而说什么“好的”、“坐下”等等，所以，正是由于这一个范畴，其他范畴才得以存在。这个范畴是第一的，是无条件的“第一”存在，这就是本体。①

说本体是“第一”，这是从三个方面来说的：

第一，在定义上是第一的。定义即“逻各斯”，定义在先也就是逻辑在先。我们要给任何其他范畴下定义时，都不能不说出它的本体（的定义）来。比如，我们为“三尺长”下定义，就得说，它是“事物的一种长度”；为“白”下定义，就说它是“事物的一种颜色”。

第二，在认识的次序上是第一的。只有当我们知道了这个东西是什么时，我们才是最完全地认识了它。比如，当我们知道了人是什么、火是什么时，才真正认识了这个东西，这比只知道它的性质、它的数量、它的位置，要重要得多。（这种说法是有问题的：我们如果不知道它的性质——本质属性——是什么，我们能知道它是什么吗？比如，我们如果不知道人是两足的动物时，能知道人是什么吗？这“两足的”不也是一种性质吗？亚里士多德在这个问题上是混乱的，后面我们还可以看到。）而且，即使是从各个范畴讲，也只有当

① 1028a10—31。

我们知道了性质是什么，数量是什么时，才是知道了这些范畴本身。（从这个意义上讲，别的范畴本身，如性质之作为性质，数量之作为数量，也可以说是一种本体。）

第三，在时间上是第一的。别的范畴都不能独立分离存在，只有本体能独立分离存在。所以，在时间上说，总是先有本体，然后才能有其他的范畴。本体在时间上也是在先的。

从以上三个方面考虑，本体都是第一的。① 在《范畴篇》中的本体中心论思想，到这里得到了详细的论证。

最后，亚里士多德提出：存在是什么的问题，实际上也就是本体是什么的问题。有人认为本体是一，有人认为本体是多；有人认为本体在数目上是有限的，有人认为是无限的。因此，我们必须主要、首先、专门讨论本体的问题。② 这就是本卷要讨论的主题。

关于本体的问题

在第二章，亚里士多德又提出有哪些东西可以说是“本体”的问题，并且回顾了以前各个思想家的各种说法。

他说，很明显地，一般认为本体就是指所有的物体。我们说，不仅动物、植物以及它们的部分是本体，而且还有那些自然物如火、水、土这些物质元素也是本体；还有这些东西的部分，以及由这些元素组合起来的物体；还有物质宇宙和它的部分，如日、月、星等，也都是本体。但是，只有这些物体是本体，还是有些别的东西也是本体？再者，是这些东西之中的某一些是本体，而别的不是？还是别的也是本体？或者这些都不是，而是有某些别的东西才是本体？这些都是我们应该考虑的问题。③

下面他就提到一些别的哲学家的主张：

有些人（毕达哥拉斯学派）认为物体的限制，即面、线、点、单位是本体，而且和物体相比，它们更是本体。④

其次，有些人认为，在可感觉事物以外，没有别的本体了；但

① $1028^{a}31—^{b}2$。
② $1028^{b}2—7$。
③ $1028^{b}8—15$。
④ $1028^{b}16—18$。

有人认为，在可感觉的事物以外，还有别的永恒的本体，而且在数目上更多，也更真实。例如，柏拉图就肯定了两种本体——“理念”和数学对象，说它们和第三种本体——可感觉的本体是一样的。而柏拉图的继承人斯潘雪浦却制造了更多种的本体，开始是“一”；然后又为每一种本体假定了一些原则，比如数的原则、空间度量的原则、灵魂的原则等等，他这样做更将本体的种类多重化了。另外还有一些人（如柏拉图的学生色诺克拉底）则认为“理念”和“数”的性质是相同的，别的东西——线、面等则产生于它们以后，由此一直到宇宙和可感觉事物的本体。①

亚里士多德念念不忘的是在那些他同时代的柏拉图学派中，和他意见不同的人如斯潘雪浦和色诺克拉底等人的思想，他的著作主要是为了反驳他们而写的。我们只有了解这个背景，才能理解亚里士多德为什么要提出某些问题，作某些论证。这些问题和论证，对今天的我们来说，是很难理解的。因为不但斯潘雪浦和色诺克拉底的思想早已失传，我们现在已经无法了解；即使对于柏拉图晚年的关于“理念”和数学对象的思想，我们现在也知道得很少，因为在他留下来的对话中，这方面的内容很少。有些哲学史家说这些是柏拉图的“秘密学说”，是只对他的学生讲授，而没有公开发表的。这一些思想，我们只能从亚里士多德的著作中了解一二；而在亚里士多德的著作中，也只有对它们的批驳，并没有系统地论述。这就造成了我们现在阅读亚里士多德著作时遇到的许多困难。这在《形而上学》最后两卷（M、N）中特别明显。

亚里士多德在第二章结束时说：因为有上面这些困难，我们必须研究这些看法是不是正确。要研究：有哪些本体；在可感觉的本体以外，是不是还有别的本体；可感觉本体是如何存在的；是不是有能够分离存在的本体；如果有，它们是为什么，以及如何存在的；或者是根本没有这样的和可感觉事物分离的本体。②

亚里士多德在这里提出来的问题，和他在第三卷中所提的十几个问题，有许多是重复的。他提出这些问题，并不是他头脑中凭空想出来的，而是当时存在各种不同的学说，亚里士多德和他们辩论，所以提出这些问题来的。为了解决这些问题，亚里士多德逐渐修改和形成了他的哲学思想。思想史本身是在矛盾中发展的。

---

① 1028^b18—27。

② 1028^b27—32。

质料不是第一本体

从第三章开始，亚里士多德就正式讨论本体了。他说：可以在许多意义上用“本体”这个词。至少，主要有四种：

1. 本质；
2. 一般；
3. “种”；
4. 基质。①

它们都可以被认为是事物的本体。亚里士多德在这里对本体的分法，和他在第五卷第八章中对本体的分法也不同了。在这四种中，本质和基质这两种是那里也提出来的，但在那里没有进一步论述；在第七卷中，亚里士多德要详细论述，特别是关于本质是本体这一点，是他在第七卷中最特殊的学说。这里新增的是“一般”和“种”这两类。所谓“一般”就是指不是具体的事物，而是普遍的、一般的东西，也就是后来被称作“共相”的东西。后面我们可以看到，他所说的本质——形式，实际上也是一般的东西，不过他是将他所说的形式——“属”，不算在一般之内的。他所说的“一般”，主要是指柏拉图学派所说的“理念”和“数”，有时也指最广泛的一般——“一”和“存在”。这也就是他几次作为问题提出来的：在具体的本体之外，是不是还有分离的、独立存在的一般的本体？他后来在本卷最后几章，还有第十三、十四卷中都作了否定的回答，认为这种一般不是分离存在的本体。关于“种”，他后来根本没有提出来单独讨论过，因为，“种”实际上不过是一种“一般”，所以在讨论“一般”时，同时也就讨论了“种”；在否认“一般”是本体时，也同时否认了“种”是本体。所以，没有必要单独讨论“种”了。

亚里士多德在第三章中主要讨论基质。前面说过，基质这个词，希腊文ὑποκείμενον就是“在后面”或“在底下”的东西。从逻辑上说，它就是主词；从本体论上说，它就是基础、基质。所以，什么是基质呢？从逻辑上说，就是别的东西都是表述它的，而它是不表述任何其他东西的。这个特点，在《范畴篇》中就开始提出来，

---

① 1028^{b}33—36。

认为它是本体的一个重要的特点。现在，亚里士多德又重述了这一点。他说，那个在后面的东西，主要被认为是真正的本体。他说，有三种东西被认为是具有这样的基质的特征的。那就是：

1. 质料；
2. 形状；
3. 前二者的组合。

他说，我说的质料，例如，制造雕像的铜；而雕像的形状就是它的形式，这二者组合成的就是雕像，即那个具体的事物。他说，如果形式是先于质料的，而且是比质料更为真实的，那么，由于同样的理由，它也是先于二者的组合物了。①

这最后一句话，他在这里没有解释。但是这句话表示亚里士多德关于本体的学说已经发生了一个根本性的变化。在《范畴篇》中，他认为具体的事物是“第一本体”，而它的“属”（在希腊文中，“属”和“形式”是同一个词：εἶδος）和“种”则是第二本体。但是现在，“形式”（即“属”）既先于质料，又先于具体事物。这个论证是这样的：

既然　甲先于乙，
所以　甲先于乙加甲而成的丙。

在这里，具体事物（丙）已经不是第一本体了，而原来认为是第二本体的“属”，现在上升为第一本体。为什么发生这种变化？他在这里没有说明。我们将这里的思想和《范畴篇》中的思想对照一下，就可以发现这里多了一个“质料”，这是《范畴篇》中还没有谈到的。这就是一个很重要的变化，哲学史家称此为“质料的发现”。为什么发现了质料，就使这个问题发生变化呢？我们先看亚里士多德自己是怎样分析的。

亚里士多德说：如果说本体的特征仅仅在于它不表述别的东西，而是别的东西表述它的，这种说法就是不充分的，它可以引起误解，以为只有质料才是本体了；如果说质料还不是本体，我们就很难说还有什么东西是本体了。因为，任何事物，如果我们将一切东西从它那里剥掉，最后留下的，就只能是质料。那些别的东西，就是物体的影响、主动和被动，以及长度、宽度、深度，这些是数量而不

① 1028^b36—1029^a7。

是本体。这些东西主要是属于本体的。如果将长、宽、深去掉，留下的就只能是那个被长、宽、深所限制的东西，那就是质料。这样，就只有将质料当成本体了。亚里士多德说：什么是质料呢？我说的质料，就是这样一种东西：它自身不是一种特殊的事物，也没有一定的量，也不表示有任何范畴的规定性。因为是有这样一种东西，别的范畴都是表述它的，而它的存在却是不同于任何一种表述的。（这意思要加以说明：任何范畴都可以表述质料，可以说质料是人、是白的、有三尺长等等，但质料之作为质料，它既不是人，也不是白，也不是三尺长，它没有任何一种规定性。）本体以外的范畴都是表述本体的，而本体却是表述质料的。（这就是说，如果只拿表述这个标准来看问题，那就只能承认质料是最后的最高的本体了。）所以，这个最后的基质自身，既不是特殊的事物，也没有特殊的量的规定性，也没有其他任何肯定的规定性，甚至连任何否定的规定性也没有，这才是最后的质料。①

这里，值得注意的是亚里士多德对他所说的质料作了说明。任何物体，如果将它所具有的各种各样规定性都去掉，最后只留下一个具有长、宽、深的物体；如果再将这长、宽、深也去掉（抽象掉），那么，唯一留下的不就是赤裸裸的、没有任何规定性的物质了吗？这就是亚里士多德所说的纯质料。质料原来就是物质，我们已经说明过：因为亚里士多德是将这个词和形式相对讲的，而且他有时将一些非物质的东西也叫作质料，所以我们认为，译成质料比译成物质好。但是，在这里，亚里士多德讲的实际上就是抽象的物质。任何物质的事物总具有各种各样的规定性，将所有一切规定性全部抽象掉，便只留下物质一般——这就是一般的物质概念。亚里士多德在这里为了说明他所说的质料，作了这样一个说明。这可以说是在人类认识发展史上，第一次比较明确地提出来的物质概念。

亚里士多德接着说：如果采用以上的观点，就将得出质料是本体的结论了。但是，这是不可能的。因为，分离性和个体性（“这一个”）主要是属于本体的。这样，形式以及形式和质料组合的具体事物，比起质料来，更是本体了。②

这里，亚里士多德又重新提出，确定本体的标准有三个：

---

① 1029a7—26。

② 1029a26—30。

1. 不表述任何别的东西，而是别的东西表述它的；
2. 分离性、独立性；
3. “这一个”、个体性。

按照第一个标准，就应该承认，质料是本体，而且它比任何别的本体还是本体，因为别的范畴都是表述本体的，而本体又是表述质料的；决不能反过来说，质料是表述本体的。所以，质料应该是最后的本体。

但是，除了这个标准以外，还有两个别的标准，即分离性和个体性。用这两个标准来衡量，就不能说质料是本体，而是形式，以及由形式和质料组成的具体事物才是本体。这个道理很容易理解。所谓个体性，就是它所有的性质都是已经规定了的，它是“这一个”，与别的任何一个不同；所以它可以和别的分离开，独立存在，这就是它的分离性。质料当然不能有这两种特性，因为质料就是没有任何规定性的东西，它不能是“这一个”，不能和其他东西分离存在。因此，从后两个标准说，质料不是本体，形式和具体事物才是本体。

这三个特征，在《范畴篇》第五节中都已经提出来，说它们是本体的特征。而且根据这些标准，比较不同的本体，认为具体事物是第一本体，而“属”和“种”是第二本体。在《形而上学》第五卷第八章中，也讲到这三个划分本体的标准。但在那里，第一个关于表述的标准，是归于基质——在那里是指水、火、土等元素以及由它们组成的物体、动物、天体等等。而后两个标准，却归于“形式”。在那里，亚里士多德既没有说明为什么个体性和分离性属于“形式”的理由，也没有将它们在本体的程度上作比较，没有说谁是第一本体，谁是第二本体。而在《形而上学》第十二卷前五章中，他说质料显得（像）是“这一个”，形式才是真正的“这一个”。但在那里，他说的质料，是指肉、骨、头这样的东西。只有到《形而上学》第七卷，他才给纯质料下了一个定义——它没有任何规定性（不是肉、骨、头等），这样的质料就既不是“这一个”，也没有分离性。但是，他在这里说，这两种特性是形式所具有的——这一点和第五卷、第十二卷一样；但这两种特性，又是具体事物所具有的——这一点和《范畴篇》一样。所以，《形而上学》第七卷的说法是《范畴篇》和《形而上学》第五卷的说法的综合。

但在《形而上学》第七卷中，亚里士多德又比较了本体性的高下。他认为，按照后面两个标准即个体性和分离性说，则形式和具体事物比起质料来，更是本体。如果形式和具体事物是第一级的本体，质料就是第二级本体了。现在的问题是：在形式和具体事物之间是不是还可以比较呢？亚里士多德接着说：由形式和质料组合成的本体，可以搁置不论，因为它是在后的，它的性质也是明白的。质料在一种意义上也是明白的。① 亚里士多德说的"在后"，就是：不是在先的，不是第一的，而是第二的。形式和质料组成的具体事物，是在什么东西之后呢？当然不是在质料之后，因为他刚说过：形式和具体事物，与质料相比，更是本体；在这个质料上，具体事物是在质料之先的。因此，这里说的具体事物"在后"，是说它在形式之后。可以说，亚里士多德在这里已经指出，形式是第一本体，具体事物是第二本体，当然，质料更后了，是第三本体。亚里士多德实际上是按照这种次序区别这三种本体的。

在《范畴篇》中，具体事物是第一本体，"属"（即形式）是第二本体；而现在，形式是第一本体，具体事物反变成第二本体。次序颠倒过来了。这个变化是怎么产生的？有些哲学史家说是由于"发现了质料"——是指第七卷第三章中所说明的质料。这样的质料既然没有任何规定性，它不能具有个体性和分离性，而具体事物是有个体性和分离性的。具体事物是由形式和质料组成的，既然质料不具有个体性和分离性，则具体事物的这两种性质只能来自形式。《形而上学》第五卷第八章已经讲到这两种性质是属于形式的。具体事物是由（有这两种性质的）形式和（没有这两种性质的）质料组成的。从这点上看，也应该说形式先于具体事物了。

亚里士多德在讲了以上这些之后，最后说：现在我们可以来讨论第三种本体——形式了，因为这是最困难的。② 这就是指出第四章及以后要讨论的问题。本章到此已经结束。

但是本章后面还多了一段话③，意思很难和上下文连贯起来。耶格尔认为这是亚里士多德在别处写的一个注，被后人误插在这里的。这段话的意思是：我们的认识总是从较少理解的到较多理解的，可是在实际上，我们是从对个别（人或物）是好的，到对一切（事物）都是好的；在认识上，也是从个别的、小范围的认识，进到无

① 1029a30—32。

② 1029a32—34。

③ 1029a34—b12。

条件的认识。讲的也是从个别到一般的道理。

* * *

亚里士多德在第七卷前两章中，就本体问题作了一般的导论。他说，本体是其他范畴的存在的中心，是第一存在；批评了在他以前以及同时代的思想家的观点；又提出了在本体问题上应该研究的一些问题。

重要的是第三章。他分别了四种本体：本质、一般、“种”、基质。首先讨论基质，说将事物的一切规定性都抽象掉以后，留下的就是赤裸裸的质料。这里，他为质料下了一个定义，实际上是人类思想史上所作的第一个关于物质的定义。然后，他又从关于本体的三个标准来进行分析。按照表述这个标准看，应该承认质料最是本体的；但按照个体性和分离性的标准，质料就不是本体，形式和具体事物比质料更是本体。而具体事物是在形式之后的，所以，形式更是本体。这样，他将《范畴篇》中通过比较得出的第一本体和第二本体的次序颠倒过来了。

第八章

本质是本体

——《形而上学》第七卷第四、五、六章

从《形而上学》第七卷第四章开始，亚里士多德讨论另外一种本体——本质的问题。这个问题是亚里士多德的本体学说的核心部分。我们已经看到，在第三章中亚里士多德指出有四种本体，即本质、一般、“种”、基质。在这四种中，基质主要指质料，亚里士多德认为质料并不是第一位的本体；一般与“种”，后面我们可以看到，他不承认它们是独立存在的本体；这样，剩下的就只有本质，亚里士多德认为它才是真正的本体。关于本质是本体的思想，在《形而上学》第五卷第八章中已经提出来了，但在那里，亚里士多德没有作更多的说明。正式讨论这个问题的，是第七卷第四、五、六、十、十一、十二等几章，现在先分析第四、五、六章。

本质与偶性

第四章开始，亚里士多德说：现在，我们开始来研究本质。但是，什么是本质呢？我们必须先说明它。他说：所谓一个事物的本质，就是由它自己的本性（自然）是这样的（καθ᾽αὑτό，proper）。①但是，什么是“由它的本性”呢？亚里士多德先从反面来说明，什么不是“由它的本性”的——就是偶性。比如，说“你是有教养的”。因为在这里，你之作为你，并不必然是有教养的。你可以是有教养的，但是，你也可以不是有教养的；如果你不是有教养的，你仍旧可以作为你而存在，并不因此就不是你了。由此可见，“有教养

① 1029^b13—14。

的”，对你来说，是可有可无的，是偶然的属性，这就不是“由你的本性”的本质。但如果说“你是人”，这情况就不同了。因为，不能说：你可以是人，也可以不是人；如果你不是人，那就不能作为你而存在了。所以，“人”对于一个一个具体的人——张三、李四、苏格拉底、柏拉图说，就是“由他的本性”的东西，就是他的本质。这就是本质与偶性的区别。本质是由它的本性是这样的；偶性就不是由它的本性是这样的，因此，是可有可无的。

亚里士多德再举例说：“白”之对于“面”，也不是由它本性是这样的。因为，作为一个面和作为白，并不是同一的。（作为面并不必然是白的。）如果将“白”和“面”合在一起，即“白的面”，也不是面的本质。因为，亚里士多德认为：作为一个东西的公式，必须是这个东西的名字不在其中出现，而它的意思却能表现出来，这样的公式才是事物的本质的公式。例如：

苏格拉底是人，是两足的动物。

在“人”或“两足的动物”这个公式中，苏格拉底的名字并没有出现，但是它们说明了苏格拉底究竟是什么，说明了苏格拉底的本来性质，即本质。而：

面是白的面。

在“白的面”这个公式中，“面”的名字出现了，这个名字虽加上去了，但它并不能说明“面”的本质。亚里士多德又进一步论证：

如果：　面是“白的面”　　　是面的本质，
　　　　面是“光滑的面”　　也是面的本质，
则：　　白的面＝光滑的面
就是：　白＝光滑　　　　　　而这是错误的，
因此：　“白（或光滑）的面”不是面的本质。①

亚里士多德指出：正像“白的面”中，“白”是性质，“面”是基质一样，这个基质也可以和其他范畴（数量、关系等）组合起来，成为别的组合词，如“大的面”、“靠近的面”等等。对于这样一个组合词，它的本质是什么呢？假定它是X，要为X下定义，或者将“面”加到“白”上去，说是“白的面”，或是将“面”去掉，说它

① $1029^{b}16$—22。

是“白”。无论哪一种方式，都不能说明这个X（“白的面”）的本质。①

所以，亚里士多德说，本质恰恰正好就是那个东西是什么。因此，如果是将一个属性归于一个主体，如“白”归于“人”，说是“白的人”，这样的复合物并不说明恰恰正好是某一“这个”，因为“这个”只能是属于本体的。所以，只有那些东西，它的公式就是定义的，才是本质。什么东西的公式是定义呢？亚里士多德说，并不是只要一个词和它的公式有同一的意义，就可以成为定义。如果那样，任何一组词都可以说是定义了，像“伊利奥特”（它是一组词）也可以算是一个定义了。这样，亚里士多德得出结论说：只有那第一的东西，它的公式才是定义；而这种第一的东西是不包含和自己不同的表词的。（这就是说，不能是像上面所说的那样的“白的人”，以“白”作为“人”的表词。）这样，就没有别的东西，只有“种的属”能有本质。因为，只有在“属”中，其中的一个因素不是由于偶性而属于另一个事物的。（如“白的人”中的“白”之属于“人”，仅只由于偶性，没有必然联系；而“人是两足的动物”这个“属”的定义中，“两足的”和“动物”就是有内在的必然性，所以是本质的联系。）所以，只有“属”才能有精确的公式，才是定义，才是本质。②

在这段话中，亚里士多德反复说明了：凡是只有偶然联系的东西，就不是本质；只有能说明有内在必然的联系的公式，才是定义。这样的定义，只有“种的属”才能是。所以，只有“属”的定义，才是事物的本质，它是第一的。

为什么亚里士多德要特别指明“种的属”呢？因为“属”和“形式”在希腊文是同一个词——εἶδος，它实际上是同一个东西，但相当于不同的关系，有不同的用法：对“质料”讲，它是“形式”；对个体和“种”说，就是“属”。亚里士多德在这里特别指明“种的属”，是就后一种意义讲的。但从后面的实际使用看，亚里士多德是将“属”和“形式”当作相同的东西的。如果说《范畴篇》是亚里士多德早期的著作，在那里已经有“种”和“属”，却还没有提到“形式”和“质料”，那么，也可以说，亚里士多德是从“属”的概念出发，然后得出“形式”的概念来的。

---

① 1029b22—1030a2。

② 1030a3—17。

另外一点重要的意义，就是亚里士多德在这里将“第一的”归于“属”。在《范畴篇》中，具体事物是第一本体，“属”和“种”是第二本体；在第七卷第三章中，亚里士多德只说具体事物是“在后”的，就是说它是在形式之后的；现在，亚里士多德明确地说，“属”是第一的。这就是将《范畴篇》中关于本体的次序完全明白地颠倒过来了。

亚里士多德在这里提出只有“属”的公式是定义，所以“属”就是本质。但是，为什么是这样？他在这里并没有作详细的论证。他在这里只是从“它本性是什么”即事物的内在必然性和偶性的区别，说明本质和偶性是不同的。这问题以后还要展开论述。

亚里士多德接着提出这样的问题：是不是只有本体才有本质，本体以外的其他范畴，如性质、数量等等，是不是也有各自的本质呢？亚里士多德认为，每一种范畴都有它的本质。对于性质、数量等等，我们也可以问：究竟性质（数量或其他）的本性是什么？所以，别的范畴都可以有它的本质。但是，亚里士多德坚持一点，即本体的本质和其他范畴的本质也有程度上的不同。正像在一切存在（范畴）中，本体是占第一位的；从本质说，本体的本质也是第一的。亚里士多德说，就第一的、单纯意义下的本质说，只能是本体的本质；至于其他范畴的本质，是从第二位的意义说的。他说，我们常用同一个词去称呼不同范畴的东西，比如一个病人、一次医疗手术和一种医疗器械，我们可以将它们都叫作“医疗的”。这并不是因为别的什么缘故，只是因为它们有共同的目的。但无论如何，只有本体（在上述例子中，就是病人或医生）才能具有第一的和单纯的定义和本质。所以，只有“这一个”才是主要的本质。①

亚里士多德在这里虽然不否认性质、数量等等范畴也可以有定义，但是，它们的定义和本体的定义不同：本体的定义是主要的，是在第一位的意义上说的；其他范畴的定义只是在次要的、第二位的意义上说的。他实际上将本质限制在本体的范围以内。只有本体才有真正的本质，所以他认为本质就是本体。

本质属性

亚里士多德在第五章开始，提出这样一个问题：那些不是单一

① 1030a17—b13。

的而是复合的词，是不是可以下定义的？什么是这种复合词呢？他举例说，比如鼻子、凹性、塌鼻。这个“塌鼻”就是由前两者组合起来的，凹性出现在鼻子中，就是“塌鼻”，这就是一个复合词。这是一个亚里士多德喜欢用的例子，在《形而上学》中多次出现。他在第六卷第一章中作过说明：“塌鼻”和“凹”有什么不同呢？塌鼻是和质料结合在一起的，它是一个凹的鼻子；而凹却是不带质料，和质料相独立的东西。① 鼻子是质料，凹是形式，由它们组成的事物就是塌鼻。

这种塌鼻有什么特点呢？亚里士多德说，鼻子之有凹性或塌鼻，不是由于偶然性，而是由于鼻子自身具有这样的本性。所以，这种属性和偶然的属性不同。“白”之对于加里亚或人（加里亚是一个人），只是偶然性。而凹之对于鼻子，正如雄性之对于动物、等之对于数，是一样的。“雄”对于动物和“等”对于数，并不是偶然性，而是由它们自己的本性必然属于动物或数这些主体的。他说，我们解释“白”时，不一定要用人去说明，因为，“人”和“白”的关系是偶然的，人不一定是白的，白也不一定是属于人的。但“雄性”之对于“动物”却不是这样，只有动物才有雌雄之分（当然，我们现在说，植物在某些方面也有雌雄的区别），要说明雌雄必须提到动物。“等”和“数”的关系也是这样，只有数量才有等和不等，要说明等和不等，必须提到数。这里我们可以看出，他所说的“雄”之于“动物”、“等”之于“数”，实际上说的就是我们现在所说的“本质属性”的问题。任何事物都可以有各种性质，其中有些性质是偶然的，叫它偶性；有些性质则是由事物的本性所决定的，是事物所固有的，这种属性，亚里士多德通常将它叫作“固有的属性”。

“固有的属性”和“偶然的属性”，从理论上讲，是很容易区别的。凡是和主体有必然联系的，就是固有的属性；凡是没有必然联系的，就是偶然的属性。但在实际上，这个区分并不明确。有些研究者指出：如果说“白”对于一个“人”讲，只是偶性，那么，为什么说“凹”对于鼻子就是它本性所固有的呢？因为，任何人必然有一定的颜色，这颜色，可以是白的，也可以是非白（黄、棕、黑等）的；同样的，鼻子必然有一定的形状，这形状，既可以是凹的，也可以是凸的。再反过来看，“白”不一定和人发生关系，纸、花等

① E，$1025^{b}31$—33。

等都可以有白的颜色；而“凹”也不一定和鼻子发生关系，任何平面——墙面、地面都可以有凹的属性。怎么能说凹是鼻子的固有属性呢？严格地说，鼻子不是凹的，就是凸的，只有“凹鼻性”才能算是鼻子的固有属性。因为，为“凹”下定义时，我们并不一定要提到鼻子，只需要说明它是平面的形状；只有为“凹鼻性”或“塌鼻”下定义时，才必须提到鼻子，它们是这样形状的鼻子。但是，我们为“雄”下定义时，必须说明它是这样一种动物；为“等”下定义时，必须说明它是这样一种数。亚里士多德说，所谓“由它的本性”的固有的属性，就是说，不能离开那个主体（在上述例子中，就是动物、数或鼻子）去说明它。而偶然的性质就不是这样。①

亚里士多德所以在这个问题上没有区别得很清楚，也说明当时人们对于“抽象”的认识还没有达到较高的程度。现在我们比较清楚：抽象是有层次的。如果将凹、凸作为第一个层次，它们都是形状，这就是第二个层次：凡是鼻子都是有形状的，它可以是凹，也可以是凸。同样的，白和非白也是第一个层次，它们都是颜色，这就是第二个层次，凡是人都是有颜色的。所以，就主体方面说，凡是具体事物，都是有颜色或形状的，这也是必然的；但是它的颜色是白的，还是非白的；形状是凹的，还是凸的，这就有偶然性，没有必然性了。亚里士多德没有分清这种抽象的层次，所以在区别固有属性和偶性时，发生混乱了。

但是，亚里士多德也已经看到了这方面的问题，所以在第五章后面部分提出第二个困难的问题。他说的是“塌鼻”和“凹”的问题。希腊文“塌鼻”是一个词：*σιμός*，它的意思是“塌的鼻子”，是亚里士多德说的“复合词”，但这个词本身中却没有“鼻子”这样的字样，中文没有别的译法，只有译成“塌鼻”（就是上面说的“凹鼻性”），但这样就将“鼻子”加到这个词上去了，以下的讲法因而不大容易理解。必须先说明这点。

亚里士多德认为，困难在于：如果说“塌鼻”的鼻子就是凹的鼻子，这样，“塌鼻”和凹就是相同的东西了；但是塌鼻和凹是不同的，因为，“凹”是可以和鼻子离开的，而在我们说“塌鼻”时，这个固有的属性是不能和它所属的主体——鼻子分离开的，因为塌鼻就是凹性在鼻子中。如果我们说：

---

① 1030^b14—28。

“塌鼻”（σιμός）的鼻子＝凹的鼻子，

则：

“塌鼻”（σιμός）＝凹；

但这是不相等的，实际上是“塌鼻”（σιμός）＝凹的鼻子，所以，应该说：

“塌鼻”（σιμός）的鼻子＝凹的鼻子的鼻子，

如此可以无限地推论下去了。他认为这样的复合词是不能有本质的。①

但是，他所说的有没有本质，还是建基于上面所说的意义。那就是：从定义和本质的主要的、第一的意义上说，只有本体才有本质；但从第二的意义上说，别的范畴也可以有本质，类似“塌鼻”这样的复合词也可以有本质。② 但这不是我们现在要研究的主要对象。

事物和本质

在第六章中，亚里士多德讨论：任何事物和它的本质是不是相同的。他说，这个问题对我们研究本体是有用的。因为一般认为，事物和它的本体是没有不同的，而本质就是事物的本体。③

这意思是由一个三段论的推论组成的：

事物和它的本体是没有不同的，
而本体就是事物的本质；
所以事物和它的本质是没有不同的。

这里他说的有没有不同，实际上也即是不是分离的问题。二者彼此相同，就是不分离的；如果它们彼此不同，就是可以相互分离的。亚里士多德一直将柏拉图的分离问题——个别事物和“理念”是不是相互分离的——记在心上。他在这一章里所讨论的，实际上还是这个问题。

他首先说明：在偶性的统一体（例如，“白的人”，其中“白”

① 1030b28—1031a1。

② 1031a8—11。

③ 1031a15—18。

是人的偶性，“白”和“人”结合就是偶性的统一体）中，它和它的本质是不同的。“白的人”和“白的人”的本质是不同的。他说，如果它们是相同的，则白的人的本质和人的本质也就是相同的了。

这个论证是这样得来的：

如果　　白的人＝白的人的本质，　　(1)

而　　　　人＝白的人，　　(2)

所以　　　人＝白的人的本质；

而　　人的本质＝人，　　(3)

因此　人的本质＝白的人的本质。

这个推论是错误的。为什么错误？亚里士多德说，这是因为两个外项的中项是不相同的。这就是说，在以上三段论式中，(1) 和 (3) 这两个前提是正确的，因为事物和它的本质是相同的；错误在于 (2)，因为“人”和“白的人”是不同的。“人”是一个单纯的名词，而“白的人”却是一个偶性的统一体，它们是不相同的。如果将以上三段论式连起来，就是：

人的本质＝人＝白的人＝白的人的本质。

其中两个中项（“人”与“白的人”）是不相等的。①

亚里士多德在这里是从逻辑上分析的。如果我们从本体论上看，这里说的“人”，是一般的“属”；而“白的人”，就是有了特殊规定性的“属”，虽然只是一种偶性（“白”），但已经不是一般的“属”，“白的人”已经是个别事物了。所以，亚里士多德认为“人”和“白的人”是不同的，实际上就是说：“属”和具体事物（偶性的统一体）是不同的。

亚里士多德进一步指出：如果偶性的统一体和它的本质是相同的，我们将会得到更荒唐的结论，那就是两个外项——这一个偶性和那一个偶性——就会相同，比如，白的本质和有教养的本质就会是相同的了。当然，实际并不是这样的情况。② 亚里士多德的推论是这样的：

有教养的人＝有教养的人的本质，

人＝有教养的人；

① 1031a19—25。

② 1031a25—28。

白的人＝人，

白的人的本质＝白的人；

所以：白的人的本质＝有教养的人的本质；

白的本质＝有教养的本质。

“白”和“有教养的”是两种完全不同的偶性，说它们的本质相同，当然是荒谬的。

亚里士多德的问题是这样提出来的：偶性的统一体和它的本质是不是相同的？他的回答是：它们是不相同的。如果说它们相同，就会得出荒谬的结论。这实际上就是说：因为任何个别的事物都是一个偶性的统一体；所以，个别事物和它的本质是不同的。他要研究的，并不是这一个或那一个具体事物的本质；这一个或那一个具体事物的本质都带有若干偶然的属性，这样的本质并不是他要研究的对象。

亚里士多德在谈了偶性的统一体后，接着就谈到自我存在的东西（即不依赖于别的存在的东西，也就是不带任何偶性的本体自身），它们和它们的本质是不是必然相同的？是不是有些本体是在先的，没有比它更先的本体（它自身就是第一本体），就像有些人（柏拉图学派）说的“理念”那样。——柏拉图学派说的“理念”实际上就是事物的本质，这样的“理念”和本质是相同的，还是不同的？

本来，柏拉图说的“理念”，就是事物的本质，但因为柏拉图的“理念”是空洞的，没有具体内容，所以，当时的柏拉图学派就要在“理念”之外，再假定另一类的本体，如“数”或“理念的数”，它们和“理念”是不同的，是互相分离的。以下亚里士多德就批判柏拉图学派的这种思想。亚里士多德说，如果这样的“理念”和它们的本质是不相同的，比如，善的本质和善自身、动物的本质和动物自身、存在的本质和存在自身是不同的，那就将是：

> 第一，在所肯定的本体和“理念”以外，还要有别的本体和理念了，而且
>
> 第二，这些别的“理念”和本体将是在先的了，因为本质就是本体。①

亚里士多德的这个论证是这样的：

① 1031a28—b3。

如果这个“理念”的本质和理念本身不同，
那必须为“理念”本身另找一个本质；
而本质就是本体，
所以要为“理念”再找一个本体；
而找到的又是本质，又和它不同，
这样就得再找一个本体。

这样的过程可以无穷地倒退。这是亚里士多德常用的一种论证方法。他在批评柏拉图的理念论时用过这种方法。在《形而上学》第一卷第九章中批判“理念论”时，他提到一个“第三者”[①]，就是指的这个意思。不过那里是这样论证的：如果“理念”和个别事物是分离的，而个别事物和理念又是相似的；正像在甲、乙、丙……这些个别事物之外，我们要假定一个共同的“理念”一样；现在，在甲、乙、丙……这些个别事物，以及它们和“理念”之间，也应当假定一个共同的“理念”（这是第二个“理念”）……这样也可以无限倒退，要去寻求无限个“理念”了。[②] 现在的问题是：如果“理念”和它的本质是不同的，那么，就应该为这“理念”再找一个本质；找到的本质又是不同的，又应该再找一个本质……这样可以无限倒退，同样要找无限个本质。

这就是：亚里士多德从反面来论证，如果“理念”和它的本质是不同的，将会得出怎么样荒谬的结果。所以，结论只有一个：“理念”的本质和“理念”自身是同一个东西，它们并不是可以彼此分离、相互独立的。

亚里士多德又提出另外一个论证来。他说，如果在后的本体（“理念”自身）和在先的本体（本质）是彼此不同的（他说明，所谓“不同”，我是指善自身并不是善的本质，善的本质就没有善的本性，即善自身和善的本质是彼此分离的），那就要得出：

第一，关于“理念”自身是不能有知识的。因为，亚里士多德认为，只有认识了事物的本质，才是对这事物有知识（理性的、高级的知识）。[③] 既然“理念”自身不是它的本质，那么，即使认识了“理念”，对“理念”也不能有知识。这样，从认识论上讲，对理念

① 990^b16。
② 参看柏拉图《巴门尼德篇》132A—133A。
③ 1031^b3—11。

的认识根本是不可能了。

第二，“理念”的本质也不能存在。因为，如果“理念”和“理念”的本质是不同的，那么，善和善的本质是不同的，也就是，善的本质不是善，一的本质不是一，存在的本质也不是存在。但是，如果存在的本质是不存在，还有什么东西的本质能够存在呢？结果只能是“理念”的本质也不存在。这样就从本体论上根本否定了理念的存在。

亚里士多德提出的这些论证，对我们说，并不是陌生的。柏拉图自己在《巴门尼德篇》中批判少年苏格拉底的“理念论”时，曾经用过类似的论证，比这里还详细些。① 亚里士多德自己在《形而上学》第一卷第九章批判“理念论”时也提出过相似的论证。② 表面上看，这两种论证有点不同，上述柏拉图和亚里士多德在《形而上学》第一卷的论证，都是从个别事物和“理念”的关系说的，如果“理念”和个别事物是分离的，那将会得出怎么样的荒谬结果，连“理念”的知识和存在都将被否定。而在这里，亚里士多德是从“理念”和“理念”的本质的关系说的，如果“理念”和“理念”的本质是不同的，是可以彼此分离的，那也会得出同样的结论，连“理念”的知识和存在都将被否定。它们说的是不同范围内的分离问题，前者是个别事物和“理念”的分离问题，后者是“理念”和“理念”的本质的分离问题，虽然范围不同，但结果是一样的，都要从根本上毁灭“理念论”。亚里士多德并不认为“理念论”是根本错误的，他只是批判那种将“理念”和具体事物分离开来的“理念论”，他也主张“理念”（即形式）论，不过他认为“理念”并不是和事物分离的，而是在事物之中，就是事物的形式，也就是事物的本质。

所以，他作出结论说：善和善的本质、美和美的本质都是同一个。一切不依赖别的东西，而是自我存在的、第一的东西（“理念”），都和它们的本质是同一的。无论它们是不是“理念”，都是一样。③ 因为，我们认识某一个东西，就代表我们知道了它的本质。所以，许多例子都表明这样的事物和它们的本质应该是同一的。

第六章后面一些段落，实际上是重复了前面已经说过的话。如

① 《巴门尼德篇》133B—134E。

② 991^a10—14。

③ 1031^b11—15。

说到偶性的统一体和它的本质不是相同的[①]，如果说事物和它的本质是分离的，将会引出无限系列的本质。[②] 他说：不但事物和它的本质是同一的，而且它们的公式或定义（逻各斯）也是相同的。所以他得出结论说：每个第一的、自我存在的东西和它的本质是同一的。[③] 这就是他的结论：第一本体——形式就是本质。

*　　　　*　　　　*

亚里士多德在第七卷第四、五、六章中开始讨论本质就是本体的问题。他的讨论是一步步地深入的。

第四章开始，他就提出什么是本质的问题。他说，本质就是"由它的本性"是这样的东西。他用这样一个定义将本质和偶性区别开来。

他又指出：所有的范畴都有本质，但是，本体的本质和其他范畴的本质，如和性质、数量的本质，是有不同的。只有本体的本质才是第一的、主要的本质；其他范畴的本质，都是第二的、次要的。

"由它的本性"是这样的东西，不仅本体是这样，还有些性质也是这样。比如，动物的本性就有雌和雄的区别，数的本性有等和不等的区别，他最喜欢举凹是鼻子的本性。这些虽然不是本体，但都是"由它的本性"是这样的。这样的复合物是不是本质呢？亚里士多德在第五章中分析这个问题，他说，这些也是本质，但和本体的本质不同，它们只能属于第二位的。

亚里士多德第一步先将偶性排除掉，第二步又对固有的属性（本质属性）进行了分析，就只留下本体了。本体和它的本质是不是相同的呢？亚里士多德在第六章回答这个问题：本体和它的本质是相同的，本体就是本质。这就是他要得到的结论。

他又从反面论证这个问题，从而又批评了柏拉图学派的"理念论"。本来，"理念"（形式）就是本体，也就是本质；可是，柏拉图学派却将事物的"理念"（本体）和它们的本质区别开来，这样就得出荒谬的结果。所以，唯一正确的结论就只能是："理念"（形式）就是本质。

这就是从这三章得出的结论。

---

① 1031^{b}23—28。

② 1031^{b}28—1032^{a}4。

③ 1032^{a}4—6。

第九章
生成和本质
——《形而上学》第七卷第七、八、九章

亚里士多德在《形而上学》第七卷第七、八、九章中，专门讨论生成的事物。表面上看来，这种讨论，打断了原来关于本质的讨论——如果去掉这三章，原来的第四、五、六章和第十、十一、十二章是可以直接连在一起的。因此，许多研究者认为，第七、八、九章可能原来是另一组论文，后来被编纂者误插进这里的。虽然如此，这三章仍然和本体的讨论有关。亚里士多德在前面几章中都是从事物的静止状态来分析本质就是本体，在第七、八、九章中却从发生即生成的状态来研究事物本质问题。

认识本质和制造事物

在第七章开篇，亚里士多德分析，发生或生成的事物有三种：

1. 自然生成的；
2. 人工造成的；
3. 自发产生的。

“自然”这个词，在希腊文中可以指自然界中运动变化的事物，包含了运动变化的原则，这就是物理学研究的对象。这些运动和变化，就是我们提到过的那几种运动变化：本体的生成和毁灭，性质的改变，数量的增减，位置的移动。他在这里讲的自然生成，主要是指本体的生成，指动植物之类的生成。人工造成的是指由人为的技术造成的东西。所谓自发产生的，并不是在以上两种以外的第三种，而是指以上两种的变态，本来应该由一定的自然原因产生的东西，比如，要由种子才能产生植物，现在竟没有种子也产生了；本来应

该由人工技术造成的，比如，人生了病，本来要经过医疗才能治好，现在没有经过治疗，却也自动痊愈了。亚里士多德常举后面这个例子，作为自发产生的实例。

亚里士多德接着指出，每一个生成的事物，都有几个因素：

1. 由于某种动力生成的；
2. 从某种东西生成的；
3. 生成为某一种东西。

他说，我这里说的生成的东西，是包括所有的范畴。既可以生成为一个“这个”——本体，也可以生成为某种大小、性质等等。① 当然，主要还是讨论本体的生成。

他先讨论自然生成的事物，这是由于自然的原则而生成的。第一，这种自然生成的东西，是从一种我们叫做“质料”的东西中产生出来的。他在这里给质料作了一个说明，他说：质料是一种自然的力量，它既能存在又能不存在（种子可能长成为生物，也可能不长成为生物）。第二，它所生成的，是人、动物、植物这一类东西，我们叫作本体的。第三，它是由于一种自然的东西生成的，这种自然的东西是一种形式（*εἶδος*），同样是“人”、“动物”或“植物”；它是由这种形式（同时作为动因）生成的。生成者和被生成者在形式上相同（都是人），只是两个不同的个体，比如，人（父亲）生人（儿子）。②

这样，自然生成的东西包含这三个因素：质料、形式（同时也是动因）和由质料与形式组成的事物，它就是那个新生成的具体事物。但是，作为动因的形式，并不是一个单纯的形式，而是存在于另一个个体中（如上述例子中的那个父亲）的形式。这三个因素都是自然的东西，它们是自然生成的。

人造的事物就不同了。人造的事物不是自然生成的，而是由人的技术造出来的，所以叫做“制造”。制造，首先是由一种技术、一种能力也是一种思想造出来的。（他说，有时候也有由于运气，碰巧自发地产生的，像没有种子产生事物一样。这种情况以后另行讨论。）他说，这种制造必须在制造者心中有了这个事物的形式。很重要的是下一句话：“我所说的形式，就是指事物的本质，事物的第一本体。”③ 这里，

---

① 1032^{a}12—15。

② 1032^{a}15—25。

③ 1032^{b}1—2。

亚里士多德明确指出：形式就是本质，就是第一本体。这样就说明了这三者之间的关系：他所寻求的事物的本质，并不是别的，它就是事物的形式；这种形式就是本体，而且是第一本体。这样，他已经将《范畴篇》中的“第一本体”和“第二本体”的次序颠倒过来了。

他举例说：形式就是本体，不但是肯定的形式，而且也是它的否定——缺失的本体。比如，“健康”不但是肯定方面的健康的本体，而且是它的否定方面——缺失，即疾病的本体。亚里士多德在《形而上学》第十二卷第二章讲的三种原则——形式、缺失和质料，到这里，他将前两种合而为一了。他说：健康就是疾病的本体，因为，疾病不过就是丧失健康而已。为什么健康是疾病的本质呢？因为健康就是公式，也就是关于健康和疾病的知识。①

下面一大段②是讲这种知识是怎样获得的，也就是讲我们是怎么样认识本质，然后又根据这种本质去制造事物的。从他的这段说明中，我们可以具体了解他所说的本质到底是什么，同时还可以了解他所讲的认识过程和实践过程的关系。在人类认识的发展史上，在西方，最早企图将认识和实践联系起来作哲学的说明的，可能就是亚里士多德的这段话了。

亚里士多德说，我们认识健康的本质，是要通过一系列思想过程即认识过程：如果这个人是健康的，他必须出现这样一种情况，即他的身体必须处于平衡的状态（身体的平衡如果被破坏了，就发生疾病）；而要使身体处于平衡状态，必须使其有一定的热度。医生一定要这样想下去，一直到达这一点——使身体有一定的热度，这是他所能制造的。比如，他可以用针灸或按摩使病人身体发热，使病人恢复身体的平衡，然后使他恢复健康。这就是医生从认识健康的本质（疾病的原因）到制造出健康（医好了疾病）的过程。我们知道，亚里士多德的父亲是马其顿王的御医，所以，亚里士多德有祖传的科学知识，尽管当时的科学知识是简陋的，但他总是从当时的科学实践中作出哲学认识论的概括。

我们可以对他的这段话再作些分析。他说，这里有两个过程。第一个是思想的过程，它的出发点就是健康（要获得健康）的形式。为了获得健康，必须有一些中间阶段，即要使身体处于平衡的状态；而要使身体平衡，又必须依赖这个或那个，总之是要造成热。这就

① 1032^b2—6。

② 1032^b6—29。

是第一个过程的终结。第二个是制造的过程，它是以第一个过程的终结作为出发点的。既然是要使身体发热，医生必须造出发热的条件来，他采用针灸或按摩，又要经历一系列中间的过程，使身体恢复平衡，恢复健康。亚里士多德说，这是两个过程，第一个过程的结束，就是第二个过程的开始。我们也可以补充他说：第一个过程的开始是健康的缺失（疾病）以及要达到健康的目的，在第二个过程终结时，这个目的就达到了，由疾病变成健康，由否定的缺失变成了肯定的形式。这就是这两个过程的联系。

亚里士多德自己是这样说的：这就表示健康是从健康来的，正好像房子是从房子来的一样（建筑房屋也同样有思想的过程和制造的过程）。但他说，这就是有质料的事物是从没有质料的东西来的。在他说的“健康是从健康来的”中，前一个健康，是指带有质料的具体的健康（或恢复了健康）的人说的；而后一个健康，是指健康的知识、健康的技术，也就是健康的形式、健康的本质，这是不带有质料的。“房子是从房子来的”中，前一个房子是具体的带质料的房子，后一个房子是指房子的知识、技术、形式和本质。所以他说：我说的没有质料的本体就是指本质①，也就是形式。

为什么亚里士多德认为形式就是本质呢？道理就在这里。因为他认为，健康之所以是健康，能够成为健康，以及房屋之所以是房屋，能够成为房屋，都是由它们的形式决定的，而不是由质料决定的。所以，形式是它们的本质。这个问题在人造物中看得比较清楚。因为人造物总要通过人的思想和技术，只有人的思想认识了它的本质（就是它的公式，例如，健康就是身体状态的平衡），人的认识掌握它的本质时，技术才能将它制造出来；如果没有认识和掌握它的本质，就不能将它制造出来。所以他认为形式是决定性的，是第一性的本体。在自然生成的事物中，我们看不到这个过程，但他也同样认为事物是由形式决定的，这个形式即公式虽然不存在于人的头脑中，但它是自然存在的。

亚里士多德的这种思想是唯物论的，还是唯心论的？如果我们从主观与客观的关系看，这种本质首先是被思想所认识，为技术所掌握，好像是主观的。似乎是主观决定客观，是唯心论了。可是，亚里士多德并没有认为形式只是主观的，相反，他认为本质是事物

---

① 1032b14。

本身所具有的，并不是主观造成的，后面他还再三论证，形式不是生成的，也不是人造成的，而是客观的。显然，自然生成的事物的形式就是与人的思想、技术没有关系，而是事物本身所具有的。所以，不能将亚里士多德的这种思想简单地归结为唯心论。至少在这里，亚里士多德并没有提出他在第十二卷中的神学思想，将思想当作最高的本体。但能不能说亚里士多德在这里的思想就是唯物论呢？也不能这样简单地下结论，等到后面适当的时候，我们再来分析这个问题。

亚里士多德还从潜能与现实的关系来说明这个过程。他说，医生具有医疗的能力，这就是潜能；只有当医生心中有了健康的形式时，他的能力才能成为一种活动的能力，才能现实地造出健康来。所以只有形式才是现实的。亚里士多德用这个观点来解释他所说的自发生成的事物。比如，有病的人，本来是要由医生用按摩使他身体发热，才能恢复健康的；现在，虽然没有医生按摩，没有人的技术作用于他，但他的身体自然地产生热，因而同样也可以恢复健康。虽然没有医生的技术这种潜能的作用，但同样产生了热，这就是健康的形式对他发生了作用。虽然没有医生起作用，也可以恢复健康。这也就是他所说的：医生的能力是可有可无的潜能，只有形式才是真正的现实，才是本质。亚里士多德认为，对于健康来说，"热"是一种必不可少的因素，正如石头对于房屋，也是必不可少的因素一样——这个比喻是不恰当的，罗斯指出，石头是房屋的质料，而热却不是健康的质料，至少是造成健康的动因。①

在讲了这些之后，亚里士多德说：凡是生成的（制造的）事物总是先有某些东西已经存在，事物是从它来的。这先存在的东西，其中之一就是质料。比如，房屋是由石头造成的，雕像是由铜或金、木头雕成的。总是先有石头、铜、金、木头等质料，才能造成房屋或雕像。他提出这样一个问题：质料是不是包含在公式中的一个因素或部分呢？他说，这可通过两种方式来回答：例如，一个铜环，它的质料是铜，它的形式是如此这般（环）的形状。所以，从它的形式——环的公式说，质料不是这公式的部分或因素；但是就整个铜环的公式说，质料——铜就是它的部分或因素了。② 但是，亚里士多德又解释说，并不是从什么东西生成，那个东西就一定是质料。

---

① 参看 W. D. Ross：*Aristotle's Metaphysics*，vol. II，pp. 184－185。

② 1032^b29—1033^a5。

比如，从病人变为健康，这病人并不是质料，只是一种健康的缺失；疾病和健康都是形式，它们的基质是人——严格说，人的肉体才是它们的质料。

形式不是生成的

亚里士多德现在讨论的是生成的事物。在第七章中讨论了如何认识本质以及根据本质来制造事物以后，在第八章中，他就讨论哪些东西是生成的，哪些东西不是生成的。

亚里士多德说，任何生成的事物，我们分析一下，总有三个因素：

第一，由它而生成的，就是上一章所讲的生成的出发点——本质即形式；

第二，从它生成的，亚里士多德现在不再像第十二卷所讲的从“缺失”生成（健康是从疾病生成的）了，而认为是从质料生成的；

第三，生成为某种东西，即具体的事物。

所以，任何事物都可以分析成为形式、质料和具体事物这三种因素。铜是质料，环是形式，铜环就是具体的事物。亚里士多德再三反复说明①：在这三者之中，形式和质料都不是生成的，只有具体事物才是生成的（自然生成和人工造成都一样）。他说：所谓生成，乃是将形式摆进一个特定的质料中去，结果就成为一个具体的事物。② 所以，生成的只是具体事物，既不是形式，也不是质料。

为什么质料不是生成的？亚里士多德在上一章中说：任何生成的事物，总是有事先已经存在的某种东西，其中之一就是质料。任何东西总是从质料中生成的。他说，如果这个质料又是生成的，它又得从某个质料来；这第二个质料如果是生成的，它又得从第三个质料来；这样推下去，就可以有无穷的过程了。③ 亚里士多德的这个论证实际上是不能成立的。就以他自己举的例子来说：铜是铜环的质料，但铜本身又是一个具体的事物，我们可以说它是一种黄色的特定的金属；而金属本身也是一种具体的事物，我们中国古代有

① 1033a28—b19。

② 1033b10。

③ 1033b3—5。

金、木、水、火、土五种最基本的物质元素，古希腊却以水、火、土、气为四种最基本的物质元素，按这四种元素说，金属应该是某种特定的土，但土也还是一种具体的事物，我们还可以再抽象掉它的形式。所以，这里实际上可以有无穷的倒退，一直到最后，将它的一切特定的形式都抽象掉以后，只留下那个没有任何形式的最后的纯质料——那就是抽象的物质的概念。这是亚里士多德自己说明过的。这样来分析，任何具体的质料都是有形式的质料，是可以有无穷的倒退过程，一直达到最后的纯质料。当然，在任何这样的生成中，所生成的总不是那个质料，而是将形式加到质料上去，只有具体事物才是生成的。比如，砖瓦是建筑房屋的质料，而砖瓦本身也是造成的，是将一定的形式加到泥土上去。但是，在造成砖瓦时，并不是以它作为质料的意义上，而是在它本身是具体事物的意义上，才是由形式和质料组成的。从这个方面说，亚里士多德的结论还是正确的：质料不是生成的，只有具体事物才是生成的。

亚里士多德说，形式也不是生成的，我们只能说形式出现在具体事物之中，而不能说制造出了形式；形式不是制造成的，所以本质不是生成的。① 如果本质是生成的，它也可以分为两部分：一部分是形式，一部分是质料。可是，本质能有什么质料呢？比如，铜环的形式是“环”，它是一个公式，即“周围各点和中心距离相等的图形”。它不是一个具体事物，不能从它之中分析出形式和质料来。所以，亚里士多德说，形式这样的本体不是生成的，不是制造出来的。②

这里有两个问题可以讨论：

第一，亚里士多德在这里没有对形式作进一步的分析。后来他就作了分析。比如，圆的形式是“周围各点和中心距离相等的图形”，正方的形式是“四边相等的图形”。将它们作比较，就可以看出它们有个共同点——都是“图形”，但又各有不同，一个是“周围各点和中心距离相等”，一个是“四边相等”。用亚里士多德的术语说，“圆”和“正方”都是“属”，它们的“种”就是“图形”，而“周围各点和中心距离相等”以及“四边相等”都是它们的“属差”。“属”的公式＝“种”＋“属差”。亚里士多德将“种”和“属差”的关系，也比成“质料”和“形式”的关系。“种”（图形）相当于

---

① 1033^b5—7。

② 1033^b17。

质料，“属差”相当于形式。这样，形式也还是由形式和质料组成的。但这种形式与质料显然是抽象意义上的，这种质料就不是物质性的东西。由这种形式和质料组成的形式，也还不是具体事物，它并不是在实际上生成的。

第二，所谓“形式”不是生成的，究竟是什么意思？说质料不是生成的，这意思是：我们可以造出一个一个具体的事物出来，但这些具体事物都是从质料中造出来的，我们（也包括自然本身）不能从无（非质料）造出有质料的东西来。这是明白的。但是，说形式不是生成的，那么，这形式是从哪里来的？亚里士多德认为形式不是从质料来的（以后我们将多次看到，亚里士多德认为形式先于质料），那么，“它是从什么来的”便成为一个不可解释的问题了。

亚里士多德所说的“形式”，原来就是柏拉图所说的“理念”。但是柏拉图所说的“理念”，是个空洞的东西，“圆的理念”就是绝对的、完全的圆。它有什么内容呢？柏拉图没有说。亚里士多德的“形式”，却是有具体内容的，“圆的形式”就是圆的公式、圆的定义，就是“周围各点和中心距离相等”。这是当时的几何学——科学的定义。它相当于中国哲学史中所说的“理”。（中国的理学家所讲的“理”，除了在道德伦理方面规定它的具体内容外，也很少有给予科学的内容的。）这“形式”（“理”）是从哪里来的？我们现在当然清楚，这种形式本来就是在个别中的一般，是从具体的事物中抽象出来的。所以，如果没有具体事物，没有物质，哪里有什么一般的“形式”呢？但是，亚里士多德却将这“形式”看成是先在的，存在于质料之先的。这种“形式”，当然不是人所能随心所欲地制造出来的，从这点上说，它不是生成的；但是，是人从具体的事物中发现了它，认识了它，掌握了它，从这个意义上说，它也有生成的过程。亚里士多德绝对地否认“形式”的生成，将它当成是永恒存在的本体，并且是第一本体。这就使他离开了唯物论。

正因为亚里士多德所说的形式或本质，在理论上有上面所说的这样的问题，所以，亚里士多德接着就提出这样的问题：这样的形式是不是可以和具体的事物分离而存在呢？环的形式能和个别的环分离，房屋的形式能和具体的有砖瓦的房屋分离吗？他的回答是：形式不是这样分离存在的。因为，形式表示的不是“这个”——一个一定的事物，而是表示一个“如此”。所谓生成，无论是人造的，或是父亲生的，都是从“这个”中造成了一个“如此”，生成的是“如此的这个”①。亚里士多德这个说法，和他自己原来的说法是有矛盾的。从《形而上学》第五卷第八章开始，亚里士多德一直认为“这个”（个体性）是属于形式的，这里却说形式不是“这个”，而是“如此”。所谓“如此”，只表示一种性质，而不是本体。这样，等于说形式不是本体，而是性质了。这岂不是完全推翻了亚里士多德自己的理论了吗？这就是亚里士多德哲学中的矛盾。形式本来是一般，一般就不能是“这个”，因为一般不是个体；它只能是“如此”，归根结底还是一种性质。“两足的动物”不就是每个人固有的一种性质吗？不过它是事物的本质而已。这种一般当然不能离开个别而存在。所以，他说，要将形式说成是和个别事物分离的存在，显然是不必要的，没有用的，这并不能说明生成和本体。至少为了这个理由，形式也不必须是独立自存的本体。② 这里，亚里士多德明确地说出：形式只能存在于具体事物之中，不是和具体事物分离的独立自存的本体，一般只存在于个别之中。

亚里士多德并没有真正分清一般和个别的关系。所以他接着又举这样的例子：在自然物中，生产者和被生产者往往是同一类的——不是同一个，而是同一形式的，例如，人生人。但是也有例外情况，比如，马生骡，但这是因为产生骡的那个较高的“种”——马和驴有共同性。③ 这种马和驴的共同性——“动物”的某个“属”这样的一般，和上面所说的“人生人”那样的一般显然是不同范围和层次的“一般”。这个例子和上面所说的是没有联系的。

既然形式不是一种分离自存的本体，亚里士多德认为，像柏拉图那样将“理念”当作“型”是不必要的。从自然物来讲，它们生成的原因就在它自身，形式就在它之内；将形式加到质料上去，将如此这般的形式加到这种肉和那种骨头上去，就成为加里亚或苏格拉底。这些不同的个别的人，他们的形式是相同的；他们的不同是由于他们的质料，不同的人的质料是不同的。④ 亚里士多德讲的“形式”，是事物的内在的动因，他批评柏拉图的“理念”，是认为

---

① 1033^b21—24。

② 1033^b24—29。

③ 1033^b29—1034^a2。

④ 1034^a2—8。

"理念"是在事物之外独立存在的，它不是动因，所以对于解释事物的生成是没有用处的。

形式和质料在生成中的作用

在第九章，亚里士多德提出的问题是：在生成的事物中，为什么有一些是必须由人工才能造成的，如房屋；而有一些却是并不一定需要人工，有时也可以自发地造成的，如健康。这是为什么呢？

亚里士多德说，其原因首先在于质料。因为有些质料是自己能够动作，有些则不能；在能动作的质料中，有些能够向一定的方向动作，有些却不能够。石头这种质料是自己不能动作的，必须有人去建筑，石头才能成为房屋；而火这种质料却是自己能动作的。前者（石头）就必须有一种在它以外具有这种（建筑的）技术的东西去造成它；后者（火）却是能自己生成的。①

但是从另一方面看，产生这种情况的原因，并不完全在于质料。比如病人恢复健康，它可以是由于医生，因为医生掌握了健康的本质，知道用按摩产生热，使病人恢复身体的平衡，也就恢复了健康。这是人工造成的。它和建筑房屋一样，建筑师从理性认识了房屋的形式，根据形式建筑了房屋。但是病人恢复健康，有时可以不经过医生，而是自发地恢复健康。这时候，不仅有质料方面的关系，人的身体有自动恢复健康的能力，而且有形式方面的关系，即他要恢复健康，总要具有健康的形式。这种形式，可以是医生从外给病人加上去的，也可能是病人自己获得的，即这病人自己具有获得这种健康的形式的能力，潜能地具有这种形式。

亚里士多德在这一章中，将这些问题讲得很复杂，对于我们要讨论的问题没有多少关系，我们只简单介绍这点思想就够了。

最后，亚里士多德又将本体的范畴和其他的范畴作比较。他说，作为本体说，它的形式不是生成的，其他的范畴如性质、数量等等也不是生成的。他说：铜环是生成的，但是铜（质料）和环（形式）却不是生成的。（不过，他接着也解释说：铜，作为具体的事物说，也是生成的，但是它的形式和质料却不是生成的。这个问题我们在

---

① $1034^a 9$—18。

上一节已经说明过了。）其他范畴也是这样，我们只能说：有这样性质（圆的、长的）的木头是生成的，圆的、长的这些性质却不是生成的；有这样数量（大的、小的）的木头或动物是生成的，大的、小的这些数量却不是生成的。所以，数量、性质等范畴和形式一样，都不是生成的。①

这里，我们可以看到亚里士多德的一个矛盾：他要将本体和性质、数量等等范畴区别开来，将形式列为本体，并且是第一本体；但另一方面，他又看到形式和性质、数量一样，都不是生成的。为什么形式和性质、数量等范畴一样，不是生成的呢？实际上，我们知道，他所讲的形式、性质、数量，都是抽象的一般（如果它们是具体的，那就变成是带有质料的具体事物了）。就这点说，抽象的一般当然是没有具体的生成和毁灭的。同时，我们还可以看到，亚里士多德在这里看到形式和性质、数量具有相同的特征。实际上，他能够离开性质、数量而去规定事物的形式吗？他认为形式就是事物的定义。“人”的定义就是“两足的动物”。可是，“两足的”不就是性质吗？离开了性质、数量等规定性，怎么去说明事物的本质呢？这也是亚里士多德无法解决的一个矛盾。这还是因为他分不清一般与个别的关系而引起的矛盾。

正因为他分不清一般与个别的关系，所以第九章结尾时，他又作了这样一个判断：他说，从以上实例可以看出，本体有一种特性，就是在产生一个本体以前，总已经先存在着另一个完全现实的本体了，比如，要生成一个动物，总得先有一个另外的动物。可是，性质、数量就没有这种必要，如果它们先存在，就只能是潜能的存在。②

这里，亚里士多德讲的本体，完全是指具体的本体。任何一个具体的本体生成以前，总得先有一个另外的具体的本体存在。但是，一般的本体——形式呢？它不是生成的，也不需要有一个另外的在它以前的本体。而他所讲的性质、数量，本身也不是具体的，而是一般的，也不是生成的；当然，在它之前不需要，也不可能有另一个性质、数量存在。那么，亚里士多德为什么说性质、数量只能有潜能的存在呢？这还是就具体的本体讲的：一个具体的本体，它原来没有这种性质或数量，后来变得有了这种性质或数量；但这不能

---

① 1034^b7—16。

② 1034^b16—19。

说性质或数量本身是潜能地存在着，只能说是这个具体的本体原来具有这种性质或数量的能力（潜能），后来变为现实，就是它现实地具有了这种性质或数量。所以，如果不是具体的（带有质料的）性质或数量，就不会是潜能的存在。亚里士多德所以提出这种不恰当的论断，也还是因为他弄不清一般和个别的关系。

* * *

第七卷第七、八、九章，主要讲的是生成的事物。在这部分里，最值得我们重视的，就是第七章中所讲的认识本质、掌握本质，从而制造事物的过程。这就是他所讲的思想的过程和制造的过程的统一关系。这个思想所以值得我们重视，因为它说明了：

第一，究竟什么是本质？亚里士多德多次说明形式就是本质，但他都是从形式逻辑寻求公式、定义这方面去说明的。这样的公式和定义，我们究竟如何得出来的？他在别处没有作过解释。只有在这里，他用健康这个例子，具体地作了说明。实际上，健康的本质就是造成健康的真正的原因。（当时的科学只能追究到身体状态的平衡，追究到热。）

第二，所以，亚里士多德所说的方法，实际上就是科学的方法。我们要对一个问题进行科学的研究，就必须探究产生它的原因，一步步深入，就从现象进入本质。这就是科学的任务。亚里士多德就是对当时的科学方法作了这么一个有普遍意义的哲学的概括。

第三，他将认识的过程和实践（制造）的过程联系起来了。对于认识和实践的关系，像亚里士多德这样地将它们从哲学上联系起来，加以说明，就现在存在的材料说，至少在西方，还是人类的思想发展史上的第一次。当然，从我们今天的观点看，他的说法是很不确切、很不科学的，他将实践和认识的关系颠倒了。但不能以今天的思想去要求两千多年前的古人。从人类认识的发展看，应当充分肯定亚里士多德这部分思想的重要意义。

亚里士多德在这一部分中还提出了另一个重要的问题，那就是他认为，只有具体事物才是生成的，而组成具体事物的形式和质料都不是生成的。

这个看法和古希腊一般哲学家的思想是一致的。他们认为只有具体的事物才是运动变化、有生成和毁灭的，而在具体事物以外的另一类本体，即一般的（抽象）本体是没有运动变化和生灭的，所以它们是永恒的。亚里士多德讲的形式和质料，也属于这一类，所以它们是没有生成和毁灭的。

但是，这个问题也得具体分析。上面的讨论中提及：就质料说，只有最后的质料——没有任何规定性的一般的物质——才是没有生灭的；而具体的质料，比如砖石是房屋的质料，它也是生成的。就形式说，情况更为复杂。一个具体的人是另一个人生出来的，而人的形式当然不是哪一个人能够生出来的；但是，如果说人的形式是永恒存在的，那么，在世界上还根本没有人的时候，人的形式就已经存在了吗？离开了一个个具体的人，它能在哪里存在呢？如果主张形式是永恒存在，在事物之先存在的，就是客观唯心论。最典型的客观唯心论者是柏拉图，就亚里士多德认为形式是永恒不变的这点说，他和柏拉图是一致的。实际上，这种一般的形式只能存在于具体的事物中，只是有了具体事物，才能有它们的形式，所以形式不能在（所有这一类的）具体事物以前独立存在。

还有，就是我们的主观对客观的形式的认识问题。人是不是能一下子就完全认识客观的形式？亚里士多德当然还不可能提出这样的问题来。但是，他已经看到认识的过程和实践的过程的关系问题。医生从要使人健康，认识到必须使人的身体处于平衡状态；而要使人的身体达到一定的平衡状态必须有一定的热度；要产生这样的热度必须施行一些手术如按摩等等。显然，人对健康的本质和形式的认识也是有这样一步步深入的过程的。古希腊的认识论不可能达到这样的高度，甚至还没有意识到这方面的问题。亚里士多德不能看到他关于形式是永恒的说法，和他讲的认识的过程中间是存在这样一些矛盾的。

第十章
本质和定义
——《形而上学》第七卷第十、十一、十二章

《形而上学》第七卷第四、五、六章得出结论：本质是本体；后来被第七、八、九章打断了，那里讨论生成的本体，虽然也谈到本质，但整个讨论的线索却是不连贯的。第十、十一、十二章讨论的问题，是可以和第四、五、六章的内容直接联系的。第四、五、六章讨论本质是本体时，讲到本质是公式，是定义（逻各斯），第十、十一、十二章就讨论在本体的公式中包含哪些部分，这些部分又如何能够形成为一个统一的整体。亚里士多德以他当时所能够具有的科学态度（当然有很大的历史局限性），分析了不同的具体情况，从而对本质作了一个比较细致的说明。我们想尽可能按照他的分析方法来说明他的思想。

定义的整体和部分

在第十章中，亚里士多德是以提出这样的问题开始的：既然定义是一个公式，而每个公式都是有几个部分的；公式是对于事物说的，是事物的公式，所以公式的部分也就是事物的部分。现在的问题是：部分的公式是不是必然出现在整体的公式之中？①

亚里士多德认为公式（定义）不是主观任意制定的，而是根据客观事物确定的。所以他讨论问题，都是从实际的事物出发。他说，对于上面这个问题，不能一概而论，在有些情况下，部分的公式出现在整体的公式之中，在有些情况下则不是。他举了两个例子：一

① 1034^{b}20—24。

个是圆，它可以分解为许多弧段，弧段就是它的部分；一个是音节，它是由字母组成的，如由 b 和 a 组成 ba，字母 b 和 a 就是这个音节的部分。他说，在前一个例子中，弧段的公式不包含在圆的公式中，因为我们为圆下定义时，并不需要说出弧段来；而在后一个例子中，我们要为 ba 这个音节下定义，却必须说出 b 和 a 这两个字母来，部分就必然出现在整体之中。①

接着，亚里士多德又提出第二个问题：部分是不是先于整体的？一般说来，总是先有部分才能有整体的。可是，他也举了两个例子，一个是锐角是直角的一部分，一个是手指是人的一部分。这两个例子说明，不是它们的部分先于整体，而是它们的整体先于部分。说整体在先，是从两种意义上说的：第一，部分的公式是用整体来说明的，如锐角就是"小于直角的角"，手指是"人的肢体的一部分"；第二，整体是能独立分离地存在的，部分则不能。手指不能离开人的身体而存在，这是明白的；锐角不能独立存在，直角才能独立存在，这个例子，亚里士多德显然不是从事实说的，而只是从逻辑上说的，因为离开了直角，便无法说明锐角，所以在逻辑上，锐角是依存于直角，而直角是可以独立自存的。所以，亚里士多德得出结论：整体先于部分。②

接着，亚里士多德说，"部分"可以在几种不同的意义上使用，其中之一是：部分是从数量方面度量另一个事物的，比如，弧段是用来衡量圆周的。他说，我们现在不讲这个意义的部分，而是着重研究组成本体的不同部分。这样，他就将问题限于讨论本体的部分了。他说，组成本体的部分，一个是形式，一个是质料，形式与质料的组合物是整体；但无论形式、质料，以及它们的组合物，都是本体。③ 这里要注意：亚里士多德认为，形式和质料是组成具体事物的部分，但是，形式和质料本身也是本体，不能将它们只看作是本体的部分。

以质料说，在一种意义下，质料是事物的部分，从另一种意义说，它就不是事物的部分。这里，他又举出"塌鼻"的例子。组成塌鼻的肉，作为它的质料，是塌鼻的部分；但对于凹性说，肉就不是它的部分。又如铜，它是具体的雕像的部分，但不是作为形式的

---

① 1034^b24—28。

② 1034^b28—32。

③ 1034^b32—1035^a2。

雕像的部分。亚里士多德这里解释说，形式和具有形式的事物，都可以说是这事物：具体的雕像是具体的事物，雕像的形式也就是雕像；而质料就不能这样说，不能说质料就是事物。因为亚里士多德认为，决定一个事物之所以是这个事物的，不是质料，而是形式。决定一个雕像之为雕像的，并不是铜，而是雕像的形式。所以我们可以将雕像的形式说成就是雕像，却不能将铜说成就是雕像。① ——这是亚里士多德对形式和质料的一个很重要的看法。这样，开始时举的那两个例子，他就可以解释了：为什么圆的公式中不包括弧段，而音节的公式中却包含字母呢？因为音节 ba 的公式是 b 这个子音和 a 这个母音结合成的声音。所以，字母是形式的公式的部分，而不是音节的质料。而弧段对于圆，却只是它的质料，因为圆的公式中是不包括弧段的。圆是加到弧段上去的形式。但是亚里士多德也承认：比如在一个铜环中，铜是质料；弧段对于这个环来说，也是质料，不过，弧段这个质料，比铜这个质料更接近形式。② 在这个例子中，亚里士多德将弧段说成质料（它不过比铜更接近形式），而将字母说成形式的部分。这种看法和我们现在常识的看法是不一致的：这两者究竟有什么不同，为什么将一个说成是质料，而将另一个说成是形式呢？究竟亚里士多德是怎么区分形式和质料的？他接着又举例说：并不是每一种字母都会在音节的公式中出现的，例如，蜡做的字母和在空气中发生振动的字母，就不出现在 ba 这个音节的公式中，因为它们只是作为可以感觉的质料才成为音节的部分的。他接着又举了两个例子，比如将线分为两半段，将人分为骨和肉。这些都不是组成为线和人的本质（形式）的部分，而只是质料；它们是具体的线和人的部分，却不是这个公式所指的形式的部分。因此，它们作为质料是不出现在公式之中的。③

由此可见，亚里士多德在这里所举的弧段、半段线、骨和肉，实际上都是具体的，是可以感觉到的东西，像蜡做的和在空气中振动的字母是一样的，所以它们只能是质料，不能包含在形式的（本质的）公式之中。但是，正像在蜡做的和在空气中振动的字母之外，还可以有一种字母，它是音节的本质的公式的部分，这种字母是什么字母呢？只能是一般的而不是具体的字母。那么，是不是也有一

---

① 1035ᵃ7—9。

② 1035ᵃ9—14。

③ 1035ᵃ14—21。

般的弧段、线段、肉和骨呢？比如，具体的肉和骨是组成苏格拉底这个具体的人的质料，那么，是不是可以有一般的肉和骨是组成一般的人（也就是人的本质、形式）的部分呢？我们也可以说："人是由肉和骨组成的。"这里所讲的"人"、"肉"、"骨"都是一般的，不是具体的，只能由理性认识的，不能感觉到的。而且这个公式也可以说是人的本质的公式。（它和"人是两足的动物"有什么差别呢?）——我们对这个例子作些分析，是想借此说明：亚里士多德总是想将一般与个别区别开来，但确实像列宁所说，他又经常在一般与个别的问题上幼稚地混淆不清。在形式和质料的区别上他还会产生类似的问题，我们在下面很快又会发现。

然后，亚里士多德概括起来说：有两类公式，一类是形式的（本质的）公式，这些具体的弧段、肉、骨等部分，不包含于其中；另一类是具体事物的公式，这些具体的部分就包含在其中。因为这个理由，有些东西是可以消失成为它的组成部分的，有些却不能。凡是由质料和形式组成的事物，例如塌鼻与铜环，可以消失成为这些质料（肉、骨、铜），这些质料就是它们的部分。但是，那些不包含质料、没有质料的东西，它们的公式只是形式的公式，那是不会消失的——或者根本不会消失，至少也不是这种方式的消失。所以，这些具体的质料是具体事物的原则和部分，而不是形式的部分和原则。泥像可以分解为泥，球可以分解为铜，加里亚这个人可以分解为肉和骨，圆可以分解为弧段——这种意义的"圆"乃是包含质料的圆。因为"圆"可以有几种含义，一种是没有分化的（即一般的、绝对的）圆，还有一种是已经分化而成的个别的圆——对于个别的圆，没有别的特殊的名称，也将它们叫作圆。① ——以上几乎是逐字转述亚里士多德的话。因为这段话很重要，亚里士多德在这里将形式和具体事物区别开来。它们的根本区别在于：具体事物是包含质料的，因此它们消失时可以分解为质料，而形式是不包含质料的，它不会消失。（在第七、八、九章中说形式不是生成的，现在说它不会消失，所以，形式是永恒的。）他所讲的具体事物和形式的区别，实际上就是个别和一般的区别。（它不同于我们现在说的内容和形式的区别。）我们看到，亚里士多德说，公式（定义）就是形式，就是本质。可是这里又提出，有两种公式，一种是形式的公式，一种是

① 1035a22—b3。

具体事物的公式。前者是不包括质料的，后者是包括质料在内的。比如，一个铜环，它的公式是实现在铜中的圆；铜是它的质料，圆是它的形式。它的形式——圆的公式则是：圆周各点和中心距离相等的图形。这两种公式中的哪一种是本质呢？本来应该说前一个公式才是铜环这个具体事物的本质，但是亚里士多德却认为前一个公式不是本质，只有后一个公式——形式的公式才是本质。这在逻辑上就发生了问题，因为本质就是形式，这就等于说形式的公式是形式。这是同义反复。这个矛盾，下文还要再作分析。

下面，亚里士多德讨论开始时提出来的第二个问题：部分的公式是不是先于整体的公式？他仍旧举上面的例子：直角的公式并不包括锐角的公式，而锐角的公式却必须包括直角的公式，因为人们只能用直角去为锐角下定义——锐角是小于直角的角。圆和半圆也是这样的关系，要用圆来为半圆下定义；手指和整个身体的关系也是如此，因为手指是"人的如此这般的部分"。亚里士多德作出结论说：所以，这样的部分具有质料的性质，事物分解为这样的部分，作为它的质料，是在后的；而那些部分（如上述的直角、圆、人），按照公式作为本体的，则是在先的，至少有些是在先的。①

这里亚里士多德说的"在先"和"在后"，还是逻辑上的先后，不是事实上的先后。在事实上，圆是由半圆组成的，总是先有半圆才有整个的圆的。而从逻辑上讲，却是整个的圆在半圆之先，因为半圆的定义就是"圆的一半"。所以从逻辑上讲，是先有圆，后有半圆的。同时，在这里，我们看到，上面所说的问题又出现了。因为亚里士多德在这里说的锐角、半圆、手指，并不是具体的、可以感觉到的质料，它们也还是一般的东西，而不是具体的事物。怎么能说它们"具有质料的性质"呢？这些"质料"就不是具体的，而是一般的东西了，它们不是可以感觉的，而只能是理知所能认识的。这就和上面亚里士多德说的质料都是具体的、可以感觉的相矛盾了。这样的质料，亚里士多德的研究者称它为"理性的质料"。所以，我们不能将亚里士多德所说的"质料"简单地和"物质"等同起来，像这种"理性的质料"当然不是物质。（亚里士多德还认为有另外一种"理性的质料"，那就是"种"。我们在以后再作说明。）——这里显然是亚里士多德分不清一般和个别的又一个例子。

---

① 1035^b3—14。

接着，亚里士多德就提出“灵魂”的问题来了。他说，动物的灵魂，根据公式就是本体，它就是这样（能够活动的）的身体的形式和本质。因为我们为身体的每一部分下定义时，都不能离开它的功能，不能离开某种知觉，也就是不能离开灵魂。所以，灵魂的部分是先于具体的动物的。每个个别的动物都是如此。而身体和它的部分却是后于灵魂这个本质的本体的，这些部分是作为质料成为具体事物的部分。这些身体的部分，在一个意义下（作为组成具体事物的因素说）是先于具体事物的，在一个意义下又是后于具体事物的，因为这些部分是不能独立存在的。一根手指，当它坏死的时候，它就不再是动物的手指了，不过仍旧有手指这个名字而已。他说，身体中还有一些部分，是既不先于也不后于整体的。——他说，我是指那些在身体中占有优越的地位，是直接出现在公式即本质的本体（灵魂）中的，这可能就是脑或心，究竟它们中的哪一个具有这种特性是不重要的。①（当时的科学水平还不能确定动物的灵魂——神经中枢——究竟是在脑中，还是在心中。）

亚里士多德在这里说到灵魂，并且将它说成是“本质的本体”，将灵魂的位置摆得很高，似乎和第十二卷中的神学接近了。但是，分析一下就可以发现，亚里士多德在这里讲的灵魂还不是神。因为这里讲的灵魂并不是凌驾于万物之上的最高的原则。亚里士多德是将灵魂限制于动物之内——动物为什么会动？因为它们有灵魂，所以灵魂是生命的功能，是动的原则，它只是有生命的事物的本质、本体。那些没有生命的东西，就没有灵魂。手指坏死了，就与灵魂无关。而且，这个灵魂并不是虚无缥缈的，它存在于身体的某一部分——脑或心——之中。能不能说，因为亚里士多德主张这样的灵魂是生物的本质的本体，就说他是唯心论呢？恐怕是不应该作出这样简单的结论的。

下面一段话②是很难懂的。亚里士多德说，个别的个体，像苏格拉底这个人，他是由他所特有的个别的（具体的）质料组成的；而像“人”、“马”这些词，它们和个别的人不同。亚里士多德在这里指出，这种“人”、“马”有以下几个特征：（1）它是表述一组个别的人或马的；（2）它是一般的表述，具有一般性；（3）它不是本体；（4）它是具体的，是由特殊的公式和特殊的（作为一般的）质

① 1035b14—27。

② 1035b27—31。

料所组成的。——这样的东西确实是个很奇怪的东西，它又是一般，又是具体（个别）。我们不能将它理解为辩证法的既是一般又是个别，实际上是亚里士多德分不清一般和个别的关系，才产生出这种（思想上的）怪胎来的。从亚里士多德的思想说，像“人”、“马”这样的一般的东西，本来是形式，是本质，是本体。但是，当亚里士多德将具体事物分析为形式与质料这两个部分时，他觉得“人”和“马”也是由形式和质料组成的，不过是特殊的形式（公式）和特殊的质料——这质料当然不是具体的质料，而是一般的质料。这样的“人”和“马”就不是单纯的形式了，而是形式和质料的组合物，所以它不同于形式，就不是本体了。这个问题是罗斯提出来的，他为这种东西取了一个名词，叫它“有质料的共相（一般）”[①]。陈康先生将它叫作“一般的具体”，说亚里士多德本来是要反对柏拉图将“理念”和具体事物对立起来的“双重化”的，但他自己还是得出这种“一般的具体”和具体事物对立起来，仍旧免不了双重化。[②] 本来是形式和质料组成具体的事物，形式只是具体事物的形式；而现在，形式本身又是由形式和质料组成的，它又成了一个具体的事物了。这就是两种不同的具体的事物，从而又发生了两个世界的问题。亚里士多德所以会在这样的问题上一再混淆不清，根本原因就是列宁指出的，他对于一般和个别的关系陷入混乱之中。

亚里士多德在作了以上的分析以后指出：所谓“部分”，或者是形式（也就是本质）的部分，或者是形式和质料的组合物的部分，或者是质料的部分。在这三种部分中，第一，只有形式的部分才是公式（定义，即逻各斯）的部分。这种公式是一般的，就是形式，“作为圆”（即“圆的形式”）和圆是相同的，“作为灵魂”（“灵魂的公式”）和灵魂是相同的。形式和公式（定义）是同一个东西，就是事物的本质。第二，作为具体事物，例如，这个圆，一个个别的圆，无论它是感觉的对象还是理性的对象（亚里士多德说明，理性对象的圆，就是指数学上的圆，感觉对象的圆就是铜制的或木制的环），都是不能下定义的，是只能由直觉或感觉所认知的。感觉对象是不能下定义的，但是我们要认识它，还是只能通过一般的公式，才能认识它的本质。这就是存在的矛盾。第三，作为质料说，质料自身

① W. D. Ross：*Aristotle's Metaphysics*，vol. II，pp. 197－198.

② 参看 Chen Chung-Hwan：Universal Concrete，A Typical Aristotelian Duplication of Reality，*Phronesis*，vol. IX，1964。

是不能认识的。（亚里士多德的这个论断可能有两种意思：这个“质料自身”是指最后的质料，没有任何规定性的，因而是不能认知的；另一种意思是：认识只能认识一般的，而质料本身不是一般的，因而是不能认识的。）但是他接着又说：有些质料是感觉的对象，如铜和木等质料，都是变动的；有些质料是理性的对象，它是存在于可感觉的事物中，却不是作为可感觉的东西，而是作为理性认识的东西，即数学的对象。①

亚里士多德从形式、质料以及这二者的组合物三个方面，概括地说明了这三个方面的“部分”。从他所说的这三个方面可以看出，他在每一个方面，都遇到了对一般和个别混淆不清的问题，处处显出矛盾来。

在这一章的最后，他对开始时提出的问题作了回答，即关于部分和整体的关系，以及哪个在先哪个在后的问题，他认为都是不能简单地回答的。他说，如果灵魂就是动物，“作为圆”就是圆——这些形式、本质就是事物，而这形式又是整体的部分，这样就可以说整体是后于部分，形式（本质）的部分是先于整体的。无论是铜的直角或是用个别的线所组成的直角（这又是一个“一般的具体”）都是在定义中的（形式）部分之后的。可是，后面这个直角——用个别的线组成的直角是一个非物质的直角，它又是先于个别的（用铜或木制造的）直角的。但如果说灵魂不是动物，那就只能说有些部分（如灵魂）是先于整体，有些则不是。②

亚里士多德认为，从逻辑上讲，一般总是先于个别，但因为一般中有个别，所以什么在先什么在后的问题，就不是简单能够讲清楚的。我们所以要将亚里士多德这些讲法几乎全部介绍出来，一方面是想借此分析，看出亚里士多德在一般和个别之间动摇不定，这是他的弱点。但另一方面，也可以从这里看出亚里士多德的一个优点，就是他没有将问题简单化，将一切简单地或者归于形式、或者归于质料了事，而是就他所能看到的问题一一列举出来，宁可自相矛盾，也没有将事情简单化。实际上，从他这番分析，我们也可以看到：一般和个别的区别并不是很简单的，它们可以有许多层次的不同。如果从不同的方面去分析，就会得出不同的结果。这种情况，一直到现在，我们还是经常遇到的。在这点上，我们还有可以向亚

---

① 1035b31—1036a12。

② 1036a12—25。

里士多德学习的地方。

本质和具体事物

在第十一章中，亚里士多德继续讨论第十章提出来的问题，主要是想划清形式和具体事物之间的界限。他的讨论涉及和他同时期一些思想家（主要指柏拉图学派）的不同观点，因为那些思想家的思想资料没有保存下来，这就增加了我们理解时的困难。但是，通过亚里士多德的分析，我们还是可以看出：对于一般和个别的关系混淆不清，并不是亚里士多德个人的问题，而是当时思想家共同的问题。亚里士多德是想解决别人的问题，他也的确有所前进，但是他自己还是陷于混乱。一般和个别的关系，本来是辩证法的根本问题，也是属于哲学上的永恒的问题，任何时候都不可能得到终极的解决，达到绝对真理的。我们现在只是考察在亚里士多德这段时期内，这个问题有些什么具体内容，有些什么变化和发展。

亚里士多德在第十一章是这样提出问题的：究竟哪一类部分是属于形式的，而哪一类部分是不属于形式，却是属于具体事物的？他说，如果这个问题不搞清楚，我们就不能给任何事物下定义，因为定义是关于一般、关于形式的。① 亚里士多德的答案本来是简单的：质料（这一类部分）不属于形式，只属于具体事物，它不包括在公式（逻各斯）中，因为公式只是说明形式的，是一般的，而质料不是一般的。所以，亚里士多德接着说：如果不清楚哪一类部分具有质料的性质，哪一类部分不具有，那就连事物的公式也弄不清楚了。具体的事物总是出现在具体的质料中的，圆总是在铜、石、木中具体存在的，可是铜、石、木这些质料并不是圆的本质的部分，因为圆是可以离开这些质料而存在的。② ——这又是亚里士多德说的一个“分离”，即本质（形式）是可以和任何一类具体的质料相分离的，“圆”可以不存在于铜、石、木等质料之中。但是，亚里士多德接着又说明：可是，圆看起来好像是不能和这些质料分离的，因为它总是存在于铜、石、木等之中，人们很难将它们分开。但是，无论如何，铜不能是圆的形式的部分。正像“人”的形式也总是在

① 1036a26—29。
② 1036a29—35。

肉、骨这类质料之中存在的，但这类质料能说是人的形式即公式的部分吗？不能，它们只是质料，不能是公式的部分。但是，因为人不能出现在肉、骨之外的质料中，所以我们又难于将它们分离开。[①] 这里，亚里士多德指出："圆"可以比较容易地和铜、石、木这类质料分离开，圆仍旧是圆，而人却不容易和肉、骨这样的质料区别开。亚里士多德将这些都叫作"质料"，他没有能将这些不同的质料加以区别。他也没有看到，"圆"和"人"虽然同是形式，实际也是有不同的，圆可以离开任何一种质料，人却不能离开骨和肉。（人只能离开某一个具体的、个别的骨和肉，不能离开一般的骨和肉。）这里，亚里士多德说的"分离"，实际上只能是思想上的分离，就是"抽象"。事实上，形式和质料总是不能分离的，不过在我们的思想中可以将它们区别开来，这就是思想的抽象作用。亚里士多德在这里已经接触到这个问题。

亚里士多德接着指出，这个问题也是当时许多思想家搞不清楚的问题。他说，正因为这种情况不清楚，所以有些人（指毕达哥拉斯学派）认为，用线（或连续性）为圆或三角形下定义也是不对的，因为他们认为线对于圆和三角形来说，也是质料，这和铜、石之于雕像，肉、骨之于人是一样的；所以他们将一切都归之于"数"，说线的本质、公式是"二"。而那些主张"理念"的人（指柏拉图学派）中，有些人认为"二"就是线自身，另一些人认为"二"是线的"理念"。虽然有时候他们认为"理念"和那是它的"理念"的东西是相同的，比如"二"就是"二的理念"；但有些时候他们又不这样说了，比如在这里就认为"线的理念"不是线，而是"二"了。[②] 因为按照柏拉图学派原来的观点，一类事物和它们的理念是"同名"的，"线的理念"就是线。可是，柏拉图学派又接受了毕达哥拉斯学派的观点，认为一切都归为数，所以"线的理念"不是线，而是"数"——二，这样一来，就和柏拉图学派原来的观点矛盾了。亚里士多德是不同意毕达哥拉斯学派的观点的。所以他接着说，这样，对于多数的事物，虽然它们的形式是不同的（这也是摆在毕达哥拉斯学派面前的一个结论），却只能有一个形式（"理念"）了；一切事物只能有一个"理念"，别的都不是"理念"，万物就只能是"一"了。[③] 这里，亚里士多德已经发现这个问题，就是"一般"是有层

① 1036^{a}35—^{b}7。

② 1036^{b}7—17。

③ 1036^{b}17—20。

次的。柏拉图的“理念”是接近具体事物的（比较低层次的）一般，人有人的理念，线有线的理念；而毕达哥拉斯学派将一切都归于“数”，统一于“数”，最后又可以归到最高层次的一般，成为“一”了。亚里士多德在《形而上学》中坚决反对将这种最高层次的、最普遍的一般——“一”和“存在”当作事物的本体的。这点在后面要专门讨论。

亚里士多德接着又提出这样一个问题。他说，以上我们已经说明了定义的问题是包含一些困难的。其中之一是：如果将一切都归入形式，而将质料排除掉，看来是没有用的。因为有些事物确实是某种特殊的形式在某种特殊的质料之中，例如，动物或人是不能离开它们的质料——肉和骨的，它们和圆不同，圆是可以离开铜的。但是，他接着又将问题弄混乱了。他说，人的情况和圆的情况不同，人是能知觉、能动的事物，所以不能离开运动去说明他，属于他的部分也必须是能动的，如果手指已经坏死了，就不是他的部分。①显然，前一个问题（动物是不是必须以肉、骨为质料）和后一个问题（动物是不是必须是动的）是两个不同的问题，亚里士多德将它们混在一起，就只能陷于困难而不能自拔了。能动的人是具体的人，而人的形式是一般的人。所以，这里还是一般和个别的混淆。

接着，亚里士多德又讨论数学的对象。他说，为什么在数学的对象中，部分的公式不包含在整体的公式之中呢？例如，为什么半圆不包含在圆的公式之中呢？当然不是因为半圆是可以感觉的，因为一般的半圆并不是可以感觉的。但是半圆对于圆，还是圆的质料。他说，这种以半圆为质料的“圆”，不是本质，不是赤裸裸的（单纯的）形式，而是一个“这个”——一个个体。这又不是一个具体的“这个”，而是一个一般的“这个”。半圆不是一般的圆（圆的形式）的部分，而是个别的圆（这又是“一般的具体”的圆）的部分。从质料说，一种质料是可以感觉的，而现在的这种质料——一般的半圆，却不是可感觉的，只是理性的对象。② ——关于数学对象的问题，以后还要专门讨论。这里，亚里士多德所以产生混乱，就是他将本来已经是抽象的一般（如“圆”，和“人”是一样的），又将它看成是由质料（如半圆、肉、骨——这些也是一般，不是个体）组成的个体，这样就在一般和个别之间混淆不清了。

---

① 1036b21—32。

② 1036b32—1037a5。

亚里士多德又具体分析了“人”的例子。从“一般”方面说，灵魂（形式）是第一本体，身体是质料，一般的“人”或“动物”是这二者的组合物。从具体事物方面说，则苏格拉底特有的灵魂（形式，一种意义下也就是苏格拉底，因为亚里士多德认为具体事物和它的形式是相同的）和他特有的肉体，共同组成这个个别的人——苏格拉底。① 这样，我们又看到有两个世界——

（Ⅰ）一个是一般的世界，是理性的对象：

$Ⅰ_a$，灵魂（一般的），

$Ⅰ_b$，身体（一般的），

$Ⅰ_c$，人（一般的）——前二者的组合物；

（Ⅱ）一个是个别的世界，是感性对象：

$Ⅱ_a$，苏格拉底的灵魂（个别的），

$Ⅱ_b$，苏格拉底的身体（个别的），

$Ⅱ_c$，苏格拉底这个个别的人。

原来，亚里士多德分析具体的事物，分析出具体事物是由形式和质料组成的，形式就是一般，一般的“人”就是苏格拉底的形式，也就是苏格拉底的本质、苏格拉底的灵魂。上面的$Ⅱ_a$和$Ⅰ_c$是同一个东西。这样，就取消了两个世界的重叠，一般就存在于个别之中了。这是亚里士多德哲学思想中占主导地位的思想。但是，他在这里的思想显然违背了他原来的思想，又将一般与个别割裂开来，又是两个世界的重叠了。

亚里士多德说，是不是有另外一种质料、另外一种本体，像有些人所说的“数”那样的东西，我们以后再来讨论。（这是在十三、十四卷中详细讨论的。）而可感觉的本体，是属于物理学——第二哲学讨论的问题。还有关于定义的各个部分如何统一成为一个整体的问题，则待下一章专门讨论。②

在第十一章最后一段③，亚里士多德对以上各章（《形而上学》第七卷第四、五、六、十、十一章）讨论的问题作了总结。他说，我们已经说明了：

第一，本质就是形式，以及为什么它是独立的自我存在。

---

① 1037^{a}5—10。

② 1037^{a}10—21。

③ 1037^{a}21—^{b}7。

第二，本质的公式为什么只包括事物的有些部分，而不包括别的一些部分——质料的部分。

第三，质料不包括在本体的公式之内，因为质料不是这种意义（形式、本质）的本体的部分，而只是具体的本体的部分。对于具体的本体，一种意义是可以定义，是有公式的；另一种意义下就不能有公式。关于它的质料是不能有公式的，因为质料是不能下定义的；只有关于它的第一本体（形式）才有公式——例如，对人说，就只有灵魂的公式——只有内在的“形式”才是第一本体。① 这里，亚里士多德又一次明确地指出，只有形式——本质才是第一本体。质料不出现在形式的公式中，只出现在具体事物中，成为具体事物的部分。

第四，事物的本质就是它的第一本体。② 他说，我所说的第一本体，就是它并不出现在某些别的东西（即作为它的基质的质料）之中的。③ 因为包含有质料的那个整体（具体事物）和它的本质是不相同的，正如带有偶性的本体（如“有教养的苏格拉底”）和它的本质也是不相同的。

在亚里士多德看来，只有单纯的形式，才是事物的本质。如果形式和质料相结合，就成为具体的事物，而不是它的本质，这和带有偶性的本体（也是具体事物）是一样的。所以，亚里士多德的结论就是：本质是不带质料的形式，这才是第一本体。

定义如何能是统一的？

在第十二章，亚里士多德又提出这样的问题：定义是如何统一的？他说，我们在《分析篇》中讨论过定义的问题④，但在那里没有讨论定义为什么能是统一的。比如，人的公式即定义是“两足的动物”，为什么这“两足的”和“动物”不是两个分开的东西，而是合成一个统一的定义呢？他说，讨论这个问题，对于我们研究本体的问题是有用的。⑤

---

① 1037^{a}28—29。

② 1037^{a}33—^{b}2。

③ 1037^{b}3—4。

④ 参看《后分析篇》第二卷第三—十章，第十三章。

⑤ 1037^{b}8—13。

要了解亚里士多德提出这个问题的意义，需要简单回溯一下哲学史。

根据亚里士多德的记载，苏格拉底是第一个寻求定义的人。① 苏格拉底和人讨论伦理问题，探求什么是勇敢、智慧、道德，也就是想为这些东西下定义。在柏拉图早期的对话中，我们看到他的探究往往不能得到肯定的结果，得不出正确的定义来。柏拉图的“理念论”也企图回答这个问题，但他的回答只是对同一类事物加了一个同名的“理念”，美的事物为什么是美的？只是因为它们分有了“美的理念”。这样的回答当然没有解决问题，正如亚里士多德所说的，柏拉图只是肯定了一个空洞的、同名的东西而已。同名的“理念”不能代替定义。柏拉图在后期的对话《智者篇》和《政治家篇》，也要给智者和政治家下定义。在《智者篇》中，柏拉图提出一种“通种论”来代替他前期的“理念论”。柏拉图前期以《斐多篇》和《理想国》为代表的“理念论”中所讲的“理念”，是绝对的、完全的，彼此分离独立存在的；而在《智者篇》中，他却承认普遍的“种”，如“存在”、“同”、“异”、“动”、“静”，它们并不是彼此孤立存在，而是互相联系、互相沟通的。这样就可以将一些“一般”的东西联系起来，成为具体事物的定义的内容。他就是用这样的办法为智者下定义的。

柏拉图用来给智者下定义的方法叫做“二分法”，将事物一分为二，取其中的一种；再将这一种一分为二，取其中的一种；又再一分为二……如此一直达到所要得到的结果。他是这样论证的：智者是一种技术；技术有两种，一种是神的技术，一种是人的技术；人的技术又有两种，一种是制造事物本身的，一种是制造事物的像的，如建筑师造真正的房屋，而画家只画房屋的像；而造像的又可以有两种，一种是造真正的肖像，一种是造虚假的幻象；而造幻象也有两种，一种是模仿，一种不是模仿；模仿又有两种，一种是有知识的模仿，一种是没有知识的模仿；而有知识的模仿又有两种，一种是以为自己有知识，一种是装作自己有知识；而装作有知识的又有两种，一种是能公开辩论的，一种是用语言欺骗人引入自我矛盾的；如此等等。将这些连接起来，就成为智者的定义。智者就是具有这种技术的：是一种假装的、形成自我矛盾的、模仿的、造幻象的、用语言欺骗人的、是人的而不是神的——这就是智者。②

---

① A，987^{b}4。

② 《智者篇》264E—268D。

这种二分法实际就是：

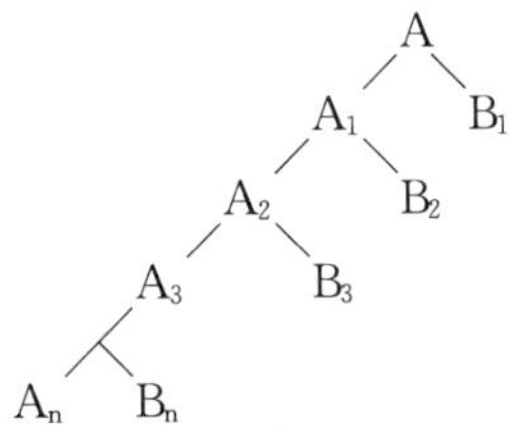

将 $A_1+A_2+A_3\cdots\cdots+A_n$ 就得到所要的结论。为什么这 A_1、A_2、$A_3\cdots\cdots A_n$ 能够成为一个统一的公式呢？这就是亚里士多德在这里提出来的问题。柏拉图将这些连在一起，好像是有道理的，有些分法是有必然联系的，比如，将人的技术分为造实在的事物和造事物的像这两种。但有些分法并没有明显的必然性，比如将装作有知识的人分为能公开辩论的和欺骗人的这两种，就带着主观任意性。柏拉图自己并不能说出它们为什么是统一的道理来。亚里士多德就是针对柏拉图的这种二分法，接受了它然而又有所修正，能够根据他自己的哲学思想，说明为什么这样的定义能够是统一的。

在上述的例子中，“两足的”和“动物”为什么是统一的呢？亚里士多德是这样说明的：比如，“人”和“苍白的”，如果“苍白的”不属于“人”时（它们没有联系），这两个就是“多”而不是“一”，如果它们发生联系，“苍白的”属于“人”，说人有这样的属性，成为“苍白的人”时，它就是一个统一体了。但是，这种统一体还只是偶性的统一体。在现在的例子——“两足的”和“动物”中，“两足的”是“属差”（“属”所具有的差异性），“动物”是“种”。如果其中一个和另一个没有联系，“种”和“属差”没有联系，它们就成为两个分开的东西，不是统一体了。如果“种”和它的“属差”有联系，它就可以和相反的东西有联系了。因为“种”可以有相反的“属差”，“动物”既可以是“有足的”，也可以是“无足的”。而且“种”可以有许多“属差”，例如，“人”可以是有足的、两足的、无毛的，等等。为什么这些“属差”成为“一”而不是“多”呢？并不是因为它们出现在同一个东西（“种”）中，因为如果这样，这个事物所有的一切属性都可以合成为一个统一体了。一个事物的所有一切属性并不一定成为统一体，但是一个定义的所有部分却必须是统一的。因为我们已经说过，定义是本体的公式，本体是“一”个

“这个”，它的定义便必须是统一的。①

“人”可以有各种各样的属性，其中有些还是相反的，他可以是两足的、无毛的、白的、黑的，等等，所有这一切属性并不能构成一个统一体。其中只有一些是纳入“人”的定义中的，凡是纳入定义中的，就必须成为统一体。

怎么能够得到定义呢？从这许多属性中如何选择一些成为事物的定义呢？亚里士多德说，只能用“分”的方法。任何定义都可以分为“种”和“属差”，而这个“种”又可以再按它的“属差”而再分。如果第一个“种”是动物，下一个“种”就是“两足的动物”，这样，定义可以包括许多词。无论它包括多一点还是少一点，都是一样的，总可以分为一个是“种”，一个是“属差”——比如，“动物”是“种”，“两足的”就是“属差”。②

所以亚里士多德的分法仍旧是柏拉图的二分法。可以下图表示：

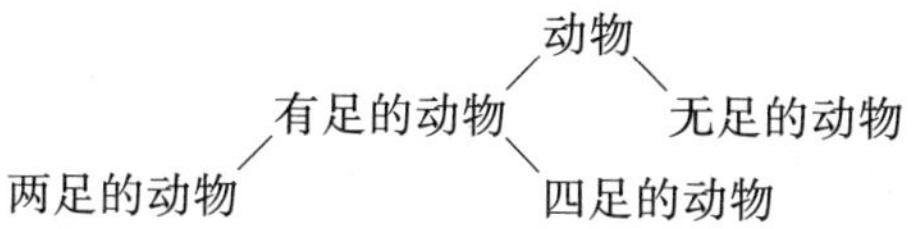

无论怎么分，都是“种”（动物）加上它的“属差”。

“动物”是“种”，“两足的动物”——“人”，就是动物这个“种的属”。亚里士多德接着指出：“种”是不能和“种的属”分离存在的，如果说“种”独立存在，它只能作为质料而存在。（这里，他又作了一个不恰当的比喻：“声音”是“种”和“质料”，由它产生的“属差”成为“属”，就是各个字母。）他说，定义是什么呢？定义就是由这些“属差”所组成的统一的公式。③“种”是质料，因而是潜能的存在，这在以后再作说明。

“属差”组成的公式如何能成为定义呢？亚里士多德指出以下两点，就显得比柏拉图的二分法前进了。

第一，他说，这种“属差”的区分，必须根据“属差”本身的性质来区分。例如，“有足的”是“动物”的一种“属差”，我们要将“有足的动物”再加以区分，就必须根据它是“有足的”这个特征再加以区分。如果将“有足的”区分为“有毛的”和“无毛的”，

① 1037^b13—27。

② 1037^b27—1038^a4。

③ 1038^a5—9。

就不是根据“有足的”特点来区分的；如果这样分，我们可以作许多任意的区分，比如将“有足的”分为“有毛的”与“无毛的”、“高的”和“矮的”等等，这些和“有足的”这个特征没有必然的联系，当然不能构成有机的统一体了。所以要区分“有足的”，必须根据它的特点来区别，可以分为“两足的”和“四足的”，也可以分为“分趾的足”和“不分趾的蹄”，这才是有必然性的，能成为有机的统一体的，因为“分趾的足”是“有足的”中的一类，不像“无毛的”和“有足的”之间那样是没有有机联系的。① 这样的分法，就和柏拉图在《智者篇》中的分法根本不同。柏拉图的分法是可以主观任意地想怎么分就怎么分，分出来的结果没有有机的联系，可以成为杂乱的一堆，很难说它是个统一体了。而亚里士多德的分法却是严格地根据事物的内在特点进行区分，因此，无论怎么分，总是有必然联系的。这也是因为亚里士多德是当时最伟大的科学家，他研究大量的事实资料，对生物特别是动物进行了科学的分类，他懂得分类要遵循严格的科学性。这里就是他对科学方法所作的哲学概括，这就使他超出了柏拉图。

第二，他说，这种分法可以继续分下去，一直到不能再分的最后的一个“属”。因为这种“属差”，不是根据事物的偶性来区分的，而是根据上一个“属差”的特征来区分的，所以，下一个“属差”必然包含上一个“属差”的内容。比如，“有足的”再分为“两足的”，后一个“两足的”已经包含了前一个“有足的”在内。所以，如果重叠地说“有足的两足的”，就没有必要，就是多余的了，因为“两足的”当然是“有足的”。后一个“属差”已经包含了前一个“属差”的内容，“有足的”和“两足的”已经在“两足的”中统一起来了，不必再去重复叙述，它们也没有哪个在先和哪个在后的问题。亚里士多德说，只要运用这种正确的方法，我们得到那个最后的（也就是和具体事物最接近的）“属差”，那就是本体的公式、本体的定义。②

*　　　　*　　　　*

在这三章中，亚里士多德主要说明事物的本质就是它的定义，也就是形式，是第一本体。

柏拉图所说的“理念”，也是事物的本质。“美的理念”就是一

① 1038^{a}9—15。

② 1038^{a}15—35。

切美的事物的本质。但是这样的“理念”除了和事物有一个相同的名字之外，没有更多的具体的内容，所以只是空洞的同名的东西。而亚里士多德所说的形式，却是有具体的内容的，那就是用公式表示的定义。柏拉图的“人的理念”只是“人”，而亚里士多德的“人的形式”却是“两足的动物”。这是一个在当时水平下的科学的定义，当然大大超出了柏拉图。

人的形式（即人的定义）和具体的人（如苏格拉底这个人）有什么区别？亚里士多德认为，具体的人是包括质料的，所以在具体的人的公式中，包括形式和质料这样两个部分；而在形式的公式中，却只有形式，没有质料。亚里士多德将具体事物分为形式和质料两个部分，它们彼此是相对的，因此，形式之中当然不能包括质料，这是没有问题的。但是，亚里士多德认为本质就是形式，认为在本质的公式中不能包括有质料，这就有问题了。一个事物的本质中，能将它的质料（就是物质）完全抛开吗？抛开了物质的质料，认为只有形式才是本质，这首先就是抛弃了唯物论。具体讲，一个铜环的本质不就是铜的环吗？一个人的本质不就是骨和肉组成的动物吗？对于前一个例子，亚里士多德认为铜环的本质只能是“圆”——铜环的形式。但是这样，一切圆形的事物——铜环、皮球、瓷杯等的本质（都不顾它们的质料）就都成为是同一的了，这当然是荒谬的。所以，当分析后一个例子时，亚里士多德就踟蹰了。因为，“圆”可以说不是哪一种质料组成的，而“人”却总是由血、肉、骨这些质料组成的。这个“人”不是那个特殊的人，是一般的人；这些血、肉、骨也不是特殊的那一个人的血、肉、骨，而是一般的血、肉、骨。这样，亚里士多德就得承认：一个具体的人如苏格拉底是由他的形式（苏格拉底的灵魂）和他的质料（苏格拉底的质料）组成的；而一般的人也是由他的形式（一般的灵魂）和他的质料（一般的质料）组成的。这样，他本来是要取消两个世界的重叠，认为一般的人（人的公式）就是具体的人（苏格拉底）的灵魂，一般存在于个体之中；而现在，这个一般的人又成为质料和形式组合而成的一般的具体事物，又构成了两个世界的对立了。

从一般的人也是由质料和形式组成的，再推论到原来认为没有质料的东西，也是有质料的。比如“圆”，它的公式是“周围各点和中心距离相等的图形”，其中的“图形”是质料，“周围各点和中心距离相等”是形式；前者是“种”，后者就是差异性即“属差”。同样的，人的公式是“两足的动物”，其中，“动物”是“种”，是质料；“两足的”是“属差”，是形式。这样就出现了非物质的质料，人们叫它为“理性的质料”。亚里士多德原来提出来的形式和质料的界限被打乱了，形式之中还包含质料，也就是质料之中可以包括形式。这也许是亚里士多德自己不愿意达到的，然而却是辩证法的结论。亚里士多德所以发生这种矛盾，我们已经看到，正是因为他处处表现出分不清一般和个别的关系，所以在这个问题上翻来覆去地纠缠不清。

亚里士多德最后提出的下定义的方法，从哲学上讲，是纠正了柏拉图的错误；从科学上讲，应当承认是他开始提出了一个科学的分类方法。

第十一章
“一般”不是本体
——《形而上学》第七卷第十三—十七章

亚里士多德在《形而上学》第七卷第三章开始提出有四种东西被称为“本体”：本质、一般、“种”和基质。他最先讨论了基质（第三章），说明在什么意义下它是本体（它不表述任何别的东西，别的东西都表述它），在什么意义下它不是本体（它不是一个分离的、独立的“这个”）。后来，在第四—六章、十一—十二章中，他详细讨论了本质，说明本质是第一本体。这样，他还留下两个东西没有讨论，即一般和“种”。从第十三章开始，他讨论关于“一般”的问题，在整个论述中，他没有将“种”专门列出来进行讨论，这是为什么呢？这可以从两方面来说明。第一，“种”本来是普遍的、一般的东西。柏拉图在《智者篇》中讲的“通种论”中的“种”就是最普遍、最一般的“理念”。他在那里举出来的“种”，就是“存在”和“非存在”、“同”和“异”、“动”和“静”。它们就是亚里士多德在这里要讨论的“一般”。既然这样，就没有必要分开来讨论，他关于“一般”所作的议论，同样可以适用于“种”。所以，讨论了一般以后，就不必再专门讨论“种”了。第二，亚里士多德关于“种”还有专门的用法，那就是“种”是在“属”之上的、概括一类“属”的共同特性的东西，比如，“动物”是个“种”，它包括人、兽、禽、虫等“属”。这样的“种”，亚里士多德在讨论事物的定义时，认为它是定义中的质料部分，以后还要讲到。因此，在这里也就没有必要专门提出来讨论了。实际上，亚里士多德在讲到“一般”时所举的例子，常常就是“动物”这个“种”。

关于“一般”，还需要解释几句。我们现在知道：一般是和个别相对的，除了个别的、特殊的东西外，凡是带有共同性的东西都是一般。只有苏格拉底、柏拉图、张三、李四这样一个一个具体的人才是个别，而人、动物、生物、物质都是一般；这张纸的白色和这个茶杯的红色是个别，而白、红等颜色都是一般，都是共性。因此，亚里士多德所讲的形式，“属”——如“人”，本来也是一般，但亚里士多德显然将它排除在“一般”以外（实际上，有时候他又不得不承认“属”也是一般），这就是他分不清一般和个别关系中的一个问题。亚里士多德所以念念不忘“一般”，一再论证“一般不是本体”，他心里所想到的“一般”，主要是：第一，毕达哥拉斯派的学说将万物归为“数”，这个“数”是独立分离存在的，数又归为“一”；第二，以巴门尼德为代表的爱利亚学派将万物归于“存在”，这“存在”就是“一”，是唯一真实的存在。这两种学说在当时为柏拉图学派的一些人（在某种意义上）接受了，从而认为“一”和“存在”是独立分离存在的最高的本体。亚里士多德反对“一般”是本体，主要就是反对这种思想。他多次讨论“一”和“存在”，反对认为它们是本体。他反对这样的“一般”，同时也反对柏拉图的“理念”，因为他认为“理念”也是这样的“一般”。其实，柏拉图的“理念”的含义是比较复杂的。他既讲“存在”、“一”这样最一般的东西，也讲“善”、“美”这样带有价值、目的意义的东西；同时，他也讲过“人的理念”、“床的理念”。就最后这一种含义的“理念”说，又和亚里士多德讲的形式、“属”是同一类东西。“一般”有各种层次的不同，因而“理念”也可以有各种各样，而亚里士多德有时虽然意识到这一点，却没有能始终一贯地在这方面进行分析。这就是他常在一般与个别的问题上发生混淆的一个原因。同时，还应该说明，这时候亚里士多德心目中主要反对的，还是当时柏拉图学派中那些和他意见不同的人，那些人将柏拉图的“理念”和毕达哥拉斯学派的“数”结合起来，将它们当作独立存在的本体。亚里士多德一心想驳倒那些人的学说。

最后，对“一般”（universal）这个译名也需要说明。“一般”，在中文中本来只当形容词或副词用——“一般的”，要当作名词用，只能说“一般的东西”或“一般者”，但这样又有可能产生误解，所以还是将“一般”当作名词使用了，好在现在我们已经习惯了这样的用法。它相当于我们常说的“共性”，但按照亚里士多德的学说，性质和本体是要区别开来的，他所说的“一般”不是性质（实际上还不免有性质的含义），所以不译“共性”。后来的哲学中，这个词都译为“共相”，但严格地说，作为“共相”这样的概念，是到中世纪哲学中才确定下来的。亚里士多德用这个词只指“一般”的意思，就是说，它是普遍的，而不是具体的、个别的东西。所以我们还是译为“一般”。

论证“一般”不是本体

亚里士多德在第十三章中说：有人（这是将毕达哥拉斯学派、爱利亚学派和柏拉图学派都包括在内的）认为“一般”是完全意义的原因、本原，我们要反驳这个论点，因为说“一般是本体”，是不对的。① 以下他就提出了许多反驳：

第一，他说，每一个事物的本体都是它所特有的，不能属于任何别的东西。但一般却是公共的，它所以被称为“一般”，就是因为它属于不止一个东西。这就发生问题了：如果它是本体，它是哪一个个体的本体呢？它或者是所有（这同一类）个体的本体，或者不是它们任何一个的本体。但是，它不能是一切个体的个体。如果它是这一个个体的本体，它同样也是另一些个体的本体，那么这一个也就是别的那些个，所有的个体就是同一个，而不是许多个了。因为如果事物的本体和本质是同一的，这些事物也就是同一的。②

这个论证和亚里士多德自己这段时期的本体学说显然是有矛盾的。在《范畴篇》中，亚里士多德认为具体事物是“第一本体”，一般的“属”和“种”只是第二本体。但在这里，他已经认为本质——形式是第一本体了。既然是事物的本质，它就是一般的。同一类事物的本质总是相同的、共同的。苏格拉底、柏拉图等等个别的人，他们的本质——形式都是“人”。这个“人”既是苏格拉底的本质，又是柏拉图的本质，是它们所共有的。所以本质是一般的。但是这里，亚里士多德又认为本体是“这一个”，具有个体性。所以他又接着说，本体不是表述主体的，而一般却总是表述主体的。③所以，一般不是本体，本体不是一般。亚里士多德认为一般不是本体，可是他认为本体的本质——形式，恰恰又是一般的。这不就是矛盾吗？

---

① 1038^b6—9。

② 1038^b9—15。

③ 1038^b15—16。

第二，但是，亚里士多德说，也许一般不是像本质那样的本体，但它可以出现在某些东西之中。例如，“动物”出现在“人”和“马”之中，它也可以是本质的公式和定义。（正像人的定义是“两足的动物”，动物的定义是“有生命的物”。）和“人”在个体（苏格拉底、柏拉图）之中是它们的本体一样，“动物”也在“人”、“马”之中，可以是它们的本体。① 这是亚里士多德从反面来论证：如果这个一般是存在于个体之中的，它就是这些个体的本体。所以他反对的，只是那些认为不是存在于个别之中的、和个别分离的“一般”是本体的学说。

他还进一步论证说：如果本体、“这一个”是由几个部分组成的，则组成本体的部分，也必须是本体、“这一个”，而不能是性质。因为部分先于整体，如果组成本体的部分是性质，而不是本体，那就是性质先于本体了，这是不可能的，荒谬的。无论从公式说、从时间和生成说，属性都不能先于本体。如果属性先于本体，它们就可以离开本体而存在了。“动物”既然是组成“人”的公式的部分，这个一般也就是本体了。这样，苏格拉底这个个体，就包含了一个本体（动物）在另一个本体（人）之中，“动物”也就成为两个东西（“人”和苏格拉底）的本体了。② 这里他说清楚了他的意思：如果这个一般是在个别之中的，特别是成为事物的本质的公式的部分的，它就是本体。

他又进一步论证：由此可以得出一般的结论：如果“人”或这类“属”是本体，则在它的公式中的因素（部分）就不能是和这类“属”分离存在的本体。他的意思就是说，“动物”（这个一般）是不能和它的“属”分离存在的本体。③ 所以，只有和个别分离存在的一般，才不是本体；如果是在个别之中的一般，它还是本体。

亚里士多德又说，如果我们这样来看这个问题，就更清楚了：一般的属性不是本体，因为这种共同的属性不是表示一个“这个”，而只表示一个“如此”。（属性只表示它是如何的，而不表示它的本体。）不然的话，如果它也表示一个“这个”——可以分离的个体，就要发生许多困难，特别是“第三者”。④ 这个“第三者”在《形而

---

① 1038^b19—23。

② 1038^b23—30。

③ 1038^b30—34。

④ 1038^b34—1039^a3。

上学》第一卷第九章批判柏拉图的“理念论”时出现过。在那里，他批评柏拉图的“理念论”：如果“理念”（第一者）和个别事物（第二者）是分离存在的，我们还可以找出“理念”和个别事物的共同点，即另一个“理念”，那也是分离存在的，就是“第三者”。① 现在这里是说：如果一般的属性也是可以和具体事物分离的“这个”，那么，我们就得在一个个具体事物（第一者）和一般的属性（第二者）之外，还得肯定它们的共同性（即“第三者”）也是独立存在的。

这也是亚里士多德在《范畴篇》中提出过的关于本体的特征之一，即本体不存在于其他东西之中，只能是其他东西存在于本体之中。那里也讲到“种”（动物）和“属”（人）不存在于其他东西（性质、数量等别的范畴）之中，但存在于个别事物之中。现在说的，也还是一般只存在于个别之中（这是亚里士多德经常坚持的思想，列宁几次赞赏过这一点）。因此，不能将一般当作是独立存在的本体。

第三，虽然肯定了像“人”、“动物”这类“一般”不能离开个别事物而存在，只能存在于个别之中。但这样的存在于个别之中的一般，是否都是本体呢？亚里士多德认为：只有在一定的条件下，它们才不是本体，即认为它们是现实的本体；但在另一个条件下，即如果它们是潜能的，它们还可以说是本体。（因为如果是现实的，它就是一个独立存在的本体，它就不能再存在于个别之中。如果它存在于个别之中，这个别的事物又是一个现实的本体，那就是一个现实的本体存在于另一个现实的本体之中。）他说：一个本体也不能由两个现实地存在于它之中的本体所组成，两个现实的本体不能组成一个本体，但是两个潜能的本体却可以组成一个本体。比如，一条线是由潜能的两半段组成的。所以，一个本体是不能由几个这种样式的（现实的）本体所组成的。他说，因此，德谟克里特说得对，“一”不能由“二”造成，“二”也不能由“一”造成。他说的本体——原子是不可分的，这样的本体之中也不能包含其他的（现实的）本体。他说，那些主张“数”是单位的综合的人也说对了，因为数由单位组成，在“数”中的单位，也只是潜能的而不是现实的。②

---

① A，990^{b}17。

② 1039^{a}3—14。

亚里士多德自己也认识到他这种说法存在着矛盾。所以，第十三章最后他说：我们这样的结论包含一个困难。那就是：如果本体不能由“一般”组成，因为“一般”只表示“如此”，而不是一个“这个”，而且如果本体不能由几个现实存在的本体所组成，那么，每个本体就都不是组成的了，甚至任何本体都不能下定义（有逻各斯）了。（因为逻各斯不能是一个单一的词，总得由几个词组成。）但是早已说过，只有（或者主要）本体是可以下定义的，可是现在的论证却使得本体似乎是不能下定义的（因为它不是组成的）。如果本体不能下定义，别的任何其他的东西也不能下定义了。所以，亚里士多德认为结论不应该是独断的，不能说本体能不能下定义，而是说它在一种意义下是可以下定义的，在另一种意义下则不能下定义。他说，这一点，我们到以后再来讲清楚。① 他在第七卷第十五章和第八卷第六章中讨论这个问题。

论证“理念”不是本体

第十四章开始，亚里士多德明确指出，他所批评的对象是指那些认为“理念”是分离独立存在的本体，同时又认为“理念”（形式）是由“种”和“属差”组成的人。前半句话指的是柏拉图学派，他们将“理念”看作是和具体事物分离的、独立存在的本体；亚里士多德的批判主要是针对这点进行的。后半句说将“理念”也分析为“种”和“属差”，是由这二者组成的；现在还没有材料判断这是指谁。这原来是亚里士多德自己的思想，是否有柏拉图学派的人也接受了这一点，同时又坚持原来的“理念”，现在无从判定。他说，如果“理念”是这样的存在，像“动物”之在“人”和“马”中存在那样，是一个独立分离的存在，那么，在“人”和“马”中的“动物”在数目上是同一个，还是不同的呢？它们的公式（逻各斯）显然只能是一个，因为说“人是动物”和“马是动物”的“动物”的公式是相同的。如果有一个“人自身”（人的理念），它是一个独立存在的“这个”，而它所由以组成的——“动物”（种）和“两足的”（属差）也都各自表示一个“这个”，也是能分离存在的本体，则“动物”和“人”必然都是同一类的了。② 这就是说，“动物”和

---

① 1039^a15—23。

② 1039^a24—33。

“人”都是分离存在的本体了，这是不可能的。

这里对“理念”的批判，和亚里士多德在《形而上学》第一卷第九章中对柏拉图“理念论”的批判，基本论点是一致的。即：如果将“理念”认为是在个别事物以外，独立分离存在的本体，那么就可以说，不但“人”和个别事物是分离存在的，而且“动物”也可以和“人”分离存在。这样就要得出下列不可能的结果。

第一，如果在“人”和“马”中的“动物”是同一个，正如你和你自己（你的“理念”）是同一个一样，那样又会产生两个困难：

1. 如果在“人”之中的“动物”和在“马”之中的“动物”都是分离存在的，那岂不是“动物”自己就要分割，动物和动物自身就分离存在了吗？（这是当时批评“理念论”时常用的一个论证，柏拉图在《巴门尼德篇》中借巴门尼德之口批评少年苏格拉底的理念论时，曾用过这个论证：同一个“理念”如果同时存在于不同的事物中，岂不是它自己同自己分离开了？①）

2. 如果“动物”分有“两足的”，它同样也可以分有“四足的”，这岂不是一个不可能的结论吗？因为相反的属差却可以同时属于“动物”这样一个“这个”。如果说“动物”不分有这些“属差”，那么，说“动物”是“有足的”或“两足的”，它们是什么关系呢？说这两个东西（“动物”和“两足的”）是“摆在一起”或“混合在一起”，这种说法都是荒唐的。② 这里，亚里士多德的问题是：“种”和“属差”如果不是分有，那又是什么关系呢？仍旧是那个问题：如果“种”也是独立分离存在的个体，“种”和“属差”是如何成为统一体的？

第二，如果在每一个“属”（“人”和“马”等等）中的“理念”（“动物”）是不同的，那就会有无限多的东西的本体都是“动物”。这样就会有许多个“动物自身”（动物的“理念”）了。因为：

1. 每一个“属”（“人”或“马”）中的“动物”，就是这个“属”的本体。我们说人或马的本质是什么，就是动物，而不是别的；如果是别的，那“人”或“马”的“种”就不是“动物”而是别的什么了。既然“人”和“马”等等的本质都是“动物”，这“动物”又是和“人”、“马”等等分离独立的，那岂不就有许多个“动物”了？

---

① 《巴门尼德篇》131A。

② 1039^{a}33—^{b}6。

2. 而且，组成“人”的每个因素（“两足的”和“动物”）就都是可以独立分离的“理念”了。因为它不能既是这个东西的本体（在事物之中的），又是另一个东西的“理念”（独立分离存在的）。在每个“属”中的“动物”都是动物的“理念”，如果它们都是分离存在的，它们又是从哪里来的呢？如果它们是从“理念”来的，而那个“理念”又是分离存在的，这又如何可能呢？这个“动物”，它的本质不过就是动物性，如何能和“动物自身”分离存在呢？①

亚里士多德在第十四章结束时说，所有这些得出的结论都是荒谬的。因为这些结论是从那个前提得出来的，即有人认为“理念”是和个别事物分离存在的，是独立存在的本体。亚里士多德反对“理念”是本体，实际上他只是反对将“理念”看成是和具体事物分离的、独立存在的本体。而他认为，无论“人”或“动物”都是存在于具体事物之中的，是事物的内在的形式或本质（本质的公式中的一个部分），从这个意义上说，他并不反对这样的“理念”是本体。

个别事物是不能定义的

亚里士多德在第七卷第四、五、六、十、十一、十二章都是讨论本质问题的，而在第七、八、九章却讨论生成的事物。因此，有些亚里士多德的研究者认为这是两组不同的论文，被后来的编纂者编在一起的。但它们所以会被编在一起，也不是没有理由的。因为，既然本质就是定义，而本质是具体事物的本质，那么，它和具体事物是什么关系？具体事物是生成的，定义和生成的事物是什么关系？即使是两组不同的论文，也要说明它们之间的联系和关系。亚里士多德在第十五章中说的就是它们之间的联系。

在第十五章中，亚里士多德是这样提出问题的。他说，有两种本体：一种是带有质料的具体事物，另一种则是逻各斯，即一般的公式。前一种本体是能够生成和毁灭的，后一种本体是没有生成和毁灭的。只有这所具体的房屋是生成的，房屋作为房屋（的本质）不是生成的。公式只有是或不是（存在或不存在）的问题，却没有生成和毁灭的问题，因为没有人能够生成或造出公式来。他说，因

① 1039^b7—16。

为这个理由，可感觉的个别的本体是既不能下定义，也不能证明的。这是因为，第一，具体事物中包含有质料，而质料是既能存在又能不存在的，所以个别事物都是可以毁灭（即不存在）的。第二，证明和定义都是具有必然性的，知识不能有时是知识，有时又是无知；只有意见才不是必然的。所以，可感觉的个别事物不是知识的对象，只能是意见的对象，对它们是不能下定义，不能证明的。因为可感觉事物是要毁灭，会从我们的知觉中消失的，但逻各斯却留在我们灵魂中不变。因为个别事物会毁灭，定义也要消失，所以，个别事物是不能下定义的。①

亚里士多德在本体论上认为一般只存在于个别之中，不能离开个体而独立存在，以此批判了柏拉图的“理念论”，取消了两个世界的重叠，这是正确的。但他在认识论上，仍是按照当时希腊哲学流行的观点，将知识（理性认识）和意见（感性认识）绝对地割裂开来，认为个别事物只能是感性的对象，不能是理性的对象。因此，他认为对于个别事物不能有理性的知识，个别事物是不能下定义，不能证明的。这样，实际上还是恢复了两个世界的重叠，仍旧将两个世界割裂开来了。本来，定义或本质就是个别事物（如苏格拉底这个人）的定义或本质；但是，亚里士多德认为，“两足的动物”只是“人”的定义或本质，不是“苏格拉底”的定义或本质，因为“苏格拉底”中包括有质料，是不能下定义的。这表示他仍旧没有搞清楚一般与个别的关系，还是将它们割裂开来了。

他说，按照同样的道理，“理念”也是不能下定义的。因为那些支持“理念”的人认为，“理念”是能够分离存在的，所以也是个体。因此，它也像个别事物一样，是不能下定义的。但是，他又提出另外一个论证：公式总是由几个词组成的，他要为个体下定义，就必须用词，而这样的词却总是一般的。它不但可以运用于这个被下定义的东西，而且可以用于其他的东西。比如，当为你下定义，说你是“一个瘦的或苍白的动物”时，这个定义不仅可以应用于你，而且可以应用于其他人，因为“瘦和苍白”可以是许多人共同的性质。可能有人会反驳说：如果一切属性彼此分开时，可以属于许多个主体，但如果合在一起，就只能属于这一个了。②

这里，我们看到，亚里士多德是看到了个体和一般的区别的。

---

① 1039^b20—1040^a7。

② 1040^a8—14。

个体，比如苏格拉底这个具体的人，和一般的“人”是不同的。苏格拉底不但是“人”，具有人的一般的本质，同时，他还有他的许多特殊的个性，比如，他是一个瘦而苍白的人。如果我们要为苏格拉底下定义时，这个定义显然不可能包括他的一切个性。正是在这个意义上，亚里士多德才认为个体是不能下定义的。在这方面，亚里士多德是有一定的道理的。但是，我们为个别事物下定义，只是说明它的本质，所以只要说明了个别事物的本质，也就是给这个事物下了定义。亚里士多德说的本来就是这一点。

最后这一点，是个值得注意的论证。如果将“瘦和苍白”这类属性一个个孤立起来，它可以既属于这个个体，又属于那个个体。但如果这个主体所有的属性（包括一切它的本质属性和偶性）都合在一起，即既有共性又有它的个性，那就是可以表述这个个体了。当然不可能包括所有它的一切偶性，但将一些能够说明这个事物的特征的偶性，加上它的本质属性，就可以为个别事物下定义了。所以，个别事物并不是不可以下定义的。

但是，他又将这“一切”属性仅限于公式中的因素（即“种”和“属差”），因而他反驳了上述论证：第一，所有的因素并不只属于这一个个体，而是属于两个因素的，例如，“两足的动物”既属于“动物”，又属于“两足的”；第二，因素先于整体，所以如果整体消失，因素并不消失。①

亚里士多德在第十四章开始时就指出这些主张“理念”的人，既主张“理念”是分离存在的，同时也主张“理念”是由“种”和“属差”组成的。所以，他们是将“种”（动物）、“属差”（两足的）和“属”（人）都当作一个个独立的个体，彼此分离存在。这样就将下列几个关系都分割开来了：

1. “种”和“属差”的关系；
2. “种”和“属”的关系；
3. “属差”和“属”的关系。

因此，“种”、“属差”和“属”（即“理念”）成为三个相互独立分离的个体。一方面，“种”和“属差”是组成“理念”的因素，另一方面，“种”和“属差”又是可以离开“理念”而独立存在的。它们究竟是什么关系呢？

---

① 1040a14—22。

亚里士多德最后说：为什么这些主张“理念”的人不造一个“理念”的定义呢？如果他们试着去为“理念”下个定义，就可以证明我们现在所说的是正确的了。①

对于这一章，需要说明以下几点：

第一，他本来是论证个别事物是不能下定义的，但在他论证了这一点以后，接着就将这论证推广到：“理念”也是不能下定义的。他作这个推论的前提，是和上面论证“理念不是本体”是一样的。就是那些主张“理念”的人，将“理念”看成是一个独立存在的个体，像个别事物一样。这样的“理念”，是不能下定义的。所以，如果“理念”不是独立存在的，而是在个别事物以内，就是事物的形式和本质，那样的“理念”当然是可以下定义的，它的公式也就是本质。因此，亚里士多德批评的，并不是一般的“理念论”，而是一种特定的“理念论”，即主张“理念”是和个别事物相分离的理念论，这也是当时在柏拉图学派中流行的“理念论”。

第二，我们下定义，本来是为具体事物下定义，为个别下定义；而得出来的定义，就是个别事物的公式，它的逻各斯。这逻各斯必然是一般，是理性认识的对象。所以，从感性认识个别事物，进到理性认识一般，这就是认识的辩证发展过程。从感性认识上升到理性认识，就是从认识事物的现象到认识事物的本质，就是从个别到一般。亚里士多德实际上是在做这个工作。他在《范畴篇》中，只承认个别事物是第一本体，后来慢慢发现个别事物还有内在的本质，这才是第一本体，这就说明他的认识在前进和深化。但是，他终究不懂得一般和个别的辩证法，在这里又重新陷入将感性认识和理性认识绝对对立起来，将个别事物和一般的本质绝对对立起来，从而得出个别事物是不能（理性）认识的，不能下定义的。他认为，只有“属”即形式，才是能下定义的。所以他将形式的定义和具体事物的定义区别开来，认为只有形式的定义才是事物的本质。所以，弄不清一般与个别的关系，确实是他的哲学的一个致命的弱点。

“一”和“存在”不是本体

有些研究者指出，第十六章是由两个部分组成的。前面一部分

① 1040^b2—4。

讨论的是亚里士多德在第七卷第二章中曾经讲到的那些本体——动物身体的部分以及水、火、土等元素。这些在第二章中提出以后，没有进一步讨论，就转入第三章提出的那四种本体了。第十六章又将这问题讨论了一段，没有得出什么结果，就转入第二部分了。这一段很可能也是后来的编者误插在这里的。第二部分讨论的“一”和“存在”，是亚里士多德认为最普遍的“一般”，它们不是本体。这是亚里士多德在第三卷提出来的十几个问题中的一个，他在这里作了简单的回答（在第十卷第二章又专门作了讨论）。只有解答了这个问题，他才能作出结论：一般不是本体。

第十六章第一段指出：有些被认为是本体的东西，只能说是潜在的（可能的）本体。如动物身体的部分——头、手等等，它们是不能离开动物而存在的，它们只是作为质料而存在，当它们离开了动物的身体，它也就只是一堆死掉的骨、肉、皮而已，就只能是潜在的存在。还有水、火、土这些元素，它们不是一个统一体，而只是一堆元素，可以由它们组成统一体。所以它们也只是潜在的本体。人也可以设想动物身体的部分和它的灵魂的部分是相连的，既是现实的存在，又是潜在的存在，可能运动的根源就在它们的连接之中，这也许就是有些生物在被分割以后还能活着的原因。不过，身体的部分只能是潜在地存在的，它们是由于自然（形式、灵魂）而成为统一体的。（至于用外力将它们合在一起乃是反常的现象。）① 无论是组成身体的各个部分，还是组成事物的各种物质元素，都是质料。亚里士多德认为它们只是潜在的本体。它们要变为现实，只能由于形式——灵魂。

这一部分和下面的部分显然是连不起来的。第二部分专门讨论“一”和“存在”。

亚里士多德说，“一”和“存在”是相似的。凡是本体是“一”的存在，就是“一”；凡是本体是数目上的一个的，也就是“一”。（这就是说，只要是一个东西，就是“一”；如果它的本体是一个统一体，是统一的一个，在数目上说是一个，就是“一”。正像“存在”一样，凡是存在的东西，就都是“存在”。）但是，“一”和“存在”都不能是事物的本体，正像事物的“元素”和“原则”也不能是事物的本体一样。因为当我们问“原则”是什么时，我们总是要

① 1040^b5—16。

求得更可知的东西，比“原则”更具体，更可以说明问题的东西。而“一”和“存在”比“原则”、“元素”、“原因”更为一般，是最一般的东西，它们怎么能是本体呢？凡是一般的（共同的）东西都不是本体，因为本体只能属于那些以它为本体的事物，不能属于任何别的事物。而“一”和“存在”是属于所有一切东西的，怎么能说它们是本体呢？再说，凡是一个的东西，不能同时出现在许多地方；但是那个共同的东西却可以同时在许多地方。因此，任何一般都不能是和它的个体分离存在的个体。①

本来，任何一个存在的事物，都既是“一”又是“存在”。所以，“一”和“存在”是两个最普遍的共性，它们是最高的抽象，外延最大，内涵最少，是最空洞的概念。我们知道了它，并不能增加任何知识。我们要知道事物的原则、原因、本体，都是为了对这事物有更多的知识；如果我们只知道它是“一”，是“存在”，对我们的认识有什么帮助呢？——这是从认识论方面说的。从本体论方面说，“一”和“存在”，既然是所有事物共同具有的属性，是最普遍的，它们不能说明任何一个事物的本质。所以，能说它是哪一个事物的本体呢？只能说它不是任何事物的本体。毕达哥拉斯学派和爱利亚学派将“一”和“存在”说成本体，是亚里士多德坚决反对的。

接着，亚里士多德又提到那些认为有“理念”存在的人，认为“理念”既然是本体，所以是能够独立分离存在的，如果他们是对的话，则他们又认为“理念”是多中之一，就不对了。他们所以这样做，因为他们说不清楚这类本体是什么。他们既认为这类不毁灭的本体，是和个别的、可感觉的本体分离开的，但他们又将它们（不毁灭的本体）当作和可毁灭的本体是同一类的（因为他们只知道这样一类本体），所以他们只在可感觉事物后面加上一个“自身”，成为“人自身”、“马自身”。正好像即使我们没有看到过星，也可以假定有这样不朽的本体独立存在。所以，即使我们不知道它们是怎么样的非感觉的本体，也可以肯定，这样的本体必然存在。②

在上一节中，亚里士多德得到的结论是：一般是不能和个别相分离而存在的。那是指像“一”和“存在”这样的最普遍的一般。这一节，亚里士多德再回来讨论“理念”。他认为主张“理念”的人（指当时柏拉图学派的人）的错误，在于他们一方面认为“理念”和

① 1040b16—27。

② 1040b27—1041a3。

具体事物是不同的、互相分离的本体；另一方面，又将“理念”看成是和具体事物一样的，可以互相分离而独立存在的东西。他们分不清楚“理念”和个别事物是两种不同类的东西，他们把“理念”看作和个别事物一样的东西，也是个别的事物，只是在具体事物后面加了个“自身”，成为“人自身”、“马自身”。亚里士多德最后嘲笑柏拉图学派的人，说他们不懂得真正的“理念”应该是什么（它只是存在于个别事物之中的形式），就肯定“理念”是分离存在的个体。这正像一个从来没有看到过天上的星的人，不知道星是什么，就先肯定有这一类本体存在，是一样的。

最后，亚里士多德为以上几章作了结论：一般不是本体，本体也不能由本体组成。① 这个结论实际上有两方面含义。第一，如果这个“一般”是指柏拉图所说的“理念”，亚里士多德只是认为，和个别事物分离而独立存在的一般，不是事物的本体。第二，如果这个“一般”是指像“一”和“存在”这样最普遍的一般，亚里士多德也认为它们不是本体。

形式是本体

第七卷的最后一章——第十七章为本卷作了最后的结论：形式即本质是本体。本来，从前面各章的讨论已经可以推出这个结论。亚里士多德在第三章中提出的四种本体：本质、一般、“种”和基质。他在第三章中虽然承认基质——质料是本体，但就本体性说，它不如形式和具体事物。从第四章到第十二章，他主要论证本质是本体，本质就是事物的形式。从第十三章到第十六章，他论证一般（包括“种”）不是本体。所以他已经可以得出结论：形式才是主要的本体。但是，在第十七章中，他并不是这样推论出来的，而是从另外一个新的起点来论证的，即从本体是事物的原因这点出发论证的。它的论证方法与以前各章不同。有人认为，第十七章原来可能不是本卷的结尾，它的写作时间或许是比较靠前的。

在第十七章开始，亚里士多德提出：本体是哪一类东西呢？我

---

① $1041^{a}3$—5。

们可以从另一点开始讨论，也许可以更清楚地看出那和可感觉本体不同的，也就是可以分离存在的本体。① 亚里士多德认为：本体是不能和可感觉事物分离的，一般只存在于个别之中。这是他的基本看法；可是另一方面，他又承认，在一种意义下，本体和可感觉事物是不同的，是可以分离存在的。这就是他在第十七章要说明的问题。

他指出这个讨论的出发点是：本体是本原和原因。所谓原因，就是回答"为什么"的问题，就是回答为什么这个东西属于另一个东西的问题。比如问：为什么有教养的人是有教养的人呢？就是要探究：为什么这个人是有教养的？为什么甲（人）是乙（有教养的）？②

在探求事物的原因时，如果像柏拉图那样，认为这个事物的原因就是它自身，即"甲是甲"，那是没有意义的。因为事物已经这样明显地存在着，正像月亮已经蚀了一样。（如果说，月蚀的原因就是月亮蚀了，那就等于什么也没有说。）如果说，事物的原因就是它自身，只是说明了简单的事实，说"人是人"、"有教养的就是有教养的"，并不能说明更多的东西。除非你是回答："因为每个东西都和它自己不能分离，它就是一个'这个'。"但是这种回答，对于一切事物都是一样，是一个最容易的回答。③

所以，我们应该研究的是：为什么人是有如此这般的性质的动物呢？这就和问"为什么这个是人的东西是人呢？"不一样了。这就是说，我们是要去探讨，为什么某个东西是表述另一东西的。这就是要研究它的原因。例如，问"为什么打雷？"就是问"为什么云中发出声音？"问"为什么这些砖石是房屋呢？"就是要寻求它的原因。而这原因就是本质。在有些情况下，原因也是目的。比如，房屋或床的原因，就在于前者是可以遮蔽用的，后者是睡觉用的。（这是亚里士多德说的目的因，和我们一般用的"原因"的概念是不一样的。）在有些情况下，原因是第一动者。在生成和毁灭的事物中，要寻求它们的动因；在存在的（不变动的）事物中，则是寻求它们的目的因。④

---

① 1041^a6—9。
② 1041^a9—14。
③ 1041^a14—20。
④ 1041^b20—32。

但是，亚里士多德认为，单是说这个东西是表述另一个东西的，问题还可能被疏忽；我们还没有说清楚这个问题，还会像大海捞针一样，找不到我们要找的东西。他说，总是有某些已经给予的东西，比如砖石，问题是：为什么这些质料是某个确定的事物——为什么砖石成为房屋呢？这就是由于房屋的本质（房屋之所以成为房屋的原因）出现在这些质料之中。为什么这个个别的东西，或这个身体有了这个形式，就成为人呢？所以，我们寻找的原因，也就是形式。因为有了这个形式，这些质料才成为某个特定的事物，砖瓦才成为房屋。所以，形式就是事物的本体。①

因此，亚里士多德所说的寻求事物的原因，就变成为：为什么这些质料能够成为这样的事物？——原因在于这个事物的本质，即它的形式。为什么这些砖瓦会成为房屋呢？如果说是有建筑师将这些砖瓦造成房屋。他还会问：为什么建筑师能造成房屋呢？因为在建筑师的心中有了房屋的形式。从砖瓦说，砖瓦本来是杂乱的一堆质料，只有当它们具有了房屋的形式，即按房屋的形式排列起来，砖瓦才成为房屋。所以，他认为房屋的形式是使砖瓦成为房屋的原因。

亚里士多德是这样来论证后一点的：由因素组成的事物是一个整体，它不是各部分（因素）的堆积。正像音节 ba，和它的因素（字母）b 和 a 是不一样的，肌肉和组成它的元素火和土（希腊人认为肌肉是由火和土组成的）是不一样的。因为当这些因素分离时，整体（音节或肌肉）就不再存在，而因素（字母 b 和 a、火和土）却仍旧存在。所以，整体和它的因素是不同的，音节和它的字母（子音和母音）不同，肌肉和火、土不同，必然是另一种东西。② 现在的问题是：这是另一种什么东西呢？亚里士多德说：这另一种东西如果是和因素一样的东西，则它或者是因素，或者是因素的组合物。然而，这二者都是不可能的。③ 因为：

第一，如果这另一种东西也是一种因素，肌肉是由火、土，以及这另一种因素组成的，则上面的论证又得再重复，又得再找另一种因素（即另一种东西），如此便要无限地推下去。

第二，如果它是由因素组成的，又要产生同样的问题——这个

① 1041^{b}32—1042^{a}9。

② 1041^{b}11—19。

③ 1041^{b}19—25。

组成的是另一个东西，它又是什么?

因此，亚里士多德得出：使这个整体（音节、肌肉）成为和因素不同的那另一种东西，既不是因素，也不是因素的组合物，而是一种和因素不同的东西，是原因，是形式。是形式，使这些（字母）成为音节，使那些（火、土）成为肌肉。在一切情况中都有这样一种原因，这就是它的第一因。（亚里士多德这里说的第一因，不是指最后因，而是指在四种原因中，它是占第一位的，即本质因、形式因。）这种原因就是每个事物的本体。①

事物之所以成为这个事物，如房屋之成为房屋，是由各种质料因素（砖瓦）构成为一个整体（房屋）的。但它所以能成为这个事物，主要并不是由于这些质料因素，而是由于它自己的本性，通过自然的过程，这是一种“自然”（本性，即本质、形式因)。本体乃是这样的一种“自然”，它不是物质的（质料的）因素，而是原则，即本质和形式。而这个事物可以分解成为的因素，也就是作为质料出现在其中的，就只是因素而不是原则，像砖瓦之于房屋一样。②

在这一章中，亚里士多德是从原因来分析的。事物的质料因，只能是组成事物的因素。事物之所以成为这个事物，并不是由于它们的质料因，而是由于一种和质料因不同的东西。人们可以从这个事物的目的因和动因来找，但最重要的，还是形式因，这就是自然，事物的本质。决定一个事物成为这个事物的根本原因，是它的形式，所以形式才是事物的第一本体。

一般地说，亚里士多德认为形式不是和具体事物分离的，一般只存在于个别之中。但是，在这一章中，亚里士多德也指出了这个问题的另一方面，即形式是和质料不同的，就其不同这一点说，也是一种分离。既然具体事物是形式和质料的组合，而形式和质料又是不同的东西，在这个意义上，也可以说形式和具体事物是不同的，是可以分离的。亚里士多德总是避免采取简单、独断的态度，而是具体分析各个可能的方面。关于分离问题的两重性（既分离又不分离；在这个意义上是分离的，在另一个意义上是不分离的)，这又是一个实例。

*　　　*　　　*

① 1041^{b}25—28。

② 1041^{b}28—33。

亚里士多德在第七卷的主要几章中已经从正面讲明了本质即形式是第一本体；在最后几章中，他又从反面说明一般不是本体。他所说的“一般”，从他在《形而上学》第三卷提出的问题时讲的，主要是指像“一”和“存在”这种最普遍的一般，从最早的毕达哥拉斯学派和爱利亚学派起就认为这些是事物的本体，柏拉图学派也接受了这个观点，认为“一”和“多”就是本体。亚里士多德批评这种观点，但在这里，他的批评比较简单，在《形而上学》第十三、十四卷还要详细批判。

但是，不仅“一”和“存在”是最普遍的一般，还有各种程度不同的一般。亚里士多德明确提到的就有“种”，也是一般。即使是“种”下的“属”也是一般，尽管它是最接近于个体的一般。所以，柏拉图的“理念”和亚里士多德的“形式”也都是一般。这样的一般是不是本体呢？亚里士多德是从一种意义上批评这种一般是本体的学说的，即如果认为这种一般是可以和个别事物相分离的、独立存在的本体。亚里士多德认为这种分离存在的“理念”不是事物的本质，不是本体。他所说的形式，是存在于具体事物中的一般，这就是本体。一般在个别之中，他这个基本的观点是正确的。

但是，在第十五章中，他又认为个别是不能下定义的，不是理性认识的对象，只有一般的、永恒的东西才是可以下定义的。这样，他在本体论上虽然正确阐明了一般和个别的关系，避免了两个世界的错误，可是在认识论上又将理性认识和感性认识、一般和个别割裂开来了，又重犯了两个世界的错误。他所说的定义、公式，就不是具体事物的定义和公式，而只是形式的公式。这样，形式或本质，就不是具体事物的本质了。在这个问题上，他还是弄不清一般和个别、现象和本质的关系。

在第十七章中，亚里士多德是从原因的角度来分析问题的。他认为组成事物的质料因，并不是使事物成为这个事物的原因，决定一个事物的第一原因是它的形式或本质。他从这个角度论证了只有形式才是事物的本体。在他作这个论证时，提出了关于分离问题的另一方面。亚里士多德认为，形式和具体事物是不能分离的，一般存在于个别之中。这是他的基本思想。但是，另一方面，他又指出，形式是和质料不同的东西，具体事物是由质料和形式组合而成的，因此，形式和具体事物是不同的。从认识论上讲，因为具体事物包含质料，所以它是会发生变化和运动的，因而是不能下定义的。从这个意义上讲，一般的形式又是可以和具体事物相分离的，是可以独立存在的。在《形而上学》最后两卷中将说明，这种“独立存在”，实际上只是在思想上可以将一般分离出来，独立存在。

第十二章
质料和形式
——《形而上学》第八卷

《形而上学》第八卷（H）的内容是紧接着第七卷的，都是讨论本体的问题。这从第八卷第一章开始就是对第七卷的内容作了概括的总结可以看出。在第八卷中，比较偏重讨论质料和形式的问题。这个问题，在第七卷以及以后各卷都有论述，但第八卷比较系统。在第八卷中，我们可以看出亚里士多德关于质料和形式的基本思想，当然，质料和形式的问题必须与潜能和现实的问题联系起来考察，这是在第八卷最后的第六章中提出来的，因而第九卷就转入讨论潜能和现实的问题。所以，第七、八、九卷是一组内在联系密切的著作，它们基本上表达了亚里士多德的哲学思想，是他的《形而上学》一书的核心。

质料和形式的关系

第八卷第一章是以概述第七卷的内容开始的。亚里士多德说，我们已经讨论过了：我们研究的对象是事物的本原、原因，以及本体及其因素。有些本体是一般人都承认的，有些却是只有一些学派主张的。为一般人都承认的，就是自然的东西，火、土、水、气等和单纯的物体，植物及其部分，动物及其部分，还有物质的宇宙及其部分；而有些学派则认为“理念”和数学对象是本体。由此还可以得出另外一类的本体，那就是本质和基质。而从另一种方式说，“种”比各种“属”更是本体，一般比个别更是本体，而“理念”和一般、“种”是密切相关的，它们也是本体。又因为本质是本体，而定义就是本质的公式，所以我们讨论了定义和本质的内容。又因为定义是一个公式，公式是有部分的，我们又考察了“部分”的问题。什么是本体的部分，什么不是，以及是不是本体的部分都是定义的部分。还讨论了“一般”和“种”不是本体。至于“理念”和数学对象的问题，我们以后再来讨论（在第十三、十四卷讨论），因为有人说它们和可感觉本体一样是本体。①

这样，亚里士多德将第七卷讨论的内容几乎全部概括地复述了一遍，只除掉第七卷第七、八、九章所讨论的内容——生成的事物。由此也可以说明这三章可能不是亚里士多德原来一起写作的，而是后来加进去的。

但是，亚里士多德接着又说：现在我们讨论一般承认的本体，那就是可感觉的本体。本体即主体（基质）有三种：

> 1. 质料——他说，我说的质料，不是一个现实的“这个”，而是一个潜能的“这个”。
>
> 2. 公式或形状——这是一个能独立（分离）地定义公式的“这个”。
>
> 3. 二者的组合，这是能生成和毁灭的，能无条件地独立存在的。②

接着，亚里士多德首先说明质料。他说，在一切对立的变化中，在那个变化后面总有某个东西（基质）存在。例如：在位置的变化中，有某个东西从这里到那里；在数量的变化中，有某个东西在增加或减少；在性质的变化中，有某个东西由健康到疾病。（其实，这里的说法，和亚里士多德以前的说法不一样。在《范畴篇》中，亚里士多德认为在这些位置、数量、性质的变化背后的那个东西，就是本体——具体事物。在《范畴篇》中，他是这样将本体和其他范畴区别开来的。在那里，他还没有“质料”的概念，没有说这个在背后的基质是质料。）而在本体的变化方面，就有某个东西从生成到毁灭了。在这些过程后面的那个基质，就是质料。在这几种不同的变化中，有的可以彼此包含，有的就不包含。那个发生位置变化的质料，不一定同时发生生成和毁灭。③

在第二章，亚里士多德讨论，除了潜能地存在的质料外，什么

---

① 1042^a3—24。

② 1042^a24—31。

③ 1042^a31—$^b6$。

是现实地存在的本体呢？亚里士多德举德谟克里特的原子学说来说明这个问题。德谟克里特的原子本身都是同一的，是质料（这就是唯物论者所说的物质），它们的差别和不同有三种，那就是形状的不同、位置的不同和排列秩序的不同。① 亚里士多德说，其实，这种不同是多种多样的。有些是由于质料的组合方式不同，比如，蜜水是掺和成的，木柴是捆在一起的，书是胶粘成的，木箱是钉起来的；有些是由于位置的不同，比如，门槛和门楣的不同，只是因为它们是被摆在不同的位置上的；有些是由于时间的不同，如早餐与午餐；有的是由于地方的不同，如这里的风和那里的风；有的是事物本身的特性不同，如硬与软、稀与密、干与湿等等。亚里士多德说，我们说事物存在（是），就是要说明它的这样或那样的特性。比如，这个事物"是"门槛，是因为它处在如此这般的位置上；它所以是门槛（作为门槛而存在），就是因为它是在这样的位置上；而那个"是"冰，就是因为它是以那样的方式凝固起来的。所以，任何事物，它所以是这个事物（它的本质），就是由这些特性来定义的。它们有的是混合的，有的是掺和的，有的是缚在一起的，有的是凝固的，各自有不同的差异性。我们必须掌握这些差异性，因为这些差异性就是事物存在的原则（本原）。②

我们在这里可以看到：亚里士多德用德谟克里特的原子说来论证他自己的理论，但将德谟克里特的重点完全颠倒了。德谟克里特重视的是原子本身，原子才是万物的"本原"，而形状、位置、排列不过是原子存在的样式而已。但是，亚里士多德却认为事物的"本原"不是物质性的质料，而是它们具有的各自不同的差异性，他认为这些不同的形式才是决定这个事物之所以成为这个事物的东西，才是事物的"本质"。这就是古希腊哲学中发生唯物论和唯心论区别的重要的理论根据。

亚里士多德又进一步说明：每个事物的本质就是它存在的原因，因此，我们必须去寻找那作为每一事物存在原因的差异性，而这样的差异性就是说明质料（它只是潜能）的现实性。这是用公式即定义来说明的。例如，我们为门槛下定义，说它是"在如此这样的位置上的木或石"，房屋就是"在如此这样位置上的砖和木"，冰是"如此这样凝结的水"，和音是"高音和低音的如此这样的结合"，等等。③

---

① 参看 A，985^{b}13—19。

② 1042^{b}11—34。

③ 1043^{a}2—11。

在这种公式或定义中，是包括了质料和形式二者在内的。亚里士多德说，也可以将房屋定义为石、砖和木材，可是那样说的只是潜在的房屋（质料）；也可以将房屋定义为“遮蔽人和货物的场所”（这是说明房屋的目的），就是说的现实的形式。亚里士多德说：那个标明差异性的公式，说明的是形式和现实性；而那个标明它的组成物的公式，只是说明了质料。他再举例说明：什么是“无风”呢？就是“空气没有发生运动”。其中，空气是质料，“没有运动”就是现实性或本体。什么是“浪静”呢？就是“海上平静”，其中，海是质料，平静就是现实性和形式。①

这样，亚里士多德简单说明了形式和质料的关系，然后再进一步展开。值得注意的是：亚里士多德在讲到事物的形式——它们各自的差异性时，将它和性质、数量、位置等范畴联系起来了。本来，亚里士多德是将本体和本体以外的其他范畴严格区别开来的。形式属于本体，而且是第一本体，怎么能与其他范畴联系起来呢？因为亚里士多德所说的“形式”，不是柏拉图所说的那个空洞的“理念”。亚里士多德要确定事物的形式——也就是决定这个事物之所以成为这个事物的本质——是什么，就不得不确定这形式的内涵（内容包含什么），这样，就不得不确定它是如此这样的性质、数量、位置等等，用我们现在的话说，就是确定它的量的规定性、质的规定性等等。原来将本体和性质、数量等等区别开来，是一种分析，一种抽象；现在又必须将它们综合起来，才能得出具体的、有内容的本质。

形式和具体事物

将形式从具体事物中抽象出来，实际上就是将一般从个别中抽象出来，并不容易。特别是在古代哲学——人类认识的幼年时期，人才开始做这种抽象的工作，因而还不能清楚、自觉地区别这种抽象出来的东西（抽象物）和原来的具体事物二者之间的关系。所以，亚里士多德在第三章开始，提出这样的问题：一个名词究竟是指那个组合的本体（具体事物）呢，还是指现实性或形式？他分析了各种情况。

---

① 1043a14—26。

例如“房屋”，既可以指一个组合的事物，即“由砖和石如此这样造成的一个荫蔽处所”，也可以指它的现实性或形式，即“如此这样的一个荫蔽处所”。又如“动物”，既可以指“在肉体中的灵魂”，也可以单指“灵魂”这种形式。因为像“房屋”、“动物”这些名词，都是可以同样地应用于这二者的。①

但是，亚里士多德明确指出，对于任何可感觉的本体说，本质总是和形式即现实性相连的。② 这是因为：

> “灵魂”和“所以是灵魂”（灵魂的本质）是一样的，
> 而“人”和“所以是人”（人的本质）是不一样的。

亚里士多德说，除非灵魂就是人。他在这里所说的“人”，是灵魂和肉体的组合物（这又是一个“一般的具体”）；而灵魂是人的本质、人的形式，却不等于“人”。所以他说，有些名词是指本质，有些名词（如“人”）并不单指本质。③

字母是音节的质料，但并不是字母组合起来就是音节；砖、石是房屋的质料，但并不是砖石组合起来就是房屋。房屋之成为房屋，必须有一定的形式，按这种形式组合起来，才是房屋。所以，门槛之所以为门槛，是由它的位置决定的，而不是由木或石这些质料决定的。④ ——这里，亚里士多德反复说明的就是：决定一个事物之所以成为这个事物的，不是质料，也不是质料的任意的组合，而是它的形式。这样就将德谟克里特的思想颠倒过来了。

但是，亚里士多德又举了一个例子：“人”并不是“动物”加上“两足的”，而是必须在这二者之外还有某些东西。⑤ 这和亚里士多德通常的说法又不一样了，他通常举例说，人就是两足的动物。有些注释家认为这里亚里士多德将“两足的”和“动物”都当作质料的因素，所以得出这样的判断。其实，“动物”是“种”，亚里士多德将它比作质料；“两足的”是差异（“属差”），不能算是质料。亚里士多德在这里的意思，不过是说：“人”并不是由“动物”和“两足的”简单相加而组成的，必须是这二者综合成为一个统一体。这一点，在第七卷第十二章已经讨论过，到第八卷第六章中还要专门

① 1043ª30—37。
② 1043ᵇ1—2。
③ 1043ᵇ2—4。
④ 1043ᵇ4—10。
⑤ 1043ᵇ10—11。

讨论。①

接着，亚里士多德说，人们常常只列举那些质料，而忘记了这些质料要成为这种事物，还必须有它的原因，这原因才是事物的本体。那些只讲质料的人，并没有说到本体自身。②——这里，亚里士多德又一次认为质料不是本体，至少不是主要的本体，只有形式才是第一本体。他所说的"人们"，是指当时的自然哲学家——唯物论者，也是指一般的人，因为人们的常识的看法都是认为物质的元素就是事物的本原或本体。柏拉图和亚里士多德的哲学和朴素唯物论的常识的看法是不一致的，是唯心论，或至少是导向了唯心论。但是，也应该承认，柏拉图和亚里士多德的说法的确也指出了当时的唯物论的弱点，即将事物简单地归结为一些物质的元素，这是不能说明多样性的事物的特性的。

亚里士多德说，这种形式或本体，和具体事物不同，它们是永恒的，是永远不在生成和毁灭的过程中的。他已经在别处（第七卷第八章）说明过：人不能创造或产生形式，只有具体事物才是生成的。至于这种永恒的本体（形式）是不是能够分离存在？这是不完全清楚的；至少，在有些情况下，是不能分离存在的。例如，房屋的形式不能在个别的房屋之外独立分离存在。或许有人说，这类不是自然的（而是人造的）事物，不算本体，只有自然对象才能是可感觉事物的本体。③——这种一般的本体（形式）是不是都不能和具体事物分离存在？前面已经说过，他的基本看法是不能分离存在，但在一种意义下，也是可以分离存在的。

在第三章中，亚里士多德又讲了两个问题。

第一，单纯的东西是不是可以下定义的问题。亚里士多德说，安提西尼（Antisthenes，相传是苏格拉底的学生，"犬儒学派"Cynics 的创始人）和一些没有受教育的人，认为事物是不能下定义的，他们说"定义不过是冗长的空话"。（苏格拉底正是要寻求定义。）他们说，比如，什么是银呢？你只能说它"像锡"，还能再作出别的什么回答呢？（柏拉图在《泰阿泰德篇》中也谈到单纯的事物不能下定义的问题，但那里说是毕达哥拉斯学派的主张。④）但是，

---

① 参看 W. D. Ross：*Aristotle's Metaphysics*，vol. II，pp. 231－232。

② 1043^b12—14。

③ 1043^b14—23。

④ 《泰阿泰德篇》201E—202C。

亚里士多德说，至少有一类本体是可以下定义的，那就是复合的本体，包括理性认识的对象（如线、面）和感觉的对象。因为复合的本体是由形式和质料组成的，形式和质料构成它的定义，各是定义的一部分。但是，定义的部分是不能下定义的。①

这里，亚里士多德认为，只有复合的事物，即由形式和质料组成的事物才是可以下定义的，而它的部分——无论形式或质料——都是不能下定义的。因为如果要为这些部分下定义，定义又有部分，就得再为它的部分下定义，如此便可以无穷地倒退，引出一个一个定义来了。但是，事实上，这种无穷倒退又是不能完全避免的。就以这里提到的银和锡说，如果你将它们当作质料，那是不能下定义的；但是银和锡又是具体的事物，它们又是由某种形式和质料（金属）组成的，从这个意义说，它们又是可以下定义的，比如，银和锡都是“某种白色的金属”。显然，质料有个层次的问题，这是亚里士多德在下一章（第四章）要讨论的主题。

第二，亚里士多德将“数”和定义相比。他说，数在一种意义下是本体，在另一种意义下（像有些人说的，“数”是单位）就不是本体（这个问题亚里士多德放在第十三卷（M）第六、七章中讨论）。他列举了定义和“数”有以下类似之点：

1. 定义是可分的，可分成不再可分（不能无限地分下去）的部分。数也是这样。

2. 数的一个部分增或减时，就不是原来的数了，定义也是如此。

3. 任何数都是一个统一体，虽然思想家们说不出这个统一是如何造成的；同样，定义也是统一体，只是思想家们说不出它们统一的原因来。（亚里士多德在第七卷第十二章说明过统一的原因。）

4. 任何数，就这个数说，是不能有程度上的多少的。（4 这个数就是 4，不能说它还有多一点或少一点，因为比 4 多或少的，就是另一个数，而不是这个数了。）同样，定义——形式也不能多一点或少一点，只有包含质料的具体的事物才是能够多一点或少一点的。②

① 1043^b23—32。

② 1043^b34—1044^a14。

上面这几点说明，亚里士多德已经看出，定义（形式、逻各斯）和“数”一样，都是抽象物，因此它们有一些共同的性质，即“一般”所具有的性质。当然，他提出的这几点——可分性、不能增减性、统一性、没有程度的差别性——是不是抽象物的特性，还是值得研究的。但是，不能因为亚里士多德承认数和形式有相同的特点，就以为他认为“数”也是本体了。在《形而上学》第十三卷中，他将详细论证数学对象——“数”不是本体。

亚里士多德怎么会将这些问题放在一章中讨论呢？看起来，它们之间并没有内在的联系。这里只能说，亚里士多德所考虑的问题，还是如何区别抽象和具体、一般和个别的问题。正是因为这个问题使他不断感到迷惘，只要遇到与此有关的问题，他就扯到一起去了。

最后的质料和最接近的质料

抽象物是有层次的。形式有不同的层次，质料也有不同的层次。世界万物都可以归到最后的某一种共同的质料，而每一具体事物又有它自己固有的最接近的质料。这就是亚里士多德在第四、五章中讨论的主题。

亚里士多德在第四章开始时说，关于质料这种本体，我们不要忘记：即使万物都从第一因来，或者都有同样的东西作为它们的第一因，或者它们都是由同一质料出发生成的，但是，对于每一事物都还有它所固有的质料。例如，黏液的质料是甜汁和脂肪，胆汁的质料是苦液或别的什么东西。对于同样的事物可能有几种不同的质料，这一个质料又是别的东西的质料。比如，黏液来自脂肪，脂肪又可能来自甜汁；甜汁是脂肪的质料，脂肪又是黏液的质料。说胆汁来自苦液，又可以分析苦液的质料，不断分析下去，一直到最后那个质料。所以，说一个事物来自某种东西（它的质料），有两种意义：或者是在这个事物最接近的阶段出现的，是由它（质料）直接造成的；或者可以分析到最原始的组成部分。①

这个最后的质料，即万物的第一因（质料因），究竟是什么？亚里士多德在这里没有说明。他在第十二卷“神学”中，曾经论证有

① 1044^{a}15—25。

一个最高的形式——无质料的、没有任何潜能的、完全现实的形式，就是“神”即理性。关于质料，他也讲过没有形式的质料，那就是纯质料，是没有任何规定性的质料。这是他为质料下的定义。① 他不满足于某些唯物论者将万物最后都归于某一种具体的质料，如水、火或气。

他接着分析了事物和质料的几种关系。第一，同样的质料，因为动因不同，可以造出不同的事物来，例如，由木头可以造出箱子，也可以造出床。第二，有些不同的事物，不管动因如何，质料必然是不同的，例如，锯子不能用木或毛来造，只能由金属制造。第三，如果由不同的质料造出相同的东西来，必须动因（形式）是相同的，例如，由木头造成的桌子和由石头造成的桌子，质料不同，形式却是相同的。第四，如果质料和动因（形式）都不同，造成的事物一定不同。②

亚里士多德说，因为原因有四种，所以我们研究事物的原因时，必须分别研究它的四种原因。例如，我们研究“人”的原因，他的质料因是什么呢，是月经（卵子）吗？动因是精子吗？（亚里士多德认为，属于母亲的卵子是质料因，属于父亲的精子是动因。）他的形式因呢？是人的本质；最后因就是他的目的。他指出，后两种（形式因和目的因）可能是同一个。（有时候他将动因和形式因、目的因三者看成是同一个。）但是他说，无论寻找哪一种原因，都可以一层一层地推下去，推到第一因。不过，当我们要说明这一个事物的原因时，我们必须说出它最接近的原因，而不能推到最后因去。比如，寻求一个事物的质料因，我们不能推到火或土，只能说出这个事物所特有的质料。③ 因为将一切推到最后的第一因，并不能真正说明这个具体的事物。

亚里士多德还指出，对于各种不同事物的质料，要具体分析。他举出：第一，自然的不朽的本体，其中有些可能是没有质料的（神），有些（天体）的质料是只能有位置的移动，是不能有生灭的。第二，对于那些自然存在而又不是本体的东西（性质、数量等其他的范畴），是没有质料的，它们的基质（在性质、数量等后面的那个支持者）就是本体。例如，“蚀”的原因——它的质料是什么呢？蚀

---

① Z，3，1029^{a}20。

② 1044^{a}25—32。

③ 1044^{a}32—^{b}3。

是一种动作，它没有质料；月亮是承受这种动作的本体；使得光消失的动因是地球。它的目的因可能是没有的，它的形式因是它的定义的公式。如果不提及别的原因，这形式因是说不清楚的。例如：什么是蚀？是“光被挡住了”，如果我们再加上“因为地进入（月和日的）中间”，就成为包括动因的公式了。（这里，动因和形式因合成为一个了。）他再举一个例子，比如睡觉。这是一种动作，我们说，什么是它最接近的主体呢？说是动物吗？是的，但是这还不能说是最接近的，只能说最接近的是动物的心或别的某个部分；再说到它的动因，它是怎么造成的呢？再说它的形式，它是如此这样的一种静止吗？它是这个最接近的主体按照什么过程形成的呢？①

由这种分析，我们可以看出，这实际上就是亚里士多德当时用来具体地研究各种科学问题的方法。他的哲学是从他的科学中概括出来的。在第五章中，他又继续分析这些问题。

亚里士多德在第五章中分析的第一种情况是：有些东西的存在和不存在，是没有生成和毁灭的，例如“点”，或一般地说，“形式”不能生成，也不能毁灭的。因为它是一般的，所以它是永恒的。这在第七卷中已经论述过了。每一个生成的事物都是从某种东西生成，并生成为某种东西的。所以，“白”不是生成的，只有木头可以生成为白色的。当然，相反的产生相反的，但是，由一个苍白的人变成为一个黝黑的人，和苍白变为黝黑是不一样的。（“苍白”是不会变成“黝黑”的，只有苍白的人或事物才能变成为黝黑的人或事物。因为苍白或黝黑只是一种性质、一种形式，它们是没有质料的。）有些东西是有质料的，有些是没有质料的。那些不能变化、没有生成的东西就是没有质料的东西。②——这里他说的还是一般的东西，没有质料的东西，它们是没有生成和毁灭的。

亚里士多德在第五章中分析的第二种情况是关于相反的状态的。亚里士多德常讲两种相反的状态，即肯定的“形式”和否定的“缺失”，它们和质料的关系如何？例如，如果身体（作为质料）是潜在的健康，而健康和疾病是相反的，那么，身体是否既是潜在的健康，又是潜在的疾病呢？水是否既是潜在的酒，又是潜在的醋呢？他的回答是：它们是质料，由于它们一时具有肯定的形式，一时具有否定的缺失（它原来的本性的消失）。但是，要说酒是醋的质料，活人

① 1044^b7—20。

② 1044^b21—29。

是死者的质料，这就难说了。虽然，醋是由酒变成的，死者是由活人变成的。但是不能说酒和活人是醋和死者的质料，因为这种毁坏（缺失）是偶然的。我们只能说，动物这种“质料”，它才是尸体的质料和潜能，水（不是酒）才是醋的质料。虽然尸体是从动物来的，醋是从酒来的，黑夜是从白昼来的，但所有这些变化，都要归到它们的质料。例如，如果要从尸体变为动物，必须先回到它的质料（水、土等），才能变成动物；醋要先回到水，才能再变为酒。① ——这一节，亚里士多德是说明，虽然一对相反的状态——肯定的“形式”和否定的“缺失”，看起来是在彼此相互转化，从这一个产生那一个，但不能说这一个是那一个的质料；它们两个都是形式，在它们后面的第三者才是质料。

形式和质料的统一

一个定义有几个部分，这些部分如何能是统一的？关于定义的统一性的问题，是亚里士多德一直注意的问题。在第七卷第十二章，他专门讨论了这个问题。那里是从分析“种”和“属差”的关系来探讨的。在第八卷第六章，亚里士多德又再一次讨论这个问题，但是从潜能和现实的关系来讨论的。

一切由几个部分组成的事物，如果它是一个完整的整体，而不是仅仅堆积起来的，那么，它之成为一个整体，必然有一个原因。是什么使得“人”成为一个统一体的呢？为什么“人”是“一”而不是“多”呢？不是“动物”加上“两足的”呢？如果像有些人所说，有“动物”自身（“动物的理念”）和“两足的”自身（“两足的理念”），那样，“人”就不是只分有“人的理念”（像柏拉图所说的），而是分有“动物的理念”和“两足的理念”这样两个理念，“人”就不是一个东西，不是一个统一体，而是两个东西了。② ——这些都是针对当时的柏拉图学派中人讲的，因为他们接受柏拉图的“理念论”，同时又承认“种”和“属差”的学说，这样就产生了困难。

亚里士多德说，如果像他们这种说法，定义便不能解释，困难

① 1044^b29—1045^a6。

② 1045^a7—20。

也不能解决。他说，这个问题只能像他这样解释，就是定义中的两个部分，一个是质料，一个是形式；前者是潜能，后者是现实。他认为，这样就能够解决困难。例如，“铜环”是一个有定义的公式，在这个公式中，“铜”和“环”统一的原因是什么呢？因为它们一个（铜）是质料，一个（环）是形式，前者是潜能，后者是现实。什么是潜能成为现实的原因呢？铜怎么能成为环呢？对造成的事物说，第三者——动者（铜匠）是原因；而一般地说，使一个潜能的环成为一个现实的环，其原因只能是它们的本质（环的形式）。①

罗斯解释最后这句话说：这就是潜能的环的本质能变成现实的环，以及现实的环的本质是从潜能的环产生出来的。② 这并不是两种不同的本质，而是同一个本质，不过其存在的样式不同，一个是现实的存在，一个是潜能的存在。不能将二者对立起来，它们不过是同一个原因的两种不同的存在形式。所以，形式和质料可以统一在一起了。

而质料，有的是理性的对象，有的是感觉的对象，但在一个公式中，总有一个因素是质料，另一个因素是形式，例如，圆是“一个平面的图形”③。其中“图形”就是质料，虽然它不是可感觉的，而是理性的对象，但在这个公式中，它却还是质料。亚里士多德认为“种”是质料。在这个定义中，“图形”是“种”，圆是“属”，“平面的”是“属差”，即形式。

亚里士多德又提到一种不带有质料的抽象物——范畴，无论本体、性质、数量等，就范畴作为范畴说，它们是抽象物，都是没有质料的。在它们的定义中，没有必要出现“一”和“存在”，但它们每一个的本质自身就是一种“一”和一种“存在”。（一个范畴，无论是哪个范畴，都是一，也都是存在——范畴就是“存在”的分类；在它们的定义中，就不必再包含“一”和“存在”了。）它们与“一”和“存在”这种最普遍的“种”不一样，也和那与个别事物分离的“一”和“存在”不一样。④

亚里士多德总是想到抽象的“一般”的问题。他这里谈的范畴，不是具体的范畴，不是具体的本体如苏格拉底，而是一般的范畴，

---

① 1045ª20—33。

② 参看 W. D. Ross：*Aristotle's Metaphysics*，vol. II，p. 238。

③ 1045ª33—35。

④ 1045ª36—ᵇ7。

所以是没有质料的。他又从范畴联系到最普遍的“种”——“一”和“存在”。这两个最普遍的“种”是无所不在的，每个范畴也都是“一”，都是“存在”；没有独立存在的“一”和“存在”，它们当然也都是没有质料的。

最后，亚里士多德又提到“分有”的问题。因为柏拉图和当时的柏拉图学派都讲“分有”。他们是用“分有”将“理念”和具体事物联系起来，成为一个统一体。所以，在他们看来，“分有”是使得事物和“理念”成为统一体的原因。亚里士多德问：分有的原因是什么？什么是分有呢？他又举出当时的一个智者——高尔吉亚（Gorgias）学派的吕科弗隆（Lycophron）——说的“知识就是灵魂和认识的交通”，也有人说“生命就是灵魂和肉体的组合和联结”。亚里士多德说，像这种术语——“交通”、“组合”、“联结”是和“分有”一样，是到处都可以用的。比如，说身体与健康相组合，铜与三角形相联结。他们这样做，是因为他们想寻求统一的公式，而用“组合”、“联结”这样的词，实际上是空洞的，没有说明什么问题。可是，亚里士多德认为，最接近的质料和形式本来就是同一个东西，不过一个是潜能（质料），一个是现实（形式）而已。这就是使它们成为统一性的原因，不必再另外寻求统一的原因了。[①] 所以，在潜能和现实之间，并没有“分有”、“联结”、“组合”这样的问题。亚里士多德避开了以前哲学家们的这个问题。

*　　　　　*　　　　　*

在第八卷中，亚里士多德比较系统地说明了他的形式和质料的学说。值得我们注意的是：

第一，他以德谟克里特的原子学说来作说明：原子就是质料，原子的形状、位置、次序就是形式。而决定事物之有各种各样差异性的，亚里士多德认为，在于它们的形式。所以，形式是各个事物的本质，是决定每个事物之成为每个事物的东西。

这里，我们看到两种不同的思想方式。原来唯物论者寻求事物的本原，是要去寻求一切事物所共同的根本的东西，他们找到了水、火、气、土，以及后来更一般的根、种子，以至原子。毕达哥拉斯学派的“数”和爱利亚学派的“存在”也是某种共同的、一般的东西。苏格拉底自觉地要追求普遍的定义，柏拉图得出“理念”。这

---

① 1045^b8—20。

些，不论是唯物论还是唯心论，都是从个别向一般的方向前进的。但是，从柏拉图的“理念论”开始，已经发现了问题，就是单有一般，并不能说明个别，因此还需要从一般中去区分个别。这工作从柏拉图已经开始了，到亚里士多德这样强调差异性，认为差异性才是各个事物的不同的本质。这就是在从异到同、从个别到一般以后，又要返回来，从同到异、从一般到个别。这才是辩证法的历程。

第二，无论是形式，或是质料，都有一个层次问题。形式之上还有形式，一直到最高的无质料的纯形式；质料之后还有质料，一直到最后的没有任何规定性的纯质料。但是，亚里士多德认为，从我们认识一个具体的事物说，并不是要去寻求第一因（最初的形式和最后的质料），而是要寻求和这个具体事物最接近的质料，以及这个具体事物所特有的形式。恰恰就是这个形式和这个质料，亚里士多德认为，它们并不是两个不同的东西，而是同一个东西。它们的差别不过就是：形式是现实的，质料是潜能的。这是同一个东西的两种不同的存在样式。关于这一点，需要进一步解释，这就是第九卷的任务，那里专门讨论潜能和现实。

第十三章
能力和可能
——《形而上学》第九卷前五章

潜能和现实这一对范畴，在亚里士多德的哲学思想中，同质料和形式这一对范畴一样，占了极其重要的地位。要了解亚里士多德的本体学说，当然必须了解质料和形式的关系，因为任何具体的本体都是由质料和形式组合而成的，质料和形式可以说是构成本体的内容的两个因素。质料和形式又是同潜能与现实密切联系的：质料是潜能，形式是现实。那么，为什么又要将它们分为两对不同的范畴呢？这是从不同的角度说的。前者说的是事物的构成方面，一个作为质料，一个作为形式；后者说的是它们存在的方式，一个是以潜能的样式存在的，一个是以现实的样式存在的。因为它们所指的东西不同，就成为两对不同的范畴了。

从亚里士多德以下的分析，我们可以看到，这两对范畴的区别还有更深一层的意义。将事物分析为质料和形式两个方面，这是将事物作静止的分析，没有从运动的方面来看待这两方面的关系，因而质料就是质料，形式就是形式，好像是两个可以截然分开的东西。可是，实际上，事物不是静止不动的，质料和形式的划分也不是静止不动的。质料是一种能力、一种潜在的能力，一种可能性；形式是质料要达到的目的，是使得潜在的东西变成现实的东西。所以，从运动方面看，质料和形式就不是截然对立的，而是同一个事物的两个阶段、两个方面，也可以说，就是同一个东西。正因为亚里士多德是从事物的运动方面看的，所以他得出辩证法的结论。现在，我们知道，“可能性”和“现实性”是辩证法的一对基本范畴，对于任何事物的运动发展，我们都可以从可能性和现实性方面进行分析。而最早将它们当作一对哲学范畴加以分析的，就是亚里士多德。我们看看他对这对范畴是怎么阐述的。

关于潜能和现实的问题，亚里士多德在许多著作中都谈到。他不止用这对范畴来说明他的第一哲学，还用它们来分析第二哲学——物理学、心理学、伦理学。但是，《形而上学》第九卷是他集中论述潜能和现实的哲学著作。第九卷一共有十章，前五章主要讨论潜能，集中分析了潜能的两种意义——“能力”（“能”）和“可能”；后五章主要讨论现实，同时也说明了潜能的第三种意义——潜能。我们现在分作两章来说明。

值得注意的是亚里士多德在《形而上学》第五卷（Δ）即所谓“哲学辞典”中，提出了三十个哲学概念来加以分析，其中第十二个讲的是潜能。此外，第五卷中有“完全”这个概念，却没有“现实”这个概念，而且，在那里谈的“潜能”的意义也是不完全的。同样，在第五卷的三十个哲学概念中，居然也没有形式和质料这两个概念。这是不是可以说明：在亚里士多德写第五卷时，他的思想中还没有形成后来的哲学体系，因而，那一卷是他的早期著作。

能或能力

亚里士多德在第一章中，开始从存在的分类讲起。他说，我们将“存在”分为不同的范畴，“本体”是第一存在，也是我们所要讨论的主要部分，其他范畴如性质、数量等等，都是依赖本体的。而“存在”，从一个方面可以分为本体、性质、数量等等；从另一个方面，从作用或动作方面，则可以分为潜能和现实。① ——所以，将“存在”分为若干个范畴，是存在的分类；分为潜能和现实，也是存在的分类，不过这是从存在的作用或动作方面来划分的。

他说，在讨论潜能和现实时，我们先（在第一—五章）讨论严格意义的“能”——希腊文 δύναμις 这个词，原来是“能”的意思——虽然这对于我们现在的目的（讨论潜能和现实），也许用处不大；以后（在第六—十章）讨论现实性时，再来说明它的另一种意义——潜能。②

他说，已经在别处谈到“潜能”的几种意义。这就是指第五卷第十二章，那里分析了“能”、“能力”、“不能”、“无能”、“可能”、

① 1045a27—35。

② 1045b35—1046a4。

"不可能"的种种意义。他说，有些含义不清的，我们就不再讨论了，比如有些是从类比上说它是"能"的，例如几何学上的某种关系。①（其实，他在第九卷第九章中还是举几何学的例子。）

什么是"能"呢？亚里士多德说，能的主要的、第一种意义，就是它是运动变化的根源，这种运动变化的根源或者是在另一种事物之中，或者就在这种事物本身，却不是作为这种事物，而是作为另外一种事物。② ——在第五卷第十二章中，也是这样说明"能"的。那里还举了例子：建筑技术是一种能力，它并不存在于那个被建筑的事物之中，而是在建筑师的心里；医疗技术也是一种能力，它可以存在于被医疗的人心中，但是，在这种情况下，这个人已经不是作为被医疗的人，而是作为懂医术的人了。③

这里，我们应该看到的是：我们现在对于运动的根源——能或能力，要区分为主动和被动两种。前者是有这种能力，因而能够自己运动，也能使其他东西运动的；而后者虽然具有这种能力，却是自己不能动作，必须由其他东西来使它运动的。亚里士多德在这里下的定义，和他在第五卷中所举的例子，好像都是从主动方面说的，是主动的能力，是这种能力引起了在另一个事物（或它自己作为另一个事物）中的运动和变化。所以他接着又说：有一种"能"是被作用的能，是被作用的事物的运动变化的根源；还有一种"能"是不变坏、不被毁灭的"能"。（这里，他又将目的、价值的概念牵涉进去了。）他说，这些定义就是"能"的主要的公式。所谓"能"，就是主动的或被动的能力，而且，这种主动和被动是包括向好的方面去变化的。④ ——亚里士多德关于潜能和现实的思想，很明显带有目的论的思想。

下面，亚里士多德就指出：在一种意义下，主动的"能"和被动的"能"是同一个，因为有些东西是既能被别的东西所作用，又能作用于别的东西。但在另一种意义下，这两种"能"是不同的。一种"能"是在被动的事物中，质料就是这种运动的根源。凡是被动的事物总是被动的，例如，油是"能"点燃的，脆的事物是"能"压碎的，这些就都是被动的能。另一些"能"却是主动的

① 1046a4—9。

② 1046a9—11。

③ Δ，12，1019a15—18。

④ 1046a11—19。

能，如热和建筑术，热“能”产生热，建筑术“能”建成房屋，这就是主动的“能”。这种主动的和被动的“能”，有时可以存在于同一事物之中，这就是不将它作为一个统一的整体，而是分为主动和被动两个不同的方面，各自发挥不同的“能”。所以，如果是一个统一的东西，它就不能被它自己所动作，它只能或是主动，或是被动了。①

亚里士多德在简单地解释了“能”以后，在第一章最后又讲了“不能”的问题——它是“能”的缺失。在第五卷第十二章中，对于这种“不能”作过各种分析；而在这里，他只是概括地讲了“缺失”的意义，没有直接谈“不能”的问题。他认为“缺失”有几种意思：

1. 那个东西没有这种性质；

2. 那个东西它本来应该有这种性质，但是没有。（这是“缺失”的基本含义，参看第五卷第二十二章。）

而第二点还可以分为两种：

a. 它不是完全地有（还可以有一部分）；

b. 它根本没有。②

但是，他在这里没有将这种“缺失”和“能”联系起来分析，到第二章才作了一点说明。

在第二章中，亚里士多德将这种“能”和灵魂、逻各斯联系起来考察。他说，有些（运动变化的）根源是在没有灵魂的事物中的，而有些是在有灵魂的事物中的。所以，有些“能”是理性的，有些则不是理性的。一切技术，也就是有知识的创造，都是一种能力。它们就是另一事物（或者就是这个有技术的人，却不是作为有技术的人，而是作为另一个人）的运动变化的根源。③

亚里士多德指出，凡是理性的能力，都能起相反的作用的，而非理性的能力，却只能起一种作用。例如，热只能产生热，不能产生冷；而医疗技术却是既能造成疾病，又能产生健康。理由就是技术知识既可以肯定事物，又可以成为它的缺失，不过是以不同的方

① 1046a19—28。

② 1046a31—34。

③ 1046a36—b4。

式而已。按照它的本性，应该得到肯定的结果；它之所以得到缺失，是偶然的。例如，医疗本来应该得到健康，但由于偶然的失误，造成了疾病。因为灵魂是有逻各斯（理性的公式）的能力，和没有逻各斯的能力的根本不同。凡是没有逻各斯能力的，健康只能产生健康，热只能产生热，冷只能产生冷；而有技术的人的逻各斯能力却可以产生两种相反的结果。只有灵魂才能从同一根源出发，产生两个相反的过程。①

亚里士多德这样将具有理性公式（逻各斯）的能力，和没有理性公式的能力划分开来，认为前者可能得出两个相反的结果，而后者却只能得到一种结果。这种划分是否正确，是值得讨论的。从现象看，他举的这些例子好像是正确的。但是，这里已经牵涉到必然和偶然、必然和自由的问题。因为，按照亚里士多德的说法，凡是非理性的能力只能得到一种结果，那就是它们都是必然的，没有偶然性，没有自由。而所以会发生不同的、相反的结果，具有偶然性和自由的，则都是理性的能力造成的。这样，就是只承认主观的偶然性，承认主观有一定程度的自由，而不承认客观的偶然性。这显然是有问题的。同时，这种说法也和亚里士多德原来的说法是有矛盾的。亚里士多德多次提到，一个事物的存在或不存在的原因在于它的质料，现在却将这原因归于理性。正因为有这种矛盾，所以，这个“能”或“能力”的问题，还要再深入去讨论，牵涉到可能和不可能的问题，这是在第三、四章讨论的。

可能和不可能

潜能——*δύναμις* 本来的意思是“能”或“能力”，很容易转为“可能”的意思。亚里士多德在第三章、第四章中讨论“可能”和“不可能”。

他在第三章从批评麦加拉学派（Megaric School）的观点开始。麦加拉学派是苏格拉底的学生欧几里得（和希腊著名的几何学家欧几里得同名，但不是同一个人）创立的，他们将苏格拉底的“道德即知识”的学说和爱利亚学派的“存在是唯一”的学说结合起来，

---

① 1046^{b}4—24。

否认运动变化。亚里士多德在这里所批评的观点，据说是这个学派的狄俄多鲁（Diodorus）的观点。亚里士多德是这样叙述他的观点的：一个事物，只有它正在动作的时候，它才是“能”动作的；当它不在动作的时候，它就是“不能”动作的。例如，一个人只有当他在建筑的时候，他才是“能”建筑的；当他不在建筑的时候，他就是“不能”建筑的。① 他这个推论的逻辑，很明显地，是从爱利亚学派巴门尼德的论证来的。巴门尼德认为：只有“存在”是存在的，“非存在”是不存在的，从而否认了运动和变化。狄俄多鲁作了同样的论证，同样是否认了运动和变化的可能性。

亚里士多德说，这种观点的荒谬性是不难看出来的。因为按照这种观点，一个人，除非他正在建筑，不然（如果不在建筑），就不是建筑师了。这种观点显然是荒谬的。因为，建筑师就是能建筑的，他具有建筑的能力。这种能力（技术），是他在某个时候学习得到的，如果他没有学习得到，他就不具有这样的能力；如果他已经学习到这种能力，那么，除非他丧失了这种能力，——这里，亚里士多德特别说明：所谓丧失掉这种能力，或者是由于他忘掉了，或者由于某种偶然的原因，或者是由于时间的关系；但不能是由于对象（技术）的毁灭，因为技术（亚里士多德认为这是形式）自身是永恒的。——他才会没有这种技术。②

这就是说，当一个人有了这种技术之后，不管他使用或是不使用这种技术，他总是具有了这种“能力”，除非他已经失掉了这种能力，不然，他总是有这种能力。亚里士多德说：如果一个人，像狄俄多鲁说的，当他使用这种技术的时候，他有这种能力；当他停止使用这种技术的时候，他就没有这种能力；可是，当他再去建筑的时候，他又有了这种能力了，这种能力是从哪里来的呢？③ 除非这个人是永远不断地在建筑，不然，总是有时候动作，有时候不动作，按照狄俄多鲁的说法，就是有时“能”，有时“不能”了。可是任何事物具有的能力，总是在一个相当长的时间内持续存在的，当动作的时候，他是“能”（现实的能），当不动作的时候，他也还是“能”——这就是“可能”的意思。

亚里士多德又举了一个例子。他说，关于无生命的事物也是这

① 1046^b29—33。

② 1046^b33—1047^a3。

③ 1047^a3—5。

样。如果认为当没有人感觉到它时，它就不是冷的、热的、甜的或可感觉的。赞成这种观点的人，就是主张普罗泰戈拉的学说。① 智者普罗泰戈拉认为：人是万物的尺度。现在一般人都将普罗泰戈拉的学说解释为主观唯心论，即冷、热、甜等性质并不是事物本身所具有的性质（也是一种“能”或“能力”），而是由我的感觉产生的，不过是我的感觉而已。这样，普罗泰戈拉就成为古代的贝克莱（Berkeley）了。这种解释是否符合普罗泰戈拉的原意，是值得研究的。一般说，古代希腊人认为冷、热等等都是事物本身的属性。所以柏拉图在《泰阿泰德篇》中用赫拉克利特的流动说来解释普罗泰戈拉的学说：因为事物是在不断流动的，一会儿冷，一会儿热，所以，你感觉到它冷的时候，它是冷的；你感觉到它是热的时候，它是热的。并不是感觉决定事物的性质，仍然是事物的性质决定感觉。② 亚里士多德在这里说的也是这个意思：冷、热、甜是事物本身的性质（“能”），并不是只有你感觉到它们时，它们才是“能”；当你不感觉时，它们就不存在了。不过，亚里士多德在这里是从主观的感觉能力说的。他说，如果你不是正在进行感觉的时候，就说你没有这种感觉的能力；那么，当你没有看的时候，你就是盲人（没有看的能力）；到你在看的时候，你就有了视觉的能力。听觉也是这样，当你没有在听的时候，你就是一个聋子。这样，一个人在一天之内，可以有多少次成为瞎子或聋子了，这是多么荒谬。③

亚里士多德接着说：如果去掉了“能”的就是不能，没有发生的就是不能发生——所谓“不能发生”，就是不但它现在不发生，将来也不会发生；如果它现在或将来发生了，便是假的。这才是“不能”的意思。这种看法实际上就是取消了运动和变化。按照这种看法，一个人站着就将永远站着，坐着就将永远坐着，因为坐着的永远不能站起来，只能永远坐在那里了。我们不是这样看的，因为潜能（可能）和现实是有区别的。而狄俄多鲁却取消了这种区别，认为“能”只能是现实的。所以，亚里士多德说：他们取消的，不是一件小事情。——因为他们取消了可能性，只剩下现实性。一切事物只能永远地照它们现在这样地存在下去，不能有任何运动或变化。世界永远凝固不变，世界也就死亡了。这当然不是一件小事

① 1047a5—6。

② 《泰阿泰德篇》166D—168C。

③ 1047a6—10。

情。——亚里士多德认为，正确的情况应该是这样：一个事物能够（可能）存在，现在却不存在；能够不存在，现在却又存在着。别的范畴也是这样。他可以走却不走，能够不走却是在走。如果一个东西有这种能力，并且让它实现这种能力时，就没有什么是不可能的。例如，一个人有坐的能力，而且让他坐，则他现实地坐就不是不可能的。同样，如果它具有动或被动的能力、站或去站的能力、存在或不存在的能力、生成或不生成的能力，即使这些能力现在不实现，它们也都是能够成为现实的。① 这就是亚里士多德对于“可能”的解释。因为在此以前，“可能”还不是一个明确的哲学概念，它是亚里士多德开始提出来的，所以他反复举例说明它。

第三章的最后一节（可能原来是在别处的，因为第三章到第四章都是在讲可能性，这一节是被误插在这里的）讲到现实性。亚里士多德讲现实性时，用了两个不同的希腊词：*έαέργεια*（埃奈季亚，“正在动作”的意思，牛津版罗斯英译本译为 actuality，“现实性”）和*έντελέχεια*（隐得来希，“完成了目的”的意思，罗斯英译为 complete reality，“完全实现”）。他说，我们要将这两个词联系起来，这就表示运动。严格意义的“现实性”是和“运动”同一的。对于“非存在”的事物，我们不将它们归入运动，而用另外的东西去表述它。可以说“非存在”的东西是思想和欲望的对象，但不说它们是运动的，因为它们是被假设为并不是现实存在的，而如果它们是运动的，它们就得是现实存在的。（在亚里士多德看来，“非存在”并不是现实存在的东西，它们只能是思想和欲望的对象，不是本身运动的具体事物。）所以，“非存在”的事物只能是潜能地存在，只能说是不存在，因为它们没有完全现实的存在。② ——这段话说明了两个意思：第一，现实——从动作、活动直至达到了目的——是和运动相联系的；第二，所谓“非存在”只能是潜能的存在，是思想和欲望的对象，并不是现实地在运动的事物。它们的意义要到讨论现实性（第六—十章）时才能说清楚。

在第四章中，亚里士多德从两个方面讨论了“不可能”的问题：

第一，如果我们说“这是能存在的，却永远不会存在”，那么，这句话是假的。因为这样说，就是将“不可能”取消了。因为，只有不可能的东西，才是永远不会存在的；现在将这种东西说成是

---

① 1047^{a}10—29。

② 1047^{a}30—^{b}2。

"能"的，而不是"不可能"的，那还有什么"不可能"呢？例如，假如有人明知道正方形的对角线是不能计量的，他却要说，正方形的对角线是"能"计量而又永远不可计量的。这就是他根本不承认有"不可能"。（因为他将"不可能"说成是"能"了。）一个事物是可以（"能"）存在或生成，而还没有存在或生成。但是，如果我们确实肯定它是不存在的，而硬要说它是能存在、能生成的，那样就根本没有什么不可能的东西了。我们在肯定"能"和"可能"时，必须肯定还有"不可能"的东西。正方形的对角线就是不可能计量的。（这里可以看出，对于"能"和"不能"、"可能"和"不可能"，是有人分辨不清的。如果一切都是"能"，那就没有什么是不可能的东西了。但事实上，总是有某些东西是永远不会有的，这样的东西就是"不可能"的，就是"不能"。这里，亚里士多德说明了"不可能"的意义。）他最后说，"假的"和"不可能的"是不一样的。比如，你现在是坐着，如果我说你"现在站着"，这是假的；但这不是"不可能的"，因为你可以从坐着变为站着。[①] 这也是说明"不可能"的意思。

第二，从两个东西的关系来讲，如果当 A 是实在时，B 也必然是实在的；当 A 是可能的时，B 也必然是可能的；即使 B 不需要是可能的，也没有任何东西阻止它成为可能。如果假定 A 是可能的，那么，当 A 是实在的，就是没有不可能的时，则 B 也必然是实在的。如果假定 B 是不可能的，则 A 也是不可能的。假定 A 和 B 的关系是：如果 A 是实在的，B 必然也是实在的；则 A 是可能时，B 也必然是可能的。如果在这个条件（A 是可能的）下，B 不可能，那就是 A 和 B 原来假定的关系。而说如果 A 是可能的，B 也必然是可能的；就是说，如果 A 在这样的时间这样的方式下，是实在的，那么 B 在同样的方式下，也可以是实在的。[②]

亚里士多德这段话是在反复说明 A 和 B 的关系。如果 A 是可能的，B 也是可能的；如果 A 是实在的，B 也是实在的。因为他在这里没有举具体的例子，所以很难说他这段话的目的是什么，说明了什么。可能还是用来反驳麦加拉学派狄俄多鲁的观点的。狄俄多鲁认为只有现实的才是实在的，不现实的就是不可能的。这样就将实在和可能完全对立起来了，而实在和可能并不是截然分开的。它们

---

① 1047^b3—14。

② 1047^b14—30。

至少有这些关系：

1. 如果甲是实在的，它必然是可能的，不是不可能的；

2. 如果甲是可能的，它不一定是实在的，它也可能是永远不实在的；

3. 如果甲是不实在的，它并不是不可能的，它可以是可能的，也可以是不可能的；

4. 如果甲是不可能的，它永远不会是实在的；

5. 如果A和B是同样的可能性（A可能，B也可能；A实在，B也实在），当A在一定条件下，由可能成为实在时；B在同样的条件下，也可以由可能成为实在。

亚里士多德这段话中最后的一句话，就是指这里的第五种情况。这是在说明由可能向实在的转变。麦加拉学派恰恰是否认这种转变，因此也就没有办法认识“可能”了。

意志的作用

在第五章中，亚里士多德转而讨论“能”或“能力”是如何产生的。他说，“能”或“能力”有几种，一种是内在的（原来有的），如感觉；一种是从实践来的，如吹笛的能力；再有一种是学习得来的，如技术能力。他认为最后这种是只有认识事物的逻各斯（理性的公式）才能获得的。他还认为后面两种都需要经过不断的练习，然后才能获得；而第一种感觉是不需要练习就能有的（他认为这是一种被动的能力）。①

他说，“能”或“能力”总是具有某种条件的。因此，他就分析这些条件。他说，有些事物之所以能够产生变化，是按照“逻各斯”的。（这逻各斯，英译本作“理性的公式”，从上下文看，可以作这样的解释。）所以它们的“能”或“能力”就包含了这种理性的公式；另一些事物则是“非逻各斯”的，它们的“能”或“能力”是不包含理性的公式的。前一种能力是只有生物才能具有的，后一种能力则是生物和无生物都能具有的。他说，后一种能力，只要动者和受者在适合于这种能力的地方相遇，其中之一动作，另一就被动

① 1047^b31—35。

作。(这种能力就成为现实的了。比如视觉，当对象和视觉相遇时，“看”就实现了。)而在前一种能力，就并不必然是这样。他说，这个区别在于：非理性的能力，每一种只能产生一个结果，所以当它们相遇时，就必然产生这一种结果。(在这一点上，他将这种非理性的能力——包括人的感觉在内，都认为是只有必然性的。)但是，理性的能力却可以得出相反的结果，如果它的结果都是必然会实现的，那么，就会同时得到两个相反的结果，而这是不可能的。①

因此，在理性能力的实现中，必须有另外一个东西来决定这种选择。他认为，这就是意志和愿望。因为遇到这种情况时，动物就要进行选择。只要这些条件具备了——它在适合这种能力的地方遇到了对象，就可以在两种可能的相反的情况中选择一种。所以，任何一种有理性能力的事物，在这样的条件下，遇到它所希望要的东西，它就必然去做这件事。(这种必然性是已经加上了主观意志的，而这种主观意志并不是完全自由的，因为：)如果这种对象不出现，或者没有在这个一定的条件下出现，它就不能做这件事。他还特别说明，这里不需要再加上这个条件——如果没有外在的因素阻止它。因为这种能力只有在一定条件下才能实现，这就包括了外在的条件在内的。所以，即使是理性的意志，它也不可能同时做两件相反的事。理性的能力虽然有可能做两件相反的事，但实际上，它只能实现其中之一，而不能同时完成两件相反的事。② 至于完成哪一种，有这点选择的自由的是意志。但是，它的自由还是有条件的，即受到客观条件的限制。

这里，虽然亚里士多德自己没有直接提出来，但我们却可以看到亚里士多德关于自由和必然的一点看法。他认为，非理性的能力是只有必然而没有自由的，它在一定的条件下只能这样动作，别无其他选择。理性的能力有两种相反的可能性，所以意志有选择和决定的自由；但这种自由也是有限制的，在这种条件下决定了做这件事，就不能同时做另一件事。

* * *

亚里士多德在第九卷前五章中，讨论了 *δύναμις* 这个词的本来的、严格的意义，就是“能”或“能力”。事物具有能够动作或活动的能力，油有被点燃的“能”，建筑师有造房屋的“能力”。他区别

---

① 1047^b35—1048^a10。

② 1048^a10—24。

"能"和"能力"有两种，一种是有理性的，是根据理性的公式（逻各斯）活动的；一种是非理性的能力。非理性的能力只能按照已定的条件而动作，是必然的，没有偶然与自由；只有理性的能力可以向相反的方向活动。理性的能力向哪一个方向活动？在第五章中，亚里士多德说，这是由意志决定的。活动者选择了哪一种动作，它就只能做这样的活动，不能同时做两种相反的活动。

由"能"和"能力"的意义，很容易转到 *δύναμις* 的第二种意义：可能。亚里士多德从批判麦加拉学派的观点开始。按照他们的观点，只有现实已经存在的才是存在的，凡是现实没有存在的，都是不能存在的。如果这个人站着，他就不能坐着。亚里士多德指出，这种观点就是否认了运动和变化。坐着的只能永远坐着，站着的只能永远站着，但是世界是不断运动变化的。现在坐着的人，也是能够站着的；现在虽然没有站着，可是他能够站着。这种"能"——现在还不是，将来能够是的，就是可能。亚里士多德分析了"可能"和"不可能"的一些情况。

分析了 *δύναμις* 的这两种意义，实际上还没有进入他所要讨论的主题——和"现实"对立的"潜能"。这是他在第九卷第六章以后讨论的题目。

第十四章
现实和潜能
——《形而上学》第九卷后五章

亚里士多德从第九卷第六章开始，讨论现实性。在讨论现实性的过程中，也说明了 *δύναμις* 的另一种意义，就是和现实相对立的“潜能”。特别是第八章，他分析“现实先于潜能”，这就说明了，为什么他认为形式是第一本体，而质料是第二位的。在第十章，他又谈了“存在”的另一类意义，即“真”和“假”。

现实和潜能

第六章开始，亚里士多德说，我们既然已经讨论过和运动联系的“能力”和“可能”，现在就可以讨论现实（这里用的都是“埃奈季亚” *έαέργεια* 这个词）了。在讨论现实的过程中，我们将发现“能”除了能动作或能被动作外，还有另外一种意义，这正是我们现在所要研究的。①

他是用列举许多具体实例来说明现实和潜能的关系的。他说，我们说一个东西现实地存在，就是说它的存在方式是和潜能不同的。例如，赫尔梅（希腊神话中的神，宙斯的儿子）的雕像还存在于木头里，半段线还存在于整段线中。当前者还没有被雕刻出来，后者还没有将整段线割断的时候，它们就是尚未现实地存在，而只能说是潜能地存在的。因此，对于一个研究学问的人，即使他并不是正在研究，但他能研究，我们就可以说他是一个学者。② 这是和麦加

① 1048^a25—30。

② 1048^a30—35。

拉学派的狄俄多鲁的观点针锋相对的。狄俄多鲁认为，只要不是现实存在的，就是不存在；亚里士多德指出，虽然没有现实存在，但是"能"、"可能"存在的，就是存在，不过是潜能的存在。

他说，和这种潜能的存在相反的，就是现实的存在。这只能用归纳的方法，列举实例来说明。因此，这不是寻求定义，而是用类比的方式来说明。他列举了：

正在建筑的	对	能够建筑的；
醒着的	对	睡着的；
正在看的	对	有视觉而闭着眼睛的；
已经成形的质料	对	没有成形的质料；
已经制成的	对	没有制成的。

在这些对之中，前者是现实，后者就是潜能。但是他又说明，这些说法都只是类比，并不是完全一样的。因此，其中有些是运动（正在看）和潜能（闭着眼睛）的关系，有些是本体（形式）在质料之中（成形的质料），以及它对质料的关系。① 现实和潜能的关系在各个不同的情况下是不完全一样的，不能一概而论；但无论何处，都可以看出有现实和潜能的对立。

亚里士多德接着指出，像"无限"和"虚空"这类东西，也可以说有潜能的和现实的存在，但它们这种潜能和现实，与别的东西的潜能和现实不一样，例如，和看、走、被看等不一样。因为我们说一个东西被看到，有时是说它正被看到，有时是说它能被看到，这是没有绝对区别的。但是，"无限"就不是这样。说"无限"是潜能地存在，不是这种意义，即它能够现实地独立分离存在。因为在事实上，无论你怎么分割"无限"，总是不能分到最后，总还是可以无限分割下去，没有终结的。"无限"是不能由潜能变为现实的。所以，只有在思想中，我们可以将"无限"进行无限的分割。（他在《物理学》中明确地说过，"无限"只能是潜能地存在，不能是现实地存在，没有现实的无限。②）只有在思想上，才能将潜能的无限变为现实。③

亚里士多德又将运动（动作）和现实区别开来。他说，有些活

---

① $1048^a35—^b9$。

② 《物理学》$206^a15—25$。

③ $1048^b9—17$。

动是趋向目的而还没有达到目的的。比如消肥法是一个有目的（要使身体变瘦）的活动，但在没有达到目的（人变瘦了）以前，这只能说是一种运动或活动，是还没有完成的，它还没有成为现实。他说，有些运动是在动作的同时就已经达到了目的的，例如看和已经看到，理解和已经理解到、想和已经想到，但是不能说学习和学习到、治疗和治疗好是在同时发生的。① 他的意思是：当你看的时候，总已经看到了某个东西，当你理解和想的时候，也已经同时理解和想到了某个东西，这种活动是和它的目的同时达到的。而学习或医治就不是这样，这种活动本身还不是目的，它还有另外的目的。学习是为了要学到某种知识，医治是为了要治好某种疾病，所以在你学习的时候，并不是已经得到某种知识，只有到学习完结，得到了某种知识，才是达到了目的。治疗也是这样，只有当医好了这种疾病，才成为现实。他反复举这样的例子：我们正活着和已经好好地活过来了，我们快乐和已经快乐，这种活动本身没有别的目的，和消肥法不同；消肥法是要变瘦，在没有变瘦以前，尽管消肥的活动是在进行，但目的尚未达到。所以这是两组不同的东西，他将一组叫作运动，另一组叫作现实。运动就是没有完成的，例如，消肥法、学习、走路、建筑，都是没有完成的运动。他在建筑，并不是同时就造成了；他在走路，并不是同时就走到了；在生成，并不是同时就已经生成了；在活动（主动或被动）时并不同时就已经完成了。他说，应该将这两种情况区别开来，没有完成的（没有达到目的的）过程只能叫作“运动”，完成了的才是“现实”。② 将现实和运动区别开，完成了的、达到了目的的运动才是现实，这就是“隐得来希”ἐντελέχεια，这个希腊词的意思就是达到了目的。

在讲了“现实”的几种意义之后，到第七章，亚里士多德又讨论“潜能”。怎么区别一个东西是潜能地存在着，或者不是潜能地存在呢？因为它并不是在任何情况和任何时间都是潜能地存在的。他问：能不能说土是一个潜能的人呢？不能这样说。只有当土已经变成了“种子”（精子），才能说种子是潜能的人；甚至它成为种子还不能说是潜能的人，因为精子必须和卵子起作用，才能成为人；如果没有卵子，单有精子，也不能说它是潜能的人。能被治愈也是这样的，并不是随便哪一个人都能被治愈的，能被医术或运气所治愈

① 1048^{b}18—25。

② 1048^{b}25—35。

的，只有那种本身具有被治愈的“能力”的人才能被治愈，只有这样的人才能说是潜在地健康的。[1] 这里，亚里士多德讨论的是：在什么条件下，才能说 A 是潜在的 B？前一个例子说明，它必须是最接近的质料而不是最初的质料，人的（最接近的）质料是精子，而不是土（最初的质料），而且还必须有一定的其他条件（在这个例子中，就是卵子）。后一个例子说明，它还必须具有内在的这方面的“能”和“能力”。这些内外条件都具备了，才能说 A 是潜能的 B。

亚里士多德又更细致地分析了各种条件。他说，第一，要使潜能变为现实（这里他用的是“隐得来希”），如果是思想的结果（指人造的事物），就必须具有这些标志或条件，即必须是动作者有这样的愿望和意志，而又没有什么外部的东西来阻碍它；另一方面，在它本身之中又没有什么东西阻碍它，如上述医疗的例子。什么东西能说是潜能的房屋呢？只有这种被作用的东西（房屋的质料）之中，没有什么东西阻碍它成为房屋，而且它也无须再添加或减少什么东西，才能说它是潜在的房屋。其他一切具有外在的动因的事物都是这样。[2] ——这是说动因（必须它有这种愿望去动作）和被动的质料（它又有内部的原因和外部的原因）双方的条件都具备，才能被称为是潜能的。

其次，如果运动变化的根源就在变化者自身的（即天然的事物），必须具备这样的条件：如果没有任何外在的东西来阻碍它，它自身就能够是这样生成的，才能说它是潜能的某个东西。例如，精子还不能说是潜能的人，因为它还必须被安排在某个别的东西（卵子）之中，还要经历某种变化，才能说精子是潜在的人。所以，这类事物虽然动因就在它们自身，也还必须具有一定的属性，具备一定的条件，才能说它是潜在的某个东西。比如，土还不能说是潜在的铜像，只有当土已经变成铜时，它才是潜在的铜像。[3] ——亚里士多德在这里反复分析的，就是内外各种条件——动因、质料以及其他外在条件都已经具备，并且没有相反的力量阻碍它的实现时，才能称它为“潜能”。这样的潜能，实际上就是所需要的一切都已经具备了，所差的只有一条——就是它还没有完成、还没有实现。可见，亚里士多德所说的“潜能”和“现实”，就其内容（各种条件）

---

① $1048^b37—1049^a5$。

② $1049^a5—12$。

③ $1049^a13—18$。

说，二者并无差别；它们的不同，只是存在的方式不同而已。

接着，亚里士多德又从语言上来分析潜能，即质料的问题。他说，当我们说一个东西是“那个的”，例如，说箱子不是“木头”，而是“木头的”；木头不是“土”，而是“土的”（木头从土中生长出来，所以认为土是木的质料）。我们说的“那个”东西，就是在这一系列中紧紧跟随它的、潜在的东西。例如，我们不说箱子是“土”或“土的”，只能说它是“木头的”。尽管“土”是“木”的质料，但我们只能将那个最接近的质料才能说是“潜能”。这样，一般的木头是一般的箱子的质料，特殊的木头是这个特殊的箱子的质料。我们说潜能的质料，只能是那个最接近的质料。他说，在质料中，有一个最后的质料，即第一质料。例如，如果土是由气生成的，它就是“气的”，气是由火生成的，它不是“火”，而是“火的”。火就是第一质料，它不是一个“这个”。[①] ——这种说法是和亚里士多德关于质料的定义有矛盾的，因为质料就是没有任何规定性的东西，所以它不是任何一个特殊的东西，不是一个“这个”；而“火”，尽管说它是其他一切东西的根源，但它还是有火的特殊性，还不是那个最后的、无形式的质料。

这里，从文字上也可以看出，所谓“那个的”，有两种用法，一种是像“箱子是木头的”，是指箱子的质料；另一种是像“人是有教养的”、“人是苍白的”，这“有教养的”和“苍白的”是指人的属性，而不是指人的质料。这两种情况虽然在语言形式上是一样的，同是“这个的”，内容却完全不同。亚里士多德分析它们的基质或主体。“有教养的”和“苍白的”的主体是人，是包含这些属性的本体，这是属性和本体之间的关系；而“木头的”、“土（造）的”，则是指质料和由质料所造成的事物的关系。他最后说，无论是质料还是属性，二者都是没有确定的。[②] 他说这些是“不确定”的，就是说，质料要由形式来决定，而属性要由主体即本体来确定。

我们将第六、七章联系起来考察，看看亚里士多德关于现实与潜能说了些什么意见。

第一，现实和潜能是相对的，潜能实现了的时候就是现实的，而现实还没有实现的时候就是潜能。亚里士多德也只能用归纳法来举例说明，比如，正在建筑的和已经建筑的、在看的和已经看到的，

---

① 1049^{a}18—27。

② 1049^{a}27—^{b}1。

等等。但他也知道这些实例的具体情况是各不相同的，所以他说这些只是类比，只是一般地说，它们有现实和潜能这两种存在的方式。

第二，他分析现实时，是和运动联系起来分析的。他将运动和现实分别开，认为运动是一个还没有完成的过程，如果它完成了、实现了目的，就是现实。所以，现实就是达到了目的的“隐得来希”。这里留下了一个问题：既然运动不同于现实，那么运动这个过程本身是什么呢？它不是现实，难道是潜能吗？亚里士多德并不将运动看成是潜能，毋宁说运动应该还是属于现实这一方面的，因为，“埃奈季亚”是“在动作中”的意思。

第三，亚里士多德在分析潜能时就没有与运动联系起来了，他只是静止地分析潜能之成为潜能必须具备各种内外的条件，只有当这各种条件都已具备并且不受阻碍时，它才能被称为潜能。而潜能的各种条件也就是现实所需要的各种条件，所以，就这些条件——即组成事物的内容说，潜能和现实是没有什么不同的。正是在这点上，可以说现实和潜能就是同一个东西，它们的内容相同，只是存在的形式不同。

现实先于潜能

在第八章，亚里士多德专门讲了现实先于潜能的问题。“先于”这个词，亚里士多德在第五卷第十一章中曾经分析过它的各种含义。我们现在只要指出：“在先”和“在后”当然有在时间上先后的问题，但特别是他所说的在本体性上的先后，那就是说从本体上看，哪个是第一的，哪个是第二的；“在先”的就是第一本体。亚里士多德认为现实先于潜能，就是他论证现实——形式是第一本体的根据。

他从以下三个方面来论证现实先于潜能。

第一，从定义上说，从潜能的最初意义——即“能”和“能力”说，潜能就是有可能变为现实的。所以，建筑的潜能就是“能建筑的”，看的潜能就是“能看的”。在潜能的公式（逻各斯）中，包含了现实（建筑、看），我们要知道哪个是潜能的（“能建筑的”），必须先知道哪个是现实的（“建筑”）。[1] 所以，从定义说，现实先于潜

① 1049^{b}10—17。

能，这也就是“逻辑上的在先”。

第二，从时间上说，在一种意义下，现实先于潜能，在另一种意义下则不是如此。他说，从时间方面说，现实的东西和潜能的东西不是同一个东西，而是属于同一个“属”的，比如，谷物（现实的）和种子（潜能的）、人（现实的）和精子（潜能的），都是同一个“属”的。他说，对于一个现实存在的人或谷物说，种子（潜在的人和谷物）在时间上是在先的，总是先有种子，然后才有人和谷物。这样，就是潜能在现实之先。可是，这个潜能又是从哪里来的呢？它是从另外一个现实的东西那里来的。总是先有一个现实的人，才能有精子；先有现实的谷物，才能有种子。从这点上说，又是现实先于潜能了。这个问题，就是我们现在通常说的：先有鸡蛋还是先有鸡的问题。实际上亚里士多德说的是“人——种子——人”，前一个“人”是在先的，后一个“人”是在后的。所以，从时间上说，现实既在潜能之先，又在潜能之后。但是，亚里士多德又从动因方面来论证：是什么东西使得潜能变为现实的呢？决不会是潜能，只能是现实的，所以，是人生人的。这里必然有个动者，甚至还有第一动者。①（根据第十二卷的论证，第一动者是绝对的现实。而他在这里并没有从这方面去论证。）

但是，还有一个问题：所谓现实是完成，是指全部完成，还是局部完成呢？亚里士多德是这样提出问题的：一个没有建筑过的人就不能是建筑师，没有演奏过琴的人就不能是琴师，因为总要经过学习的过程，才能掌握这门技术。这样，智者的诡辩就发生了：一个正在学习，因而还不曾掌握这门技术的人，如何能做这件事呢？亚里士多德的回答是：无论生成或做成某件事情，在全部生成或做成以前，可以是其中的一些部分先已生成或做成了。一般说，在全部发生变化以前，可以有某些部分先已发生了变化。这是他在《物理学》中已经讨论过的。② 一个正在学习的人，虽然没有全部学完，没有掌握全部技术，但是他可以掌握部分技术，所以，他也能做这件事情。亚里士多德用这点来证明：从发生和时间次序上讲，（部分的）现实也可以先于潜能。③ ——实际上，与其说亚里士多德证明了这一点，还不如说他说明了一个辩证法的道理，那就是：变化并

① 1049b17—29。

② 《物理学》第六卷第六章。

③ 1049b29—1050a3。

不是一下子突然全部完成的，而是有个过程，可以是局部地先完成，经过一部分、一部分地完成，最后才达到全部完成。对于亚里士多德讲的现实和潜能的关系，也应该这样看：并不是一下子潜能的都变成为现实的了，而是一部分、一部分地现实化的。所以，从潜能变为现实，本身就是一个过程。

第三，从本体性上说（从本体论说），现实也是先于潜能的。这一部分，他又从两方面来论证：从通常的事物方面和从永恒的事物方面来论证。

从一般方面来论证，他说：在发生变化上是在后的事物，在形式和本体性上却是在先的。比如，从小孩到成人，成人是在后的；但成人比小孩具有更多的人的形式，在这方面，成人先于（优于）小孩。种子和人相比，更是如此，种子还没有具备人的形式，就这点说，具有完全形式的人是在先的，潜能（种子）是在后的。其次，任何运动都是向着一个目的和本原（原则），而现实性就是目的和这种原则，潜能则是为了要达到这个目的。他说，动物并不是为了要有视觉而去看的，它们是为了要看才有视觉的；同样的，人是为了要建筑才有建筑术，并不是为了建筑术才去建筑的。再有，质料所以是潜能地存在，因为它要获得形式；当它获得形式时，它就是现实地存在了。即使这目的本身就是一种运动，也是一样。比如，教师看到学生正在学习（这是一种运动），他认为已经达到了目的。自然界也是这样的（以运动为目的）。所以，都是目的在先。亚里士多德自己也感到这个问题是很难说清楚的，因此将它比作保逊画的赫尔梅像，看的人不容易分清楚，画的这个像是在画里面呢，还是在画的外面？他说：动作是目的，而现实性又是动作，它们的关系互相交错。他还说："埃奈季亚"这个词是从"动作"来的，但它又指向目的——"隐得来希"。① 上面提出的问题，到这里解决了。当亚里士多德要强调说明"现实"是目的时，他将现实和目的区别开来；但实际上，这又是区别不了的，运动本身就是目的，就是现实性。所以，正像保逊的画一样，"现实性"既可以在运动之中，也可以在运动之外（是目的）。所以，运动还是现实，不是潜能。

亚里士多德进一步指出：在有些情况中，动作本身就是最后的东西，就是目的。例如，视觉的最后结果就是看到，在此之外并不

---

① 1050a4—23。

产生其他的东西；但在有些情况中，就要产生别的东西，例如，建筑房屋就产生了一所房子。在前一种情况下，动作本身就是目的；而在后一种情况下，虽然动作的结果才是目的，但动作本身，比起潜能来，却较多地是目的。因为，建筑的活动是在被建成的事物中实现的；但作为房子，它在建筑的活动中，同时也就渐渐生成了，存在了。① 亚里士多德在这里分析的两种情况，第一种情况是动作不产生具体结果，它本身就是目的；第二种情况是动作产生结果，结果是目的，动作本身还不是目的。虽然如此，因为在动作的过程中，目的逐渐实现了，所以，动作和潜能相比较，更接近于目的。

亚里士多德从这个分析进一步说明现实性的问题。他说，如果动作的结果是某种和动作相分离的事物时，现实性是实现于那被造成的事物之中的。例如，建筑的现实性是实现于被建筑成的事物中的，纺织的现实性是实现在被织成的事物中的。一般地说，运动是在被运动造成的事物中实现的。但是，在那些除了动作之外，不再有其他分离的结果的事情中，现实性就是在动作的主体中实现的。例如，看的动作是在看的主体中实现的，理论的动作是在理论的主体中实现的，生命是在灵魂中实现的，幸福的生活也是一种活动，只能在灵魂中实现。② 其实，人的任何动作都是有结果的，也就是有目的的，只是有些是不自觉的而已。亚里士多德所举的例子看、理论研究、生活，它们是动作，但这种动作都是会达到某种结果的，看的结果就是看到了某些东西，理论研究的结果就是得到了某些知识，生活的结果就是达到某种或好或坏的生活。这些结果和建筑房屋、纺织布匹的不同，不过是在于：一种结果是在动作的主体以外完成了某个具体的事物，一种结果是没有这种外在的具体事物，只在主体本身内产生了某种变化。但是，亚里士多德在这里将现实性归于运动本身，归于主体本身，和他在第十二卷神学中的论述是一致的。这一点，正是后来黑格尔最欣赏的，黑格尔将亚里士多德的思想大大发展了。

在整个这一大段（1050ª4—ᵇ1）中，亚里士多德从成人先于小孩（在成人中，人性——人的形式——得到实现），讲到运动和目的的关系。潜能如果只处在一种能力、可能性的状态下，它是什么都没有实现的，它就什么都还不是；只有当它在运动过程中，达到了目

① 1050ª23—29。

② 1050ª30—ᵇ1。

的，它的形式才实现了，它才由可能的东西变成现实的东西。所以从形式——也就是从本体讲，现实性（形式实现了）先于潜能（形式尚未实现）。因此，亚里士多德最后得出结论说：显然，只有本体即形式才是现实性。而且，按照这个论证，现实性就其本体性的程度说，是先于潜能的。（现实的本体——形式，比潜能的本体——质料，更是本体，所以，形式是第一本体。）前面我们已经说过①，一个本体之先还有一个另外的本体，可以一个一个地继续推下去，最后归到第一动者。②

从通常的事物方面作了论证——现实在本体性上先于潜能——之后，亚里士多德又从另一方面来论证这个问题。这次，他是从永恒的事物——他指的是日、月、星等天体——和可毁灭事物的对比来论证的。他说，从严格的意义上说，现实在本体性上也是在先的。因为，永恒不灭的事物在本体性上是先于（高于）可毁灭的事物的，而永恒的事物永远是现实地存在，而不是潜能地存在着的。理由是，每个潜能都可以同时有相反的可能（能力）。那个不能（没有这种能力的、不可能的）出现的，一定不能出现；而那个能够（有可能）出现的，也可能不出现，不成为现实。所以，凡是能存在的，是或者存在，或者不存在。这就是说，凡是潜能的事物都是能够存在也能不存在的。而那个能不存在的东西，就是可能不存在的，这就是可以毁灭的东西。说它是可以毁灭的东西，或者指完全的意义——作为本体，是可以毁灭的；或者是指其他范畴，如性质、数量、位置方面的消失。在本体上不毁灭的东西，从本体上说，就不会是有潜能的存在的，虽然从性质、数量、位置说，是可以有潜能的存在的。（亚里士多德认为日、月、星可以有明暗、大小、位置的变化，所以在这些方面是有潜能的；但在本体方面，它们是不变化的，是没有潜能的。）所以，一切不毁灭的事物是永远现实地存在的。凡是“必然”存在的（只能存在，不能不存在的）事物，就不能是潜能地存在。这些存在是第一存在，如果它们不存在，任何别的事物就都不会存在了。同样的，凡是永恒的运动，如果有这样的运动的话，这种运动也不会是潜能的。永恒的运动，除非说到它“从哪里来”和“到哪里去”（它的运动可以有各种方向，在这方面可以有潜能）；从它作为运动说，总是现实的，而不是潜能的。日、月、星和整个

---

① 指 1049^b17—29。

② 1050^b1—6。

天体的运动是永恒的，不用害怕它们会停止。亚里士多德嘲笑那些自然哲学家老是担心天体会停止运动。永恒的运动和永恒的事物一样，是永远不会疲于运动的，因为它不具有相反的潜能，那会使连续的运动感到吃力。只有那种本身是质料和潜能的本体，才会造成这种情况。①

亚里士多德这一大段论证，简单说来就是：

> 从本体性上说，永恒的事物（和运动）先于（高于）可毁灭的事物，
>
> 而永恒的事物（和运动）是永远现实的，没有潜能的（因为潜能就有相反的可能，就不能是永恒的），
>
> 只有可毁灭的事物才是有潜能的，
>
> 所以，现实先于潜能。

最后，亚里士多德又谈到几种情况：

第一，他说，有些东西，如土与火，是模仿那些永恒运动的东西的，它们也永远在动，它们自身在动。② 他所指的，也许就是当时希腊人一般的看法，认为火总是向上运动，土总是向下运动，所以说它们永远在运动。实际上，火和土当然还应该是属于可毁灭事物的，所以亚里士多德说它们是“模仿”永恒的运动。

第二，他又区别理性的能力（潜能）和非理性的能力。他说，理性的能力——按照逻各斯活动的能力，是既能使另一个事物这样动，又能使它不这样动。非理性的潜能也可以产生相反的结果，但是它所以产生相反的结果，不是由于它的自由，而是只要它存在（有这种潜能）时，就能这样；如果它不存在，就不能这样。③ 理性的能力是自由的，而非理性的能力是没有自由的。但是，亚里士多德并没有在这点上再说下去。

第三，他说，如果像某些辩证论者（指柏拉图学派）所说的，有像“理念”这样的东西或本体，那么这样的“理念”即“某物自身”只能是潜能的，就必然有些“运动”是比“运动自身”更加是运动的，因为这些“运动”才是现实的，而“运动自身”是潜能的。④ 对这问

---

① 1050^{b}6—28。

② 1050^{b}28—30。

③ 1050^{b}30—34。

④ 1050^{b}34—1051^{a}2。

题，罗斯英译本是这样解释的：因为“理念”是和特殊的个体分离的“一般”，所以只能是潜能的存在，而不能是现实的存在，因此它低于相应的个体。——为什么它是潜能的呢？罗斯没有解释，但意思是清楚的：只有个别事物是具体的、现实地存在的，一般只能存在于个别之中，如果离开了个别，这样的一般就不能是现实的存在，只能是潜能的存在了。这是代表了亚里士多德的思想的，详细的论证见第十三、十四卷。亚里士多德这个思想正好和柏拉图的思想是相反的。柏拉图虽然没有用“现实”和“潜能”这样的概念，但从他的“理念论”说，显然，只有“理念”才是绝对真实的，才是现实的。亚里士多德却认为分离存在的“理念”，只能是潜能的。

在第九章中，亚里士多德又继续讨论了现实和潜能的其他两种情况：

第一，好的现实比潜能更好，坏的现实比潜能更坏，而后者是不可能的。他是这样论证的：每一个潜能都有相反的能，同一个潜能，既能是好，又能是坏；既能产生健康，又能产生疾病；既能静止，又能运动；既能建筑，又能毁坏。相反的“能”（潜能）是能同时出现的，可能健康，同时也可能有病。但是相反的东西却不能同时出现，相反的现实性也不能同时出现。不能同时既是现实的健康，又是现实的疾病。既然潜能是相反的两方面能同时存在，或者是好，或者是坏，而现实却只能有一方面存在，如果是现实的好，就比潜能更好；如果是现实的坏，就比潜能更坏。而现实比潜能坏，这是不可能的。所以我们不能说，在永恒的事物中，有坏的东西、缺陷的东西、堕落的东西。① 这是亚里士多德反对柏拉图的“理念论”的一个论证。柏拉图的“理念论”是带有目的论思想的，“理念”高于具体事物。按照这一点，他就不应该承认有“坏的理念”、“恶的理念”。然而，按照他的“理念”是“多”（一类事物）中之“一”的理论，他又得承认有“坏”和“恶”的理论。这是柏拉图自己也感到苦恼的问题，在《巴门尼德篇》中，他让少年苏格拉底否认有这类理念。亚里士多德在这里为这一点作了理论的说明。

第二，从几何学的作图来看，原来是潜在的图形，只要将它用现实的线划分出来，就成为现实的，作图也就明白了。他举了两个例子：

① 1051a4—21。

1. 为什么三角形的三内角之和等于两直角？因为一点上的角等于两直角，这只要在它上面划一根平行线，这图形一下子便可以看明白了。

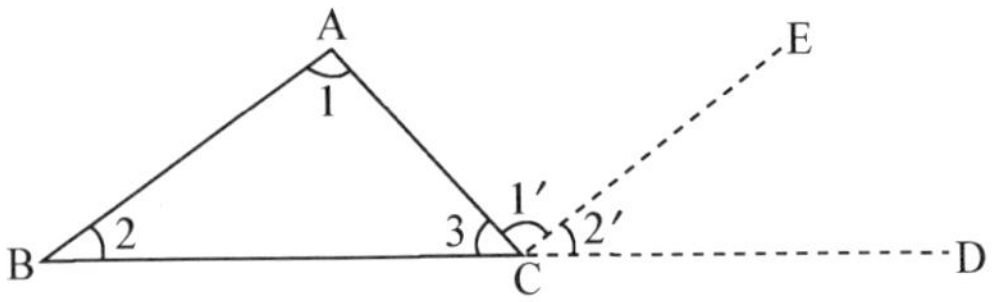

三角形 ABC，作 CE 和 AB 平行，

$\angle 1=\angle 1'$

$\angle 2=\angle 2'$

$\angle 3+\angle 1'+\angle 2'=180^\circ$

$\therefore \angle 3+\angle 1+\angle 2=180^\circ$

2. 为什么半圆内的角总是等于直角？这从圆心作一条垂直线就可以看明白了。

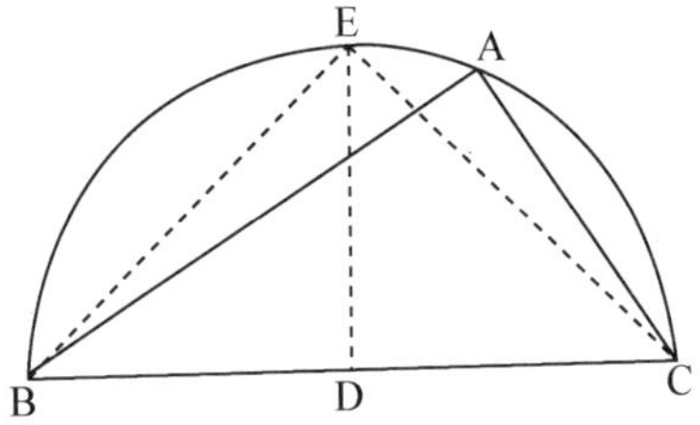

D 是圆心，作垂直线 ED，则 BD＝DC＝DE

$\therefore \angle DBE=\angle BED=\angle DEC=\angle DCE$

$\angle DBE+\angle DCE=\angle BED+\angle DEC=\angle BEC=$直角

而$\angle EBA=\angle ECA$

$\therefore \angle CBA+\angle BCA=\angle CBE+\angle BCE=$直角

$\therefore \angle BAC=$直角$=\angle BEC$

亚里士多德说，几何学家的思想是一种现实性，所以他能够将潜能变为现实，而人们通过作图认识它们。①

亚里士多德讲的这几种潜能和现实的情况，并不能有助于说明现实先于潜能。如果仔细分析一下，与他原来说的现实和潜能的意思也不完全一致。这说明当亚里士多德第一次将现实和潜能作为一

① 1051a21—33。

对哲学的范畴来讨论时，他对这一对范畴的含义是还不十分清楚的，所以将一些相似的情况也扯在一起了。

真和假

亚里士多德在第九卷第十章讨论“真”和“假”的问题，是将它们同“存在”和“非存在”联系起来讨论的。在第五卷第七章分析“存在”的几种意义，即偶性的存在、本质的存在（分为本体、性质、数量等范畴）、真和假、潜能和现实的存在。他将“真”和“假”作为存在的一种方式，但没有作更多的说明。到第六卷（E）第四章中，他讨论了作为“存在”的“真”和作为“非存在”的“假”。在那两处都没有详细展开讨论这个问题，到第九卷第十章中比较详细讨论了。这里讨论的内容和第七、八、九卷讨论本体、形式和质料、现实和潜能这个完整的内容没有直接的联系。这一章本来不应该编在这里。因此后人有怀疑这一章是不是亚里士多德自己的著作，但一般研究者还是认为这是亚里士多德的著作，不过编在这里确是不妥当的。可能是因为编辑者看到亚里士多德曾经将真和假当作“存在”的一种方式，和各个范畴、现实和潜能并列在一起，所以将讨论“真”和“假”问题的这一章编在讨论现实和潜能的第九卷的末尾了。

在这一章开始时就是这样讲的：关于“存在”与“非存在”，第一是和范畴有关，其次是和现实与潜能有关，第三是和真与假有关。①“真”和“假”，我们现在是将它列为主观的认识方面发生的问题，怎么会成为客观“存在”的方式呢？这表明古代希腊哲学家基本上还是持朴素的唯物论的思想，也就是常识的看法。他们认为：认识上的真假，是由客观对象决定的。亚里士多德说：真和假的问题，依赖于对象方面。对象方面有的结合，有的分离。如果认为结合的是结合，分离的是分离，就是真的；如果相反，认为结合的是分离，分离的是结合，那就是错误。（柏拉图在《智者篇》中举过这样的例子：如果我们说“泰阿泰德坐着”，这是真的；说“泰阿泰德在飞”，就是假的，因为泰阿泰德这个人和“飞”是不能联系在一起

① 1051^{a}34—^{b}2。

的。）亚里士多德说：并不是我们认为你是苍白的，你就是苍白的；而是因为你是苍白的，我们说你苍白，才是真的。因为“你”和“苍白”本来结合在一起，我说它们是结合的，这才是真的。他说，有些东西总是结合而不分离的，有些东西总是分离而不结合的，有些东西却是既能结合又能分离的。所谓“存在”就是结合成为“一”的，“非存在”就是没有结合的“多”。（这里讲的“存在”和“非存在”，是关于“真”和“假”的问题，它必然牵涉两个以上的东西，如果只有一个“苍白”，就无所谓真和假的问题，只有将“人”和“苍白”联系起来，“人是苍白的”，二者结合，就是一个统一的“存在”；如果二者不结合，就不是“一”而是“多”，就是“非存在”——“人不是苍白的”。）对于一些偶然的事实，同一种意见既能是真，又能是假，因为它可能一时是真，一时是假；但是对于那些必然的事情的意见，就不能一时是真，一时是假了，它只能要么总是真，要么总是假。①

这里，亚里士多德分析了客观事实的各种情况：结合和分离、必然和偶然。凡是主观的说法符合客观情况的，就是真的；不符合的，就是错误的、假的。

亚里士多德接着说：对于那些不是组合的事物，什么叫作“真”和“假”呢？这当然和上面所说的情况不同。“人”和“苍白”有结合和分离的问题，但如是单独的“人”这个东西，那就只能说，你接触了他，认识到他，就是真；没有接触，没有认识，就是假。——亚里士多德在这里讲的，只是“直觉”的认识。本来，直觉是无所谓真假的，只有认识到和没有认识到的区别。所以他说，我们还需进一步研究它们是否具有这样那样的性质。②

最后，他又指出，那些永恒的、不发生变化的东西，就不会这时是真，那时是假的。他所说的永恒的东西，主要是指理性的知识，他举的例子是“三角形的内角之和等于二直角”，对于这样的命题，决不会一时是真，一时是假的，因为这样的事实是永恒的。③

因为这一章许多内容牵涉到亚里士多德的认识论思想，与现在讨论的问题无关，我们就只作这样简略介绍了。

*　　　　*　　　　*

① 1051a34—b17。
② 1051b17—32。
③ 1051b33—11。

我们探讨了亚里士多德关于本体、形式和质料、现实和潜能的学说以后，可以简单地概括一下了。

亚里士多德的本体学说，本来是在批判柏拉图的“理念论”中创立起来的。他批判柏拉图，主要是认为柏拉图将“理念”当作是在个别事物之外，和个别事物分离的、独立存在的实体。亚里士多德认为，不能在个别事物以外去找另外一类独立自存的“理念”，而只能在个别事物以内，去发现它们的本质，这就是形式，也就是“理念”——同一个 εἶδος。所以，亚里士多德与柏拉图的根本区别，就是亚里士多德是在具体事物之中去寻求它们的本质，认为这个本质不是在具体事物以外的“理念”。在这点上，亚里士多德当然比柏拉图大大前进了一步。

亚里士多德是从对具体事物进行分析，得出：任何具体事物都是由形式和质料两部分组成的。他发现了“质料”，这就是存在于一切属性背后的物质，在人类认识史上，这是一个很重要的发现。可惜的是他没有再向这方面前进，而是将质料和形式对立起来，实际上还是造成了另一种分离。他虽然批判了柏拉图，但他终究还是柏拉图的学生，认为质料是空无所有的，而一切本质、属性等等，皆属于形式这一方面。他所说的“形式”比柏拉图的“理念”也大大前进了。柏拉图的“理念”只是一个空洞的名词，亚里士多德的“形式”却是有内容的，它主要是定义——理性的公式，即逻各斯。他认为这是规定事物的本质的。他将事物的本质仅仅归于它的形式方面，认为和它的质料是无关的。这样将质料——物质置于无足轻重的地位，抛开了唯物论，在事实上也是说不通的：难道木头的雕像和铜的雕像之间没有根本区别的吗？难道人的本质和他是血、肉组成的毫无关系吗？从抽象的理论上说，他反对柏拉图将“理念”和个别事物割裂开来，成为两个世界；而他自己实际上又将形式和质料割裂开来，仍旧是两个世界——世界的双重化。

亚里士多德自己是完全意识到这个分离的问题的，他想将形式和质料连接起来，这就表现在他关于现实和潜能的学说中。如果说，他关于形式和质料的学说，只是对事物作了静止的分析；则他关于现实和潜能的学说，是从事物的运动和变化方面作出的分析。在这方面，亚里士多德确是达到古希腊哲学的辩证法高峰。他指出：现实和潜能，也就是形式和质料，并不是截然分开的两个东西，而是同一个东西，只是存在于不同的方式中。质料是还没有实现的潜能，形式是已经实现了的现实。质料要实现自己，要向现实发展，最后获得了形式。所以，从质料到形式是一个辩证的运动发展过程。

但是，亚里士多德又一次不能摆脱柏拉图唯心论的影响。他虽然讲从潜能到现实的运动，但认为质料是一种潜能，只是一种可能运动的能力，就是只有被动的能力；运动的能动性——主动的能力是属于形式方面的。在这方面，他仍旧和柏拉图一样，坚持目的论的思想，认为形式是目的，它能吸引质料向它运动，因此它是主动的能力。他用专门一章论证现实先于潜能，主要就是从目的论方面来论证的。在这一卷中，虽然没有直接讨论第一动者——神，但他自己也提到，由此是可以推论出第一动因的。所以，归根到底，亚里士多德的本体思想和柏拉图的“理念论”还是属于同一类型的，是唯心论的。尽管亚里士多德的理论比柏拉图更细致些、更辩证些，但他终究还是柏拉图的学生。

第十五章
"数"和"理念"不是本体
——《形而上学》第十三卷前五章

亚里士多德在《形而上学》第七、八、九、十二诸卷中，对于什么是本体已经作了正面的回答。他分析了作为基质和本质的本体，以至第一动者，即理性——神。但是，他所分析的都是属于可感觉事物的本体，即使他说的第一动者，原来也是作为可感觉事物的动因而提出来的。他在第二卷中提出的十几个问题中有过这样一个问题：是不是在可感觉事物以外还有另外一类的本体？这主要就是在第七卷中所论述的——"一般"不是本体。他说的一般的本体，主要指"数"和"理念"。这是当时历史的产物。柏拉图认为"理念"是本体，同时他又接受了毕达哥拉斯学派的思想即"数"是事物的本质或本体。从现存的柏拉图的对话篇中可以看到，在《理想国》中，他曾经将"数"当作在"理念"和个别事物之间的中间体；在《蒂迈欧篇》中，理念的数学化倾向更为明显。根据记载，在当时柏拉图的学园中广泛地讨论"理念"和"数"，许多柏拉图的学生认为只有"理念"和"数"才是真正的本体。其中最著名的是柏拉图的继承人斯潘雪浦和色诺克拉底。他们有的主张只有"理念"是本体，有的主张只有"数"是本体，有的主张二者都是本体，并且对这二者的关系作了种种解释。他们用"理念"来解释"数"，从而得出"理念的数"、"理念的大和小"等各种奇特的学说。这些学说现在都已经失传了，我们能够看到的只是亚里士多德对他们的批判。亚里士多德虽然也是柏拉图的学生，但他对"理念论"持批判的态度，特别是那种将"理念"和"数"结合起来的学说，更是他坚决反对的。正由于他和柏拉图学派在理论上的分歧，在柏拉图逝世以后，他就离开了学园。《形而上学》第十三、十四卷，就是亚里士多德专门批判柏拉图学派关于"理念"和"数"的理论的。有些批判和

《形而上学》第一卷第九章中的批判是重复的，由此也可以证明它们本来不是同一部著作，是被后来的编者编在一起的。正因为被批判的理论是我们无法完全了解的，所以对于亚里士多德的批判，许多我们现在无法读懂。但是亚里士多德许多批判的论证，却又是我们理解亚里士多德思想的重要材料，所以我们还得尽可能地介绍这两卷的内容。

第十三卷第一章是个简短的导言。亚里士多德说，我们已经讨论过可感觉事物的本体，现在要研究在可感觉的本体以外，是不是还有不动的永恒的本体。如果有，那是什么？他说，我们必须先考察别人说过的意见，如果他们说错了，我们可以避免重犯错误；如果他们和我们有些相同的意见，我们也希望能够提出一些新的看法。①

他说，关于这问题有两种意见，一种认为数学的对象，如数、线等等是本体；另一种认为"理念"是本体。而这两种，有人认为是两类不同的本体，有人认为它们的性质是相同的，有人认为只有数学的对象才是本体。所以，我们先讨论数学对象。但是，在讨论数学对象时，只讨论它是不是实存的本体，如果实存，它们是怎么存在的；至于别的问题，如数的对象是不是"理念"，以及它们是不是存在的事物的本原和本体，我们就不在这里讨论了。（这个问题是在第二、三章讨论的。）然后讨论"理念"的问题，但也只作一般的讨论。（这个问题是在第四、五章讨论的。）我们主要研究事物的本原和本体究竟是不是"数"和"理念"，这是我们要讨论的第三个问题。（这个问题是在第六—九章讨论的。②）

对"数"的批判

在第一章最后一段，亚里士多德说，如果数学的对象——数、点、线、面等是存在的，它就只能是：

1. 存在于可感觉的对象之中；
2. 和可感觉的事物分离存在；

---

① 1076^a8—16。

② 1076^a17—32。

3. 如果不是以上两种，则它或是不存在，或是以另一种特殊的方式存在。

他说，所以，我们不是研究它们是不是存在，而是研究它们如何——以哪一种方式存在。[①] 由此可见，亚里士多德并不是认为"数"不存在，他认为"数"是存在的，问题只在于"数"以什么方式存在。亚里士多德是主张上述第一种意见的，即认为数学的对象只能存在于具体的可感觉的事物之中，所以他着重批判的是第二种意见，即认为数学的对象是在可感觉事物以外独立分离地存在着的。以下的批判，都是针对这第二种的。

但是，要理解亚里士多德批判数学对象和"理念"是本体的理论，关键的问题是要将我们现代人的思想和古代希腊人的思想分别开来。我们现在都知道，像数学的对象——数、点、线、面等以及"理念"，都是抽象的东西，说它们"存在"，也只是抽象的存在，和具体事物的存在是不同的。几何学上的面、线、点，和实际事物的面、线、点是不同的存在；"人的理念"和一个一个的人是不同的存在。我们只能看到一个一个的人——张三、李四是这样实际地存在着，而"人的理念"就不能像张三、李四那样实际地存在，"人的理念"只能是抽象地存在着。它本来是只能存在于张三、李四这些具体的人之中，不能离开这些具体的人而独立存在的，只是我们的思想可以将它从具体事物中抽象出来。所以，数学的对象和"理念"都只能是抽象的存在。

但是，当时的希腊人还不认识抽象。所以，他们以为：既然这些东西存在，它们就只能是像具体事物一样地存在，而且是比具体事物更真实地存在。他们所说的"独立分离"的存在，就是像一个个具体事物一样的存在——张三和李四当然是独立分离地存在着的，他们是不同的个体。古希腊人以为"理念"也是这样独立分离地存在的，所以在张三、李四之外，还有"人的理念"也独立分离地存在着。亚里士多德正是从这点上来批判他们的。他在这个批判中认识到：像数学对象和理念这类东西，只能存在于具体之中，或者只能由人的思想将它们抽象出来。这就是一般和个别的关系、抽象和具体的关系。在亚里士多德以前，人们分不清这种关系，是亚里士多德第一个认识到这一点。这标志着人类思想的一次重要的前进。

---

① 1076^{a}32—37。

这个结论，正是亚里士多德在《形而上学》第十三、十四卷中批判数学对象和理念论时得到的。——本来应该等到本章的结论中才来说明这个道理，但如果在开始的时候不说明这一点，如果还是用我们现代人的思想去看这个问题，以下这些批判的论证就都是不能理解的。

第二章开始，亚里士多德说：我们在提出问题（《形而上学》第三卷）时已经说过，说数学对象在可感觉的事物中存在，是不可能的。因为那样就是两个实体（一个是数学对象，一个是可感觉的事物）存在于同一个地方了，这是不可能的①；如果那样，别的能力、特性也都在可感觉事物中存在了。而且还有一个理由：如果任何物体是可分的话，它就会分成面，面又分成线，线又分成点，而点却是不能分的；这样，线也不可分，面也不可分，体也不可分了。我们说可感觉的事物就是这样不可分的实体，或者说不是它们自己不可分，而是在它们之中有不可分的实体，这两种说法有什么不同呢？结果是一样的。所以，如果可感觉事物是可分的，则体、面、线、点既然在可感觉事物之中，它们也应该是可分的。② 然而数学对象又是不可分的，它们怎么能在可分的可感觉事物之中呢？这里，亚里士多德批判的，就是那种将数学对象也当作是和具体事物一样的实体，也占空间。所以，如果说数学对象存在于具体事物之中，那就是两个实体占了同一个空间了，这是不可能的。如果数学对象是不可分的，而具体事物又是可分的，说不可分的实体是在可分的实体之中存在，更是不可能的。（这也还是由于不能区别抽象和具体。）

但是，他接着说，如果说数学对象是在可感觉事物以外独立分离地存在的，也是不可能的。他提出了以下的批判论证：

第一个论证。他说，如果在可感觉的体以外还有另外一个（数学对象的）体，它是和可感觉的体分离存在，并且是先于可感觉的体的，那么，按照同样的理由，就应该还有分离独立存在的面、线和点。这样，在可感觉的事物的体、面、线、点之外，还有一组数学对象的体、面、线、点存在。而在这两组分离存在的东西以外，还应该会有别的东西也是分离存在着。因为任何组合成的事物都是由某些东西（因素）组合成的，如果这些组合因素是在这个组合物以外分离存在，并且先于组合物的，那样就会得出结论。第一，可感觉的物体是由数学的体组成的，所以数学的体是先于可感觉的体，

---

① 参看 B，998^{a}7—19。

② 1076^{a}38—^{b}11。

并且和它分离存在的。这样就有两个“体”了。第二，体是由面、线、点组成的，这样，在数学的面、线、点以外还有另外一类面、线、点存在，就有三个“面”了。第三，面又是由线、点组成的，就得再有另一类线和点，这样就有四个“线”了。第四，线是由点组成的，又得再有一类点。这是第五个点。这样一来，就有了两个体、三个面、四个线、五个点了。它们都是各自分离存在的。在这些之中，数学究竟研究哪一个呢?① 而且，同样的论证可以应用到“数”上去。“数”作为单位，就有和实在的数分离存在的数，有和感觉对象的数分离的数，有和思想对象的数分离的数。这样，就会有许多不同种类的数了。② ——这论证的意思是：如果认为数学的对象——体、面、线、点和数——是和实际的（可感觉的）体、面、线、点、数相互分离，独立存在的，那么，按照同样的理由（组合物和组成它的因素是分离的），就要得出许多组不同类的东西都是分离存在的。这当然是荒谬的。

第二个论证。如果这些几何学的对象（体、面、线、点）和可感觉的对象是分离存在的，那么，天文学的对象（它也是科学的对象，在这点上，和数学的对象是一样的）也应该和可感觉事物分离存在了。天文学的对象是天体及其部分，难道它们能和我们看到的（感觉到的）天体及其部分分离存在吗？同样，光学和声学的对象也要和我们可以感觉到的光线和声音分离存在了，别的感觉的对象也可以分离存在。为什么这一组感觉对象能分离，而那一组感觉对象不能分离呢？那样就会有另外一类具有和我们的感觉不同的感觉的动物——也就是和实在的动物不同的动物了。③ ——亚里士多德先从对象方面说，如果任何一种科学的对象和它所研究的那种具体事物是两类彼此分离存在的东西，那么，天文学所研究的天体就不是我们感觉到的这个天体了。别的感觉对象也都是一样。他然后再从感觉的主体说，既然这样的感觉和我们具体的感觉不一样，就得有一个和通常的感觉主体——动物不一样的另外一类感觉的主体——另外一类动物了。这也是荒谬的。

第三个论证。如果按照上述论证，则一般的数学公理也将是一种独立分离存在的东西了。它不但和“理念”分离存在，而且也和

① 1076b12—36。
② 1076b36—39。
③ 1076b39—1077a9。

作为“中间体”的数学对象分离存在。（当时柏拉图学派的人认为数学对象是介于“理念”和具体事物之间的“中间体”。）它们（数学公理）将既不是数，也不是点，不是空间的量，也不是时间。而这是不可能的，因为数学公理当然是不能离开数、点等等而存在的。所以，这些东西不应该和可感觉事物分离存在。①

第四个论证。他说，一般地说，如果人们认为数学的对象是作为这样分离的实体而存在，那既不合乎真理，也违背常识。因为，如果它们这样存在，它们就必然是先于可感觉的空间的大小了，但事实上，它们却是在后的。因为数学的空间的量，在亚里士多德看来，乃是尚未组合成的（即潜在的）量，只有我们感觉到的量才是已经组合成的（即现实的）量。从发生上看，未组合成的先于已组合成的；而从本体性上说，却是已组合成的先于未组合成的，正像生物先于无生物一样。② ——这个论证，和他论证现实和潜能的先后关系是一样的。从发生上说，潜能先于现实，但从本体性上说，现实先于潜能。亚里士多德实际上是将数学的对象——抽象的、一般的数、体、面、点、线等认为是潜能的存在，而在具体事物中的数、体、面、线、点则是现实的存在。

第五个论证。他说，如果数学的量和可以感觉的量是两种分离独立存在的实体。那么，数学的量怎么能成为统一的东西呢？它们是由于什么，以及在什么时候成为统一的？因为，在我们的可感觉的世界中的东西各自成为统一体，乃是由于我们的灵魂、灵魂的部分或某种别的理性的因素，它们才成为统一的。（这种将可感觉事物的统一的原因归于灵魂或理性，或许就是指第七卷所说的定义的统一性，因为本体的公式是由灵魂认识的。）如果灵魂、理性的东西不存在，它们就是多而不是一，就分裂成一些部分。可是数学的对象，它本身是可分的量，又是什么东西造成它们的统一呢？③ ——这也是因为将它们看成是两种互相分离的实体。造成其中之一类实体统一的原因的东西（灵魂、理性的东西），就不能是造成另一类实体统一的原因。

第六个论证。从数学对象生成的方式说，也说明我们是正确的。因为最先生成的是长度，然后是宽度，最后是深度，到这里，过程

---

① 1077a9—14。

② 1077a14—20。

③ 1077a20—24。

完成了。那在发生的次序上在后的东西，从本体性上说，却是在先的。从发生上说，是由点到线到面到体的；但从本体性上说，体却先于面、线、点。因为体是完全的整体，是有生命力的，而线或面能有什么生命力呢？这是我们看不出来的。[①] ——这就是说，如果将点、线、面和体分离出来，成为独立存在的实体，它们算是一个什么东西呢？面、线、点根本不能算是一个实体。因为，他说，"体"是一种已经完成的东西，可以说是一种本体。而线怎么能说是本体呢？它既不像灵魂那样可以说是形式，也不像体那样可以说是质料。因为我们从来没有经验过将面、线、点合在一起就成为某种东西了，如果它们是质料，就应该可以这样做。[②] 所以，面、线、点不同于质料。这就是说，"体"多少还可以被认为是一种本体，而面、线、点，既不是形式，也不是质料，怎么能说它们是本体——一种独立存在的实体呢？

第七个论证。即使说数学的对象在定义上（逻辑上）是在先的，也不能说凡是定义上在先的东西，在本体性上也是在先的。亚里士多德说明：所谓本体性上在先的，就是说，当它和别的事物分离时，它更具有独立存在的能力；而那些在定义上在先的东西，并不都具有这样的能力。定义总是由两个以上的东西组成的，这两个东西并不是一致的。他举例说，比如"苍白的人"，"苍白"这个属性在定义上是先于"苍白的人"的；但从本体性上说，却不能这样说，因为"苍白"是不能独立分离存在的。"苍白"这个属性总是跟那个具体的事物——"苍白的人"连在一起。所以不能说那抽出来的"苍白"是在先的，而那个加添了规定性的"苍白的人"就是在后的。[③] ——凡是定义上（逻辑上）在先的东西，不一定就是本体上在先的东西。所谓"本体上在先"，亚里士多德又加了说明，就是更能够独立存在的东西。他举的例子是属性——苍白，实际上，他认为在这点上，数学对象和属性是一样的。它们都可以是定义上在先，却并不是在本体性上在先。"数"也是一种性质（量），在逻辑上说，它是组成具体事物的因素，所以是在先的；但从本体性上说，它并不在先，并不能独立存在。在这点上，数学对象和事物的属性是一样的。

---

① 1077^a24—31。

② 1077^a31—36。

③ 1077^a36—$^b11$。

由上面这些论证，亚里士多德作出结论说：我们已经充分地指出了：数学对象不是比物体更高级的本体，只能在定义上是在先的，在本体性上却不能先于可感觉的物体，它们也不能在哪一个地方独立分离地存在。他又进一步解释说：上面已经说过，它们不可能作为独立存在的实体而存在于可感觉的事物之中①，现在又说它们不能在可感觉的事物之外独立存在。那就只能是，或是它们根本不存在，或是它们以另一种特殊的方式存在。它们不是绝对无条件地存在的，因为“存在”也有许多不同的意义。② 究竟数学对象是怎么样的存在呢？

“数”是一种抽象的存在

在第三章，亚里士多德就要回答这个问题：数学对象的存在，是一种什么样的存在呢？他的回答就是：它们是一种抽象的存在。但是要注意：我们现代人对于“抽象”的意义是比较熟悉了，而古代希腊人却和我们不一样。哲学是一门抽象的科学，没有抽象也就没有哲学。但是，古代希腊的哲学家尽管做了许多抽象的工作，有的甚至是很高度的抽象工作，就是像柏拉图这样的哲学家，他虽然在作高度的抽象理论，却并没有自觉到这就是抽象；因此在一般与个别的问题上产生混乱，将一般（“理念”）说成是个别的具体存在。亚里士多德在这里（这已经是《形而上学》的最后两卷，一般认为，它们的写作时间也在较后）才对抽象作了理论上的说明。我们不要轻视它在人类认识发展史上的重要意义。正因为这是第一次说明抽象的意义，所以亚里士多德不厌其烦地反复加以说明，如果不这样做，在当时人看来，还是无法理解的。

亚里士多德是这样说明这个问题的：

他说，数学上一般的命题，它们是研究大小的量和数的；但是它们研究的大小和数，不是那些我们可以感觉到的、占有空间的广延性的、可分的大小和数（即具体事物的大小和数），而是作为某种特殊性质的（抽象的）大小和数，（是我们在思想中将它们）分离开来进行研究的。正好像关于运动的研究，我们是将运动从具体的事

---

① 1076a38—b11。

② 1077b12—17。

物以及它们的其他属性分离开来，从可感觉的运动实体分离开来，只将它们作为运动来考察，从而得出关于运动的许多命题和科学。（亚里士多德认为，这就是物理学的任务。）同样，对于运动着的事物，我们也可以将它们不作为运动，而作为体、面、线等可分的东西，作为不可分而有位置的点，或作为不可分的“单位”来进行研究。正是在这个意义上，我们不但说那些可以（在实际上是）独立分离的事物（如这个具体的人和那个具体的人是互相独立分离的）是存在的，而且那些（在实际上）不能独立分离的事物也是存在的。我们正是在这样的意义上说数学的对象是存在的。数学家要研究的，正是它们的特性。其他的科学也是这样，它们各自有研究的对象。（当然不是去研究那些对它说是偶性的东西，例如，如果健康的人是苍白的，我们研究健康的学问，就不是要去研究那个苍白的偶性，而只能以健康作为研究的主题。）几何学也是这样，它也遇到可感觉的事物，但并不将它们当作可感觉的具体事物来研究，因此几何学并不是一门关于可感觉事物的科学（这是物理学的任务）。他说，有些性质不是偶性，而是由它的本性（自然地）属于这事物的，例如，雌和雄就是动物的固有属性。他说，也有一些性质是作为事物的长度和面积这样属于事物的①，这也不是事物的偶然属性，而是它们固有的属性，这些长度和面积就成为数学的对象。

因此，对于同一类具体的事物，如果我们从不同的方面去研究它，就可以有若干种不同的科学。比如，如果我们去研究事物的运动，就是物理学；研究事物的数量关系，就是数学；研究事物的体、面、线、点的关系，就是几何学；研究事物的雌雄等关系，就是生物学；研究事物的疾病和健康，就是医学。亚里士多德在理论上能够认识这一点，得到这样的结论，是和他在实践上第一个创立了许多专门的学科——逻辑学、物理学、心理学（研究灵魂——心灵的学问）、第一哲学（“形而上学”）、生物学、伦理学、政治学等等分不开的。他在实践中认识到，这许多学问都是研究客观事物的；但每一门科学只研究客观对象的某一个方面，将这一方面的特性和整个事物及事物的其他方面分离开来，也就是抽象出来，单独进行研究，就成为许多种不同的科学了。亚里士多德正是由于有这样的实践，产生了这样的认识，才能概括出这样的理论。在他以前的哲学

① $1077^{b}17$—$1078^{a}8$。

家，都不能将这些学科分门别类地进行研究。从这方面也可以看到亚里士多德在人类认识发展史上的地位了。

但是，亚里士多德又要在这许多科学中定出一个标准，用以区别和确定哪一种科学是最基本、最精确的。他定的标准就是：凡是研究那些在定义上（逻辑上）在先的、比较更为单纯的东西（方面），我们对它们的知识，也就是更为精确的。他举例说，关于从空间的度量中抽象出来的东西的科学，是比包含有空间度量的（具体的）事物的科学更为精确的；从运动中抽象出来的科学，是比包含运动在内的（具体事物的）科学更为精确的。研究最基本的也就是最单纯的运动的科学，是最精确的，而统一的运动也就是最单纯的运动的形式。① 当然，亚里士多德的这个标准自身也是不精确的，所以他举的例子也不能清楚地说明问题。但是，如果我们考虑到他将比较抽象的形而上学叫作“第一哲学”，比较具体的研究事物的运动的物理学叫作“第二哲学”，则对他这里所讲的区别，就比较容易理解了。实际上，他就是认为：凡是抽象性越高的科学，其对象越是一般的、普遍的，则科学的程度也越精确。这种理论已经包含了我们今天说的“哲学是关于最一般规律的科学”的最初萌芽。

他说，对于和声学和光学也是这样，我们不是将它们作为声音和光（视觉）来研究，而是将它们作为线和数来研究（它们的比例关系）。力学也是这样。我们是将这一种属性（数的关系）和它的别的属性分离开，在这方面是不会错的。②

所以，我们的研究是以这种方式进行的：将本来并不分离的东西分离开来，像算术和几何学所做的那样。因为，“人”作为人，是一个不可分的个体，算术研究“人”，不是将他作为“人”来研究，而是以他作为“一”来研究；几何学研究他，不但不是作为“人”，也不是作为“一”，而是作为一个“立体”来进行研究。这方面的属性是属于这事物（“人”）的，可以将这属性和其他的属性分离开来，也就是将它抽象出来。他说，几何学家说的正确，他们说他们研究的对象是存在的，乃是这样的存在——它不是完全现实的存在，而是质料性的存在。③ ——这里，亚里士多德提到这些抽象出来的东西是非现实的存在，即潜能的存在，他将它们叫作质料性的存在，

① 1078a8—14。
② 1078a14—21。
③ 1078a21—31。

因为质料就是潜能的存在。

第三章最后，亚里士多德谈到科学的“真”和“善”与“美”的关系。他说：“善”和“美”是不同的。善是以行为作为主题的，而美是关于一些不动的事物的（行为是动的）。他认为，有人说数学是与善和美无关的，但他不赞成这种意见。他说，虽然数学没有明显地提到善和美，但善和美也不能和数学完全分离。因为美的主要形式就是秩序、匀称和确定性，这些就是数学所研究的原则。所以，数学和美不是没有关系的。① ——在这方面，亚里士多德没有再说下去。当然，各门科学之间是互相有联系的，特别是当时希腊有将一切科学（包括哲学）都加以数学化的倾向，他们将“美”归为秩序与和谐，而秩序与和谐是可以用数来表示的，所以他说数学和美也是有联系的。

对“理念”的批判

亚里士多德在第四、五章中批判“理念论”，其中许多论证和他在第一卷第九章中提出的批评几乎是相同的。关于第一卷第九章中对“理念论”的批判，我们已经另外有文章论述过②，这里就可以从简了。

第四章开始，亚里士多德讲了一段“理念论”产生的历史，和第一卷的讲法也有些不同。

他说：关于“理念”，我们必须首先考察“理念论”自身，而不要将它和“数”联系起来，要根据那些最初主张“理念”存在的人所理解的方式来研究它。支持“理念”的人是从研究事物的真理性问题上引出来的结论。他们接受了赫拉克利特的说法，认为一切可感觉的事物都是在永远流逝中，而对于流动的事物是不可能有真正的知识的，所以知识和思想不能以可感觉的事物为对象，只能以某些别的永恒的实体为对象，它们是和可感觉的事物独立分离的。苏格拉底专心致志于美德，从而提出一般定义的问题。亚里士多德说，自然哲学家德谟克里特已经在小范围上接触到这个问题，他曾经为热和冷下定义；而毕达哥拉斯学派已经先研究过一些东西，如机会、

---

① 1078a31—b6。

② 见本书附录。

正义、婚姻等，用“数”来为它们下定义。可是，苏格拉底是寻求事物的本质，他探究“这事物是什么”，这是论证的起点。如果人们不知道事物的本质，他就没有辩证的能力去理解相反的东西，以及是否同一门科学去研究相反的东西。所以，有两件事情是应该公正地归之于苏格拉底的，那就是归纳的论证和一般性的定义，这两项正是科学的出发点。可是，苏格拉底并没有将一般性的定义当作是可以独立分离的存在，而他们（柏拉图学派的人）却将它们当作分离存在的东西了。他们将这叫作“理念”。因此，他们必然会得出：凡是一般的东西，就必然有“理念”。这正好像是一个人，要去计数比较少的东西时，他没有能力去计算它，却要将计数的东西增加得更多，以为就可以计数了。因为“理念”在数目上是大大多于可感觉的个别事物的。他们是从寻求事物的原因而走向“理念”的。相应于每个东西，都有一个同名的、分离存在的实体；对于每一组事物，无论是在地球上的，还是永恒的，都有一个“多中之一”。①

在这段话中，有几点是值得我们注意的：

第一，亚里士多德明白指出：提出“理念”的人，是由于接受了赫拉克利特的学说——一切皆在流动中；而流动的事物不能成为知识的对象，因此就必须肯定有另外一类永恒不动的东西作为知识的对象，这就是“理念”。

第二，苏格拉底寻求一般的定义，他的不可磨灭的贡献就是提出了归纳的方法和一般的定义，这是一切科学研究的起点。但是，亚里士多德说，苏格拉底并没有将“一般”当作是在个别事物以外独立分离的实体。而是柏拉图学派将“一般”当作是分离存在的另一类实体，并且将它们叫作“理念”。由此看到，苏格拉底本来要寻求一般的定义，柏拉图学派将这一般的东西说成是“理念”，亚里士多德又将它归到“本质的定义”。苏格拉底——柏拉图——亚里士多德就是这样一脉相承的。

第三，这里亚里士多德已经开始批判柏拉图的“理念论”了。和第一卷第九章中讲得一样，说他们对于较少的数还不能计数，却将数目增多，以为就可以计数了。这当然是不对的。他还谈及，“理念”的数目可以比具体事物多，因为无论一组什么东西，都可以有个“多中之一”的“理念”。

① $1078^{b}9$—$1079^{a}4$。

以下，亚里士多德提出了一系列论证批判“理念论”：

第一个论证。他说，那些证明“理念”存在的方法，都是不可信的。从有些论证不能得出必然如此的结论；从有些论证则某些不应有“理念”时东西也会有“理念”了。因为根据这个论证，“理念”是“多中之一”，则凡是一组事物，不论它是什么，从理论上说，都可以有一个“理念”。这样，就要得出①：

1. 否定的东西也有“理念”。既有“善的理念”、“美的理念”，也就要有它们的否定——“恶的理念”和“丑的理念”。这是和目的论的思想违背的。

2. 既然个别事物都是可以毁灭的，那就应该有一个“可以毁灭的理念”。这和“理念论”本身是矛盾的，因为“理念”是不可毁灭的，怎么能有一个不可毁灭的“可毁灭的理念”呢？（这显然是搞不清楚抽象和具体的关系，才会产生这个问题的。）

3. 这样，对于“关系”——如“在上”、“先于”等，也会有“理念”了。但是通常认为“关系”是不能独立存在的，所以不能有“关系”的“理念”。

4. 这样就要得出“第三者”。——亚里士多德对这点没有解释。实际是：既然因为一组事物是“同名”的，就有一个“理念”；则“理念”（第一者）和这组事物（第二者）也是同名的，就应该有一个在它们之上的“理念”，它就是“第三者”。②

第二个论证。一般说，“理念”的论证毁坏了事物，虽然我们本来是关心事物（胜过关心“理念”的）。因为这样，“数”就会是先于“不定的二”了，相对的就会是先于独立的了。还有一些和他们自己的原则相矛盾的东西，使得主张“理念”的人陷入困难。③ ——这个论证不好理解，参看本书附录分析第一卷 990^b17—20 的论证，即第四个论证。

第三个论证。按照“理念”的假定，则不单是本体有“理念”，其他非本体的范畴也都可以有“理念”了，因为它们也都可以是一个单一的概念，（是“多中之一”，）如“红”、“大”之类。这样就有无穷的困难摆在我们面前。拿事物“分有”理念说，本来它们只能分有本体的“理念”。因为“分有”不能是偶然的、随意的。比如，

---

① 1079^a10—13。

② 参看柏拉图《巴门尼德篇》132A—133A。

③ 1079^a13—19。根据 R. Hobe 的英译本。

一个一个具体的人分有了“人的理念”，同时又偶然地分有了“苍白”，因为碰巧这个人是苍白的。这就不对了。所以，“理念”只应是本体的理念。但是，在这个世界上的本体，和在理念世界中的本体是同名的，它们就必然有某些共同的东西。这样，“二的理念”是一个，它和可毁灭的“二”（具体事物中的“二”），以及是多数又是不变的“二”（即数学对象的“二”，这是当时柏拉图学派特殊的学说，他们认为数学对象是“中间体”，它们和个别事物相似，都是多数——例如“二”，可以是 1＋1、1×2、3－1、4－2 都得到 2——的，但它们又和理念相似，是永恒不变的）。为什么这三个“二”不是同一的呢？如果它们没有共同的形式（本质），那就只是共同的名称了，正如将加里亚这个人和这个木偶都叫作“人”一样，能不考虑到它们的共同性吗？① 如果一个一个的人只能分有“人（本体）的理念”，则这个世界中的“人”，和理念世界中的“人的理念”只是同名的呢？还是它们有共同的本质呢？这个问题讨论下去，就成为中世纪唯名论和唯实论的争论了：一般的“理念”只是一个空洞的名字呢，还是实际存在的实体？

第四个论证。这是第十三卷（M）特有的论证。以前柏拉图在《巴门尼德篇》中没有提过类似的论证，亚里士多德在《形而上学》第一卷第九章中也没有提过类似的论证。这个论证也不易理解，看来，是亚里士多德用他自己的下定义的方法去解释、批评柏拉图的“理念论”。他说，假如我们为“圆自身”（“圆的理念”）下定义，不仅要包括它是一个“平面图形”，而且要包括圆的定义的其他部分——“周围各点和中心距离相等”，同时还要再加上“它是圆的理念”。这“圆的理念”加到哪一部分上去呢？加到“中心”，加到“平面”，还是加到一切部分上去？因为一个“理念”，可以包括几个部分，如“人”是“动物”和“两足的”。这样，像“中心”、“平面”本来已经是“理念”了，还要加上一个“理念”，成为“理念的理念”，如此可以成为无穷系列的“理念”了。② ——本来，柏拉图的“理念”是空洞的名词，没有任何内容的；而按照亚里士多德的说法，它就是定义，是有内容的，是由定义的各个部分组成的。比如“人”是由“动物”和“两足的”组成的。“人”是理念，“动物”和“两足的”也是理念。我们要为“人的理念”下定义时，就得说

① 1079ª19—ᵇ3。

② 1079ᵇ3—11。参照 R. Hope 的英译文和罗斯的注释本 vol. II，p. 423。

它是“动物”和“两足的”，还得再加上说“它是理念”。而这个“它是理念”是不是要加到这个定义的每一部分上去呢？假设加到“动物”和“两足的”上去，可是“动物”和“两足的”本来就是“理念”了，再加上一个“理念”，岂不成为“理念的理念”！如此无穷地推论下去，不就成为“理念的理念的理念的……”吗？用亚里士多德关于定义的思想去解释柏拉图的“理念论”，就会发生这样的困难。

亚里士多德在第五章中是专门从“理念”和具体事物的关系方面批判“理念论”的。

第五个论证。亚里士多德说，我们要讨论这个问题，即“理念”对可感觉事物（无论是在这个世界上的，还是永恒的天体）究竟作了什么贡献？因为“理念”并不是可感觉事物运动和变化的原因。对于我们获得有关别的事物的知识，“理念”也没有什么帮助。因为“理念”甚至还不是事物的本体，不然的话，“理念”就应该在事物之中了。对于具体事物的存在，“理念”也不能提供什么帮助，因为“理念”并不存在于那些分有它的个别事物之中。如果它存在于具体事物之中，它就可以被认为是具体事物的原因，比如，“白”可以成为在“白的对象”中的“白性”的原因，因为“白”参加到事物的组成之中。① ——这就是亚里士多德的看法：如果“理念”是和具体事物分离的，它就不是事物运动变化的原因，无论对于我们获得事物的知识，以及事物本身的存在说，都是没有什么帮助的。他认为：只有当“理念”和具体事物不是分离的，而是在具体事物之中时，“理念”才是事物存在的原因，也才是事物运动变化的原因；只有这样，我们认识了“理念”，也就认识了事物的本质，获得了关于事物的知识。也只有这样，“理念”才是有意义的。

第六个论证。是从“理念”作为具体事物的模型说的。他说，说“理念”是模型，具体事物分有了它，那不过是一种空洞的说法和诗意的比喻而已。因为“理念”能做些什么呢？任何事物都不必以别的东西为模型，自己能够存在和生成。无论有没有苏格拉底这个模型存在，苏格拉底这个人总是会有的。而且，如果“理念”是模型，同一个事物就可以有几个不同的模型了。例如，“动物”、“两足的”和“人自身”都可以成为人的模型了。而且，“理念”不仅是

① 1079^{b}12—20。

可感觉事物的模型，它也是“理念”的模型了。“种”可以成为各个“种的属”的模型，如“动物”是“人”、“马”、“鸟”等的模型了。而同一个事物就可以既是模型又是仿本了。① ——这些论证都是重复第一卷第九章的。②

亚里士多德最后总结说：由此可见，本体和那些以它为本体的具体事物分离存在，乃是不可能的。“理念”，作为事物的本体，如何能和具体事物分离存在呢？

他说，在柏拉图的《斐多篇》中是这样说的：“理念”既是存在又是生成的原因。但实际上却是：即使“理念”存在着，事物却并不因而就生成了，还得有别的东西来使它开始运动；相反，有许多别的东西，是他们认为没有“理念”的，如房屋与戒指，倒是生成了。由此可见，事物之能够存在和生成，并不是由于“理念”，而是某种能够造成它们的原因。关于“理念”，还可以收集许多更精确的反驳。③

最后这个论证，亚里士多德是从事物的“动因”方面来论证的。他批评柏拉图的《斐多篇》说“理念”是事物的存在和运动的原因。他说，“理念”并不是动因，所以柏拉图的说法是站不住的，还得另外寻求别的动因。但在这个问题上，有些研究者为柏拉图辩护。他们的理由是：柏拉图在《斐多篇》和《理想国》中的“理念论”是目的论的思想。“理念”是事物追求的目的，好的事物要追求那个绝对的好——“善的理念”，这就是使这些事物运动的原因。目的因也就是动因。亚里士多德自己的形式和质料、现实和潜能也是这种关系：前者是目的，后者被吸引向它运动。这和柏拉图所说的“理念”的作用不是一样的吗？亚里士多德对柏拉图的批判是否不大公正呢？

* * *

柏拉图学派认为数学对象和“理念”是本体，亚里士多德全面批判了这种看法。但是，亚里士多德所有的论证，都是有一个特定的前提的，那就是柏拉图学派认为这些数学对象和“理念”都是和具体事物相分离，在具体事物之外独立存在的。这样独立存在的东西，本身就成为一种具体的事物了。因此才产生一系列问题，亚里士多德正是针对这些问题进行批判的。正是在这点上，列宁说：

---

① 1079b24—33。

② 参看本书附录的“第八个论证”。

③ 1079b35—1080a11。

> 原始的唯心主义认为：一般（概念、观念）是单个的存在物。这看来是野蛮的、骇人听闻的（确切些说：幼稚的）、荒谬的。可是现代的唯心主义，康德、黑格尔以及神的观念难道不正是这样的（完全是这样的）吗?①

所以列宁说，“亚里士多德对柏拉图的‘理念’的批判，是对唯心主义，即一般唯心主义的批判”②。

亚里士多德的批判，并不是要完全否定“理念”，他只是认为：“理念”不能在具体事物以外分离独立存在，而是只能存在于具体事物之中，作为事物的内在的形式和本质而存在的。所以他提出的问题是：它们是以什么方式存在的？他的回答是：它们只能是抽象地存在的，而不是像具体事物那样具体地存在的。这一点，在我们今天看来，属于普通的常识。但在古代希腊人的思想中，原来却没有认识这个问题，他们分不清抽象和具体、一般和个别的关系。亚里士多德是第一个从哲学上论证这种区别的人。他看到，具体的事物可以包含有许多不同的方面，例如，它既是运动变化的，又有数量关系——一定的长度、宽度，还可以分析为点、线、面、体这些几何图形的关系；如果它是动物，则还有生命……在具体事物中，这许多方面是合在一起，并不独立分离存在的；但是我们的思想却可以将其中某一方面单独分离出来，也就是抽象出来，使它成为一门独立的科学研究的对象。比如上面的例子，研究事物的运动变化的，就是物理学；研究它的数量关系的，就是数学；研究它的几何关系的，就是几何学；研究它的生命的，就是生物学……由此可见，“数”和“理念”原来只是一种抽象出来的一般，它本来只存在于具体事物之中，是具体事物的某一方面或特征。如果像柏拉图学派那样，将它们当作和具体事物同样地可以独立存在的个体，那当然是荒谬的。

所以，亚里士多德第一次提出这样关于抽象的理论，应该承认他在人类思想发展史上的功绩。

① 《列宁全集》，中文1版，第38卷，420～421页。

② 同上书，313页。

第十六章
批判柏拉图学派的数论
——《形而上学》第十三卷后五章

从第十三卷第六章开始，亚里士多德主要批判柏拉图学派关于“数”的理论。他的批判仍旧是集中在这点上，即他们认为“数”是一种分离的、独立存在的本体，而且是第一因。亚里士多德分析批判了几种不同的学说，大约都是存在于柏拉图的学生们之间的分歧理论。这些关于“数”的理论都和毕达哥拉斯学派的学说有关，所以亚里士多德也批判了一些看来是属于毕达哥拉斯学派的理论。但因为这些理论现在已经失传了，我们只能从亚里士多德的批判中了解它们的大致情况，而对于亚里士多德这些章节，各种解释分歧很大，更增加我们理解的困难。

几种不同的数论

第六章开始，亚里士多德指出，如果像有些人所说的，数是一种分离的实体，那么，数这种实体的本体就只能是数，不能是别的东西。这样，就可能出现下面几种不同的数：

第一种“数”中的各单位，其中第一个和第二个等等之间，在“属”（形式）上是不同的，因此它们没有例外地都不能相联、相通。① 这就是说，第一个数和第二个数等不能互相加、减、乘、除。本来，数学上的数 1，2，3……1 是一个单位，2 是两个单位，3 是三个单位，其中每个单位都是相同、相等的，所以它们是可以相互加、减、乘、除的。如果各单位的“属”（形式）彼此不同，假定它们是量上不同，如第一个单位等于一斤，第二个单位等于二斤，它们就不能作为两个单位来相加；如果假定它们在质上不同，如第一

---

① 1080a15—20。

个单位是一张（纸），第二个单位是一块（石），它们也不能相互加、减、乘、除，是很清楚的。

第二种“数”中的各单位，都没有例外地是相联、相通的，例如数学上的数，其中任何单位都不是彼此不同的。① 这样的数当然是可以加、减、乘、除的。

第三种“数”中的有些单位是相通的，有些单位是不相通的。比如，数 1，2，3……是相联的，而在其中的每一个数内部的单位是相通的，可是在不同的数中的单位却是不相通的。比如，2 是由两个单位组成的，这两个单位是相等的，彼此可以相通；3 是由三个单位组成的，这三个单位也是彼此相等、相通的。但是，“2 自身”（“2 的理念”）的单位和“3 自身”（“3 的理念”）的单位却是彼此不相等、相通的。② 这就是柏拉图学派所说的“理念的数”。其中，“2 自身”和“3 自身”是不能相通，不能加、减、乘、除的。

他说，数学的数是这样计数的：1，然后是 2（它就是前一个 1 和另一个 1 组成的），然后是 3（它就是前两个 1 和另一个 1 组成的），以后的数都如此。而“理念的数”却是这样计数的：1，然后是一个不同的 2（它是不包括第一个 1 的），然后是一个不同的 3（它又是不包括前面的 1 和 2 的），其他类推。③

他说，这就是三种不同的“数”。这些“数”或者是和具体事物分离的；或者是不分离的，也就是在可感觉的事物之中的；或者只有其中一种是分离的，或者三种都是分离的。④

他说，这三种，就是“数”能够存在的方式。那些认为“一”是万物存在的本原和本体的人，以及说数是“一”和某种别的东西组成的人，都以这些方式来说明“数”，只是没有一个人主张“数”的单位完全不能相联、相通的。⑤ 因为如果不仅各个数（如 2 和 3）之间的单位不相通，而且每个数自身中的单位也不相通，那是无法思议的。即在上面的三种可能性中，第一种可以排除掉。

以下亚里士多德具体列举了当时毕达哥拉斯学派和柏拉图学派的几种不同的主张：

---

① 1080a20—23。
② 1080a23—30。
③ 1080a30—35。
④ 1080a37—b4。
⑤ 1080b4—9。

一、有些人认为第二和第三两种数都存在，而先后的数（如 2 和 3）的单位不同，等于不同的“理念”，就是“理念的数”。所以数学的（第二种）数既不同于“理念”，也不同于具体事物。认为这两种数都是和具体事物分离的。① 一般认为，这就是指柏拉图，也可能包括他的某些学生。

二、有些人认为只有数学的数存在，它作为第一实在，是和可感觉事物分离的。② 据认为，这就是指柏拉图的继承人斯潘雪浦。

三、至于毕达哥拉斯学派，他们也只承认一种数学的数，可是他们认为数学的数和具体事物是不分离的，正是数学的数组成了具体事物。他们以数组成整个宇宙。但是他们认为组成数的单位不是抽象的，而是有空间的大小的。但是这个第一个“一”如何能由空间大小组成，他们就说不清楚了。③

四、有些思想家认为只有“理念的数”存在。④ 这主要是某些不知名的柏拉图的学生。

五、有些人说数学的数和“理念的数”是同一的。⑤ 这是指色诺克拉底。

亚里士多德又将这几种思想概括起来说：线、面、体的情况也和 1，2，3 等数一样。有些人以为它们是数学的对象，是与“理念”不同的（上述第一种主张，指柏拉图）。而不是这样主张的人中，有些是以数学的方式来谈论数学对象的，就是既不承认有“理念的数”，也不说“理念”存在（上述第二种主张，指斯潘雪浦）。有些人却不以数学方式来谈论数学对象，因为他们说并不是每个空间的大小都可以分为大小，也不是任意取两个单位都成为“2”（指色诺克拉底）。除了毕达哥拉斯学派以外，所有主张“一”是事物的本原的人，都认为“数”是由没有空间大小的单位组成的，只有毕达哥拉斯学派中有人认为数是有空间大小的。从以上可以看出，关于“数”有多少种说法。但是，亚里士多德最后指出：所有这些观点都是不可能的，都是错误的，当然，它们错误的程度是有区别的。⑥

---

① 1080^b11—14。

② 1080^b14—16。

③ 1080^b16—20。

④ 1080^b20—22。

⑤ 1080^b22—23。

⑥ 1080^b23—36。

这几种观点有什么不同，我们只能根据亚里士多德所说的这些区别来理解。至于每种观点的代表者是谁，也只是一些研究者所作的推测。

对这些观点的批判

第七章开始，亚里士多德提出了一些论证，批判以上这些观点。

首先，他是从各单位是否相通这点来论证的。

（甲）如果一切单位没有不同，完全可以彼此相通，那就是数学的数。这样，我们就只有一种“数”，“理念”就不能是数。因为，“人的理念”、“动物的理念”是哪一种“数”呢？每个东西都可以有一个“理念”，人有“人的理念”，动物有“动物的理念”；而“数”，同一个数都是一样而没有不同的，如“3”这个数就有无限多。（当时认为：1＋2＝3，4—1＝3，1×3＝3，6÷2＝3 等等，所以可以有无限个 3，但它们都是 3，在这点上是没有不同的。）什么是“3 的理念”呢？如果这“理念”不是“数”，它就根本不能存在。因为“理念”是从什么本原来的呢？“数”（按照柏拉图的说法）是从“一”和“不定的二”（即“大”和“小”）来的，这就是数的本原。“理念”不是从这样的本原来的，所以不能说“理念”是先于或后于“数”的。① 这就是说，“数”不是由“理念”组成的，“理念”也不是由“数”组成的，所以，“理念”不是“数”。

（乙）假如单位是不相通的，这样的“数”就不能是数学的数，因为组成数学的数的单位是没有不同的。这比较合乎真理。这样的数也不能是“理念的数”。因为柏拉图认为数是由“1”和“不定的二”组成的；在这二者之后，就有 2，再有 3，4，5 等一系列的数。但如在组成“2”的两个单位（它们是不相等的）之中的一个单位先于另一个单位，这个在先的单位也必然先于 2。这样，在原始的“1”和“2”之间，就要加进一个在先的单位；在 3，4，5……之前也都有这样在先的单位。而且，如果这些单位都不同，则在第一个“1”之后，就没有第二、第三个同等的单位了；在第一个“2”之后，也没有第二、第三个同等的单位了。② 这就是说，如果各单位都是彼

① 1081^a5—17。

② 1081^a17—$^b10$。

此不相等、不相通的，就根本不可能形成数的系列了。

而且，如果各单位是不相通的，也就不可能有"2 自身"、"3 自身"和其他数的"理念"了。因为，不管单位是否不同，"数"总只能由相加来计数，例如，1 加上另一个 1 成为 2，1 加 2 成为 3，等等。但是他们说 4 是从第一个 2 和"不定的二"（这是两个不同的 2）组成的，这就使得在"2 自身"外还有两个不相等的、不同的 2；不然，"2 自身"就应该是 4 的一部分了，这个 2 要再加上另一个 2 才能成为 4，这另一个 2 就不能是"不定的二"，因为它是要产生一个"确定的二"①，即和原来的 2 相等、相通的 2，才能相加。简单地说，如果"理念的数"的单位是不相通的，它们不能相加，则"理念的数"本身是从何而来的呢？

再说，在"3 自身"和"2 自身"以外，如何能再有许多个 3 和许多个 2 呢？亚里士多德最后说，他们这种学说，都不过是荒谬和幻想而已。②

显然，如果认为一切单位都是不相等、不相通的，则根本不可能有数的系列，也不能计数，也无法说明什么是"理念的数"，以及为什么在"理念的数"以外还有许多别的数等等。

（丙）如果说，在不同的数中的各单位是不同的，而在同一个数中的各单位则是相同的。亚里士多德认为，由此引起的困难也并不少一些。

1. 他举了一个例子，比如，"10"这个数，既可以由它本身的十个单位组成，也可以由两个"5"组成。但是，因为"10"中的单位和"5"中的单位是不同的，怎么能由两个"5"组成"10"呢？③

2. 如果 2 是和它的两个单位分离开的东西，3 是和它的三个单位分离开的东西，这是可能的吗？只有"苍白的人"和"苍白"、"人"是有不同的，因为"苍白的人"既分有了"苍白"，也分有了"人"；或者因为一个是另一个的"属差"，也可以不同，比如"人"不同于"动物"和"双足的"。④ 而"2"和它的两个单位不是这样的关系，并不是其中一个单位是"种"，另一个单位是"属差"。它们怎么能分离呢？

---

① 1081^b10—26。

② 1081^b27—33。

③ 1081^b35—1082^a15。

④ 1082^a15—20。

3. 凡几个东西能成为一个统一体，或者是由于结合，或者是由于混合，或者是由于位置在一起；可是组成 2 或 3 的单位，并不是这样成为一的（成为“一个 2”或“一个 3”的）。由于单位是不同的，正像两个分离的人不能合成一个，单位也是这样，既然单位彼此是不同的、不相等的，它们怎么能合成为一个呢？①

4. 如果各个数的单位是彼此不同的，那就有“在先”和“在后”的问题。从数来说，2 先于 4，4 先于 8。拿 4 这个数说，在 4 中的两个 2 即使是同时产生的，而这个 4 却先于在 8 中的那两个 4；可是，2 既产生了 4，又产生了在 8 中的 4。如果第一个 2 是“理念”，别的 2 又是不同类（不相等）的“理念”。这样，一切单位都成为“理念”，而“理念”就是由几个“理念”组成的。②

亚里士多德作出结论说：一般说，无论以任何方式说数的单位是不同的，就是荒谬的虚构，只是为了满足假说的需要而杜撰出来的。因为我们看到，在单位和单位之间，无论在数量或是性质上，都是没有不同的。一切数，特别是由抽象的单位所组成的数，都或是相等或是不相等；一个数如果不是大于或小于另一个数，就是它们彼此相等。如果两个事物是相等而没有不同的，我们就说它们是相同的。如果说它们不同，像他们说的“单位是不同的”，即使是“10 自身”中的几个 2，本来是相等的，但既然认为单位是不同的，则这几个 2 也将是不同的。人们有什么理由说它们不是不同的呢？③这就是说，如果是抽象的数的单位，必然是相同的，无论在量或质上，都没有不同，所以它们是相等的，可以相通。如果说单位是有不同的，那么，不但是不同的数的单位彼此不同，即使同一个数（上例中的 10）的单位（10 中的 2）也会彼此不同。这就是上述的第一种看法，即一切单位都是不同、不相等的。亚里士多德已经指出过，从来没有人主张这样的看法，即在一个数（2 或 3）中的各单位之间有不同。但如果主张不同的数中的单位不同（2 中的单位和 3 中的单位不同），必然会得出同一个数中的单位也不同。所以，第一种看法和第三种看法的结果是一样的。

以下就是从这方面论证的：

1. 如果一个单位加上另一个单位，就成为 2，则从“2 自身”

---

① 1082ᵃ20—24。

② 1082ᵃ26—36。

③ 1082ᵇ1—10。

中的一个单位加上“3 自身”的一个单位也成为 2。可是这个 2 是由两个不同的单位组成的，那么，这个 2 是先于 3，还是后于 3 的呢？看来应该是先于 3，因为组成它的一个单位是从“2 本身”来的，是和 2 同时产生的。①

2. 如果“3 自身”这个数并不大于“2 自身”这个数，这是奇怪的；如果它大于“2 自身”，那就是在“3 自身”中有一个数是等于 2 的（“3 自身”是 2 加上另一个数，才能大于“2 自身”），这个 2 就是和“2 自身”相等的，没有不同的。如果各数的单位不同，“3 自身”大于“2 自身”也是不可能的。②

3. 在第八章开始时，亚里士多德说，所谓数或单位的不同，究竟是什么不同呢？单位的不同，只能是数量的不同或是性质的不同。但这两方面都是不可能的。因为：

数作为数，如果在数量上是不同的；单位和单位之间在数量上也是不同的，则同样多的单位的数（比如，8 和 8）也会不同了。那样，是第一个单位大点或小点呢，还是第二个单位要再加点或减点？而这些都是不合理的假定。

它们也不能在性质上不同。因为对于单位说，除了数量之外没有其他的属性，即使对于数说，它也首先是量，然后才能是质。而且，按照柏拉图的说法，数是由最初的“一”和“不定的二”组成的。这“一”是没有性质的，“不定的二”（就是“大”和“小”）也只能给予量，只表示大或小，它只有使事物成为“多”的可能。所以，无论“一”和“不定的二”都没有性质上的不同。

如果还有别的解释，他们就应该在开始时说清楚，所谓单位的不同究竟是什么，为什么单位必须有不同。如果说不清楚，他们所说的不同究竟是什么呢？③

亚里士多德将以上的批判总结起来：如果像柏拉图学派说的，“理念”就是数，则单位既不能都是相等、相通的，也不能是不相等、不相通的——无论是各个数彼此的单位不相通，而每个数中的单位相通；或是各数彼此的单位和每个数中的单位都不相通④，情况都是一样的。

---

① 1082^b11—19。

② 1082^b20—23。

③ 1083^a1—17。

④ 1083^a17—20。

然后，亚里士多德又批判了其他几种数的理论：

（一）那些不认为有“理念”存在，而认为只有数学的对象存在，并且认为“数”是第一存在，而且有个“一”是“数”的起点的人（指斯潘雪浦），他们也陷于矛盾。因为按照他们的说法，在许多 1 之前，有一个第一个“一”，而在 2、3 之前，却没有第一个 2 和 3。人们如果假定只有数学的“数”存在，就不能以这样的“一”作为起点；因为这样的“一”必然与其他单位不同，如果有这样的“一”，就必须有同样的（第一个）2、3 等等，可是他们是不承认有这样的 2、3 的。所以，如果以这样的“一”为起点，就还是柏拉图说得正确，他认为还必须有第一个 2、3 等，这些第一的数都彼此可以相联、相通。但如果假定这点，又会产生以上所说①的一系列不可能的结果。（就是又有两个数的系列了。）不是这个，就是那个，如果二者都不是，就说明“数”是不能分离存在的。② 如果认为“数”是分离存在的，在许多 1 之外，还有独立存在的第一个“一”，那就会产生这样不可能的结果。

（二）亚里士多德认为，第三种观点——认为“理念的数”和数学的数是相同的（指色诺克拉底）——是最坏的。因为它有两方面的错误：一方面，数学的数不能是这样的（又是“理念”的）数，这一点乃是他假设加上去的；另一方面，凡是上述以数为“理念”的一切结果，它都要遇到。③

（三）亚里士多德认为，毕达哥拉斯学派的观点的困难比上面这些观点的困难要少一些，但又有他们自己特有的困难。因为他们不认为数是可以分离存在的，因而就取消了许多（由于分离而引起的）不可能的结果；但是他们又认为物体是由数组成的，而且物体就是数，这也是不可能的。因为他们这样说，就是认为有不可分的（数的单位是不可分的）却占有空间的大小的量（因为数组成具体的物体），这是不可能的。无论如何，单位总不能是占有空间的大小，因为凡占有空间大小的总是可分的，怎么能由不可分的东西组成呢？这些思想家将数和实在的事物等同起来，至少，他们认为物体是由这样的数组成的。④ 亚里士多德的意思是：物体是占有空间的大小

---

① 指 1082^b37—1083^a17。

② 1083^a20—$^b1$。

③ 1083^b1—8。

④ 1083^b7—19。

的，而数却是抽象的、不占空间大小的，怎么能说物体是由数组成的呢？

因此，亚里士多德作出结论：没有分离的、独立自存的“数”。如果“数”是独立自存的实在的事物，它只能在以上说到的①几种方式中存在，现在已经说明它不可能以这几种方式存在，就可以证明数不是独立自存在的。②

批判独立自存的“数”

接着，亚里士多德又从下面几个方面批判独立自存的“数”。以上的批判是按照各个不同的学派分别进行批判的，以下则是不分学派，而是将他们的观点综合起来进行批判。罗斯注释本将亚里士多德的批判分为以下五个问题③：

第一，“数”是如何从质料因产生出来的？

柏拉图认为“数”是由“一”和“不定的二（即大和小）”组成的。前者相当于形式因，后者相当于质料因。因为，事物是从质料来的，即由质料组成的。亚里士多德说，如果单位是由大和小组成的，则它们是由大和小在相等中组成的，还是一个由大，一个由小组成的呢？如果是后者，那么，这些单位就是有不同的，一个是大，另一个是小，即是和大相反的。如果是前者，两个单位的每一个都是由相等的大和小组成的，可是这个“二”是个单一的东西，它如何能由大和小组成呢？它和单位又如何不同呢？如果“二”是由单位组成的，则单位毁灭，“二”也毁灭，所以，单位是先于“二”的。如果“二”是“理念”，单位就成为先于“理念”的“理念”，那么，单位从哪里来的？它不能从“不定的二”来，因为“不定的二”的作用只是使事物加倍。④ 所以，“不定的二”不能是“数”的质料因。

第二，有多少“理念的数”？

“数”必然或者是无限的，或者是有限的。但是，因为这些思想

---

① 指 $1080^{a}15$—30。

② $1083^{b}19$—23。

③ Cf. W. D. Ross：*Aristotle's Metaphysics*，vol. II，pp. 442-460.

④ $1083^{b}23$—36。

家认为数是能分离独立存在的，所以，数既不能是无限的，也不能是有限的。

（甲）数不能是无限的。因为（1）无限的数既不是奇数，也不是偶数；但是数的生成，如果不是成为奇数，就是成为偶数。当1加上其他偶数时，就产生奇数；从1开始的任何数与2相乘，就得到偶数。所以，数不能是无限的。（2）每个“理念”都是某个东西的“理念”，如果数是“理念”，则“无限的数自身”是什么东西的“理念”呢？是可感觉事物的“理念”，还是别的东西的“理念”？这都是不可能的。① 所以，不能有“无限的数自身”。

（乙）如果“数”是有限的，它到哪里为止？这点，不但要说明事实，还要列举理由。如果像有些人（毕达哥拉斯学派，可能包括柏拉图和斯潘雪浦）说的，数到10为止，则：（1）“理念”将很快就完了，因为最多只能有10个。如果像他们说的，3是“人自身”，则什么数是“马自身”？因为只能到10为止，即使是动物的数目也早就远远超过10了。（2）如果3是“人的理念”，别的和3相等的数都是一样，所有的3都是“人的理念”，而3是有无限多的，那就有无限数的“人的理念”了。（3）如果较小的数是较大的数的部分，那么，如果“4自身”是“马”或“白”的理念，而“人的理念”是2，则“人”将变成“马”的部分了。（4）如果只有“10的理念”，而没有11、12、13等数的理念，也是不可理解的。为什么这些没有“理念”呢？他们是假定由1到10的数的系列是完全的系列，并且由此引出一些别的东西，例如虚空、比例、奇数等，都包括在10以内。他们将一些东西，如动和静、善和恶，都归为本原，将别的东西则归为数。所以他们将“奇”等同于1，而不是3或5。而且将空间大小等都用10以内的数来解释，如第一、不可分的东西、线，然后是2等等，一直到10。② 为什么只能到10为止？他们说不出理由来。

第三，“一”的性质是什么？

他说，如果“数”是独立分离的、自存的实体，那么，人们可以问：是1在先，还是2或3在先？（1）从“数”是组合而成的说，应该是1在先，因为别的数都是由1组合成的；但从一般或形式在先说，则“数”应该在先，因为单位（“1”）只是作为数的质料部

---

① 1083^b36—1084^a10。

② 1084^a10—$^b2$。

分，“数”才是形式。①（2）在一种意义下，即从定义、从逻辑上说，是直角先于锐角，因为直角的定义是有一定的规定性的，而锐角是不定的，只能用直角的定义来为锐角下定义。在另一种定义下，从部分先于整体说，则锐角在先，因为锐角是直角的部分，直角可以分为锐角。所以，作为质料说，锐角、要素、单位是在先的；但作为形式和由定义表示的本体说，直角和由质料与形式组成的整体，应该是在先的。而具体事物（比质料）更接近于形式以及由定义所表示的本体。所以，虽然从发生说，具体事物是在后的，先有质料，由质料生成具体事物；但从定义说，具体事物先于质料。②（3）那么，为什么说“一”是起点呢？他们说，因为“一”是不可分的。但是“一般”的东西，以及要素都是不可分的。说它们是起点，是从不同的意义上说的，一种是从定义上说，一种是从时间上说。那么，“一”在什么意义上是起点呢？已经说过，可以认为直角先于锐角，也可以认为锐角先于直角，而直角和锐角都是“一”，这样，可以说“一”在两种意义上都在先，但这是不可能的。因为“一般”是作为形式和本体的“一”，而要素是作为部分或质料的“一”。（这“一般”就是形式，就是数；“要素”就是组成数的单位，就是质料。）这二者（数和单位）各自是“一”。真正说，单位（作为组成“数”的质料）只是潜能的存在，而不是完全现实的存在。他们所以会陷入错误，因为他们的研究是同时既从数学出发，又从一般的定义出发。（甲）从数学出发，因为他们认为作为第一原则的“一”是一个点，单位也是一个没有位置的点，正像有些别人（指原子论者）已经做过的那样，说事物是由最小的单位（原子）集合而成的。这样，“一”就成为数的质料，同时也就先于 2 了；而 2 作为整体、统一体、形式，又是先于“一”的。（乙）但因为他们是在寻求“一般”，从而认为“一”是能表述数的，所以在一个意义下，“一”又是数的部分。但是，这两种特性不能同时属于同一个东西③，“一”不能同时既是质料，又是形式。（4）如果“一”必然是统一的，而 2 是可分的，单位却是不可分的，则单位比 2 更像是“一”。但是，如果单位更像“一”，“一”也必然比 2 更像单位；所以在 2 中的每个单位必然先于 2。但是，他们否认这一点，至少他们使 2（“不定的

① 1084^{b}2—6。

② 1084^{b}7—13。

③ 1084^{b}13—32。

二”）先发生。再说，如果“2 自身”是一个“一”，“3 自身”也是一个“一”，二者都是从“不定的二”来的，那么，这个“不定的二”又是从哪里产生的呢？[①]（5）数都是相互连接的，在这个单位和相连的那个单位之间，如 2 和 3 之间，没有别的东西，人们可以问 2、3 和“一”是否相连的呢？而在和“一”相连时，是 2 还是 2 中的单位在先呢？[②] 这个“一”和“不定的二”究竟是什么？是形式，还是质料？无论说它们是什么，都有困难。

第四，几何对象的本原方面的困难。

他说，那些取决于“数”的东西，即几何对象——线、面、体——也发生相似的困难。

（甲）有些人（可能就是柏拉图）认为是从“大和小”的“属”组成线、面、体的，例如，说线是由“长和短”组成的，面是由“宽和狭”组成的，体是由“深和浅”组成的，而这些都是“大和小”的“属”。可是，关于这些东西的本原，不同的思想家又各有不同的说法。这样就产生许多不可能性、虚构和矛盾。因为：（1）这些几何的类是彼此不同的，除非它们的原则是彼此蕴含的，就像“宽和狭”就是“长和短”，在原则上说是彼此相似的。但如果这样，面也就是线，而体也就是面了，那么，角和形又如何解释呢？（2）关于“数”也会遇到同样的情况，因为“长和短”等等不过是大小（量度）的属性，但量度不是由“长和短”这些东西组成的，正像线不是由“直和曲”组成的，体不是由“光滑和粗糙”组成的一样。[③] 所以，说由“大和小”（“不定的二”）组成事物，在几何对象方面也发生困难。

亚里士多德在这里解释说：这些困难都发生在“种的属”上，当人们肯定了“一般”，无论是“动物自身”或某种别的东西，都是在个别的动物以内的。如果这一般不是和可感觉的事物相分离的，那就没有什么困难，但如果“一”和数是相互分离的，像有些人那样说的，那就不容易解决这个困难，可以说，不可能解决这个困难。因为当把握了 2 中的统一（“一”），或一般的数中的统一时，是否就意味着我们把握住了“事物自身”或某种别的东西呢？[④] ——这个

① $1084^{b}32—1085^{a}2$。

② $1085^{a}3—7$。

③ $1085^{a}7—23$。

④ $1085^{a}23—31$。

意思，亚里士多德到第九章结束时还要详细发挥，我们留到那时再讨论。

（乙）有些人认为空间的大小是从这些作为质料的线、面、体中产生的，另外有人（可能指斯潘雪浦）认为是从点（点不是“一”，而是某种像“一”的东西）和别的质料如“多”产生的。无论怎么说，都会发生同样的困难。因为，如果质料只是一种，线、面、体都是一样的，这就是从同样的要素产生相同的东西。但如果质料不止一种，其中之一是线的质料，第二种是面的质料，第三种是体的质料，它们是不是彼此包含？或者面不包含线，或者面就是线，都会产生同样的结果。① 就是说，线、面、体这些几何对象无论作为组成事物的质料，或是事物的形式，都会发生困难。如果认为线、面、体是独立存在的本体，就不能避免这些困难。

第五，“数”和空间的量度是如何产生的？

他说，“数”如何能从“一”和“多”产生？他们没有说明。但无论他们如何解释，那些对于认为数是由“一”和“不定的二”组成的人（指柏拉图和色诺克拉底）提出的反驳，他们同样会遇到。因为：

（甲）一种观点认为，“数”是由一般的“多”，而不是由特殊的“多”产生的；而另一种观点认为“数”是由特殊的多（即 2，它是第一个多，因为 1 不是多）产生的。这实际上没有什么不同，这两种观点都会遇到同样的困难。这由“多”组成的“数”是混合在一起的，还是位置摆在一起，还是怎么生成的？至少，人们可以问：如果每个单位是一，它是从哪里来的？显然，每个单位并不就是“一自身”。它也只能是从“一自身”和“多”来的，或者它就是“多”的一部分。而说单位是“多”，乃是不可能的，因为单位是不可分的；要说它从“多”的一部分产生，也包括许多困难。因为：(1) 每个部分必然是不可分的（不然，每个部分又是“多”，单位也就是可分的了），而事物的要素不能是一和多，单一的单位不能是从多和一来的。(2) 主张这种观点的人，实际上不过是假定了另一种数，因为他说的“不可分的多”就是另一个数。②

（乙）对于这种观点，我们也可以问：数是无限的，还是有限的？首先，看起来“多”是有限的，从它和“一”产生了有限的数。但是，还有一个另外的“多”，它是“多自身”，它是绝对的多，是

---

① $1085^a31—^b4$。

② $1085^b4—23$。

无限的多。那么，和“一”合作的“多”，是哪一种“多”呢？①

（丙）同样也可以问到“点”，点是造成空间量度的要素。显然，形成别的每一个“点”的，不是“一”，而只是“点”；也不是某种距离加上点，因为距离是不能有不可分的部分的，而“数”是由不可分的东西组成的，空间的量度却不是由不可分的东西组成的。②

总之，说“数”和空间的量度（即占有空间大小）是由“一”和“多”组成的，也会遇到同样的许多困难。

这些批判的意义

以上是亚里士多德对各种数论的批判，我们只能从字面上来理解这些论证，而不能完全说清楚这些论证。因为亚里士多德所批判的这些关于数的理论，都是当时柏拉图学派的学说。当时的柏拉图学派将柏拉图的“理念论”和毕达哥拉斯学派的数论结合起来，将“数”比作“理念”，还提出一种“理念的数”的学说，假定在数学对象之外，还有一种“理念的数”，它们也是独立存在的。因为这种学说本身，我们现在已经没法知道了，而且这种学说本身还有许多不同的理论，对各种不同学说的具体内容，我们只能从上述亚里士多德的介绍和批判中了解一点情况。因此，现在要讲清楚这些论证，是很难的。许多专家在这方面做了不少研究工作，也没有得到完满的结果。

尽管如此，我们虽然对每个论证的具体意义不能完全解释清楚，但是，亚里士多德的批判的根本意义，他自己在第九章的结尾处却讲得很清楚。从那里我们看得很清楚：亚里士多德对柏拉图学派的“理念的数”的批判，最主要的论点是和他批判柏拉图的“理念论”时的论点是一样的，主要就是那个“分离问题”。柏拉图将“理念”与个别事物分离开来，成为独立自存的实体，是错误的；同样，柏拉图学派将“理念的数”和普通的数分离开来，成为独立自存的数，也是错误的。

我们看他自己是怎么说明这个问题的。

他说：这些关于数的各种观点的分歧，就表明他们提出的事实是不正确的，从而带来了理论上的混乱。他说：（一）那些认为只有

① 1085b23—27。

② 1085b27—34。

数学对象是和可感觉事物分离存在的人（指斯潘雪浦），已经看到“理念”的困难和虚构，从而放弃了“理念的数”，只假定数学的数。（二）但是那些同时肯定“理念”和数的人（指色诺克拉底），却没有看到，如果假定了这些原则，数学的数如何能与“理念的数”分离存在呢？将“理念的数”和数学的数当成是同样的东西，实际上却是毁掉了数学的数。（三）而那个第一个肯定“理念”存在，说“理念”是数，还有数学对象存在的人（指柏拉图），自然将这两个（“理念”和数）分离开来了。看来，所有这些意见，在某些方面是正确的，但从总体说，却是不对的。他们自己证明了这一点，所以他们的说法不一致而且相互冲突。原因在于他们的假设和原则都是假的。从坏的材料中是造不出好的东西来的。①

他说，关于“数”，我们提出的问题和得到的结论已经够了。关于第一原则和原因，如果只讨论可感觉的本体，我们已经部分地在关于自然的著作②中讨论过了，部分不属于我们现在研究的范围。（后面第十四卷亚里士多德又专门讨论“数”是不是第一原则和原因的问题。）现在要讨论的，是那些认为在可感觉的事物以外还有别的本体的人，他们说“理念”和“数”就是这样的本体，认为“理念”和数的要素就是实在事物的要素，我们必须研究他们所说的这些学说。③

他说，关于讲“数”和数学对象的人（指斯潘雪浦），他们的观点我们以后（第十四卷）再来讨论。现在只讨论那些相信“理念”的人，看看他们的思想方式以及陷入的困难。——以下他就指出了主张“理念”的人的问题，既包括“理念论”，也包括“理念的数”，指出了它们为什么是错的。

他说，他们的错误在于：他们既将“理念”当作一般，同时又将它们当作个体而分离独立存在。这在以前已经论证过是不可能的。④ 为什么那些将本体说成是一般的人，却将这两种不同的特性——一般与个别——在一个东西里面结合起来呢？理由就在于他们认为本体和可感觉的事物不是同一的，而是两种不同的东西。他们认为可感觉世界中的个别事物都在流动状态中，是不持续留存的；

---

① $1085^{b}36$—$1086^{a}16$。

② 《物理学》，第1卷，第4—6章；《论天》，第3卷，第3—4章；《生成与毁灭》，第1卷，第1章。

③ $1086^{a}18$—29。

④ 参看B，$1003^{a}7$—17。

而一般则是与此不同的东西，是永恒而不流动变化的。我们已经说过，苏格拉底提出定义的时候，推动了这样的学说，他没有将这二者分离开来，他是对的。由此得到的结果是明显的：如果没有一般就不可能得到知识。但是将二者分离开来，这就是产生对“理念”的批判的根源。苏格拉底的继承者却认为这是必然的，他们以为，如果在可感觉的、暂时存在的本体之外，还有任何其他本体存在，这种本体必然是和可感觉的本体分离存在的。这样，就给予一般的本体以分离独立的存在，使一般的东西变成为个别存在的东西，使一般和个别成为同一类的东西了，这就是他们的困难。①

这样，亚里士多德就将“理念论”的错误根源，从认识论上、从一般和个别的关系上，讲清楚了。他的这段论证可以分析为以下几点：

第一，我们对于具体事物要得到真正的知识，必须认识“一般”。当时希腊哲学家的看法是：在现实世界中的具体事物都是暂时的、永远变化的。如果我们只感觉到这些变化，就是还没有真正的知识。只有认识到不变的知识才是真正的知识。这就是必须认识“一般”，苏格拉底要求的定义就是要认识这种“一般”。从个别的具体的东西进到一般的普遍的东西，当人们自觉地意识到这一点时，当然是人类认识发展史上的一大进步。

第二，这个一般和个别，是有不同的。问题在于，一般和个别是不是两个互相分离开且彼此独立的东西？亚里士多德说，苏格拉底没有将一般和个别分离开，在这点上他是对的。是柏拉图开始将这二者分离开来的。

而将一般和个别分离开，是什么意思呢？实际上就是又将一般当作个别的东西了。什么是分离的独立存在呢？只有个别事物才是可以分离独立存在的。这个人和那个人、这棵树和那棵树，是可以分离开而独立存在的。可是，在这个人、那个人之外，是不是还有一个“一般的人”（“人的理念”）也像这个人、那个人一样，在他们以外独立存在呢？如果“人”也能独立存在，它也像这个人、那个人一样成为个体，也是具有个别的性质。一般和个别，本来是两种不同的特性，可是，如果认为一般能够独立存在，它就变成个体，它就具有个别的特性。这样，它就同时具有了一般和个别这两种相

---

① 1086a29—b13。

反的特性了。列宁正是在读到《形而上学》第十三卷时，看到亚里士多德批判毕达哥拉斯学派的“数”和柏拉图的“理念”时指出：“原始的唯心主义认为：一般（概念、观念）是单个的存在物。这看来是野蛮的、骇人听闻的（确切些说：幼稚的）、荒谬的。”① 列宁讲的，就是原始的唯心论（包括宗教，因为宗教讲的“神”本来也是一般）将一般当成个别存在的东西了。这正是亚里士多德所批判的。柏拉图的“理念论”以及柏拉图学派所提出的各种数论，包括“理念的数”的理论等，它们共同犯的错误，归根结底，就在于这点，他们将一般当作个别了。亚里士多德指出的，就是这一点。

第三，一般和个别的关系，也就是共性和个性的关系，共性只存在于个性之中，一般只存在于个别之中。亚里士多德批判了那种认为一般是在个别之外独立分离存在的思想，坚持认为一般只能存在于个别之中。这一点，从辩证法讲，是正确的，亚里士多德在这点上是坚持辩证法的。

第四，一般怎么存在于个别之中呢？我们又怎样从个别认识一般呢？这就是人的认识的抽象作用。这是亚里士多德在以上第三章中讲过的。像“理念”（事物的一般性）和“数”，本来是具体事物的某一方面，人们将它和具体事物分离开来——这个“分离开来”，只是在思想上（而不是在实际上）将它们从具体事物中抽象出来，独立地进行研究。这种抽象的“分离”和柏拉图学派所讲的具体的“分离”是完全不同的。抽象的分离当然是必要的，科学的。

本体的要素是个别还是一般？

第十三卷第十章，编在现在这个地方是有问题的。有人认为这一章（还包括第九章的后一部分）是和第十四卷合在一起的，而且写在第十三卷之前。② 这两卷内容都是批判柏拉图学派的“理念”和“数”的理论，很多重复交错，不像是一个完整的著作。从以下的内容也可以看出来。

第十章开始时，亚里士多德说，我们将指出一点来，无论相信还是不相信“理念”的人都会感到困难，这就是本体的要素和原则

① 《列宁全集》，中文1版，第38卷，420～421页。

② 参看 W. D. Ross：*Aristotle's Metaphysics*，vol. II，pp. 406-407，461-462。

是不是相同的。他说，如果我们认为本体不是像个别事物那样分离的，那样，我们就将我们所理解的本体毁坏了；但如果我们认为本体是分离的，那么，本体的因素和原则又将如何呢？① ——在这里，亚里士多德学者耶格尔曾经指出：亚里士多德用的是“我们”，是指柏拉图学派所理解的本体，在柏拉图学派内部对于“理念”有两种不同的看法，是彼此矛盾的。因为他这里用的是“我们柏拉图学派”，与后来说“他们柏拉图学派”不同，写作时间可能是前于第十三卷第一—九章的。②

亚里士多德的论证是：这些本体的要素或原则是一般的，还是个别的？他从两方面论证：

（甲）如果要素或原则是个别的，则（1）实在的事物和组成它们的要素的数目一样多；（2）要素是不可知的。因为：（1）以语言中的音节为本体，音节的要素——字母——等于本体的要素，每个具体的音节中有一个音，如 ba，如果它们是个别的，它们就不是一般的，也就在形式上不是共同的，只能是一个“这个”。这样，就只能有一个 a 和一个 b，就不能是同一音节可以在许多个体中存在了。有多少个实在的事物——个体，也就有多少个要素。要素就不是“多中之一”了。（2）这些要素不是一般的，所以对于它们，不能有知识。凡是理性的知识只能是关于一般的知识，这是从证明和定义中就可以知道的，因为我们不是从某一个特殊的人是动物，就可以作出定义来的，而是从（一般的）每个人都是动物，才作出定义，得到知识的。③ 所以，要素或原则不能是个别的。

（乙）如果要素或原则是一般的，那么由它们（要素）组成的本体也是一般的。否则，如果本体不是一般的，而是个别的，可是它的要素却是一般的，它就不是本体（因为本体不是一般的）；而本体由要素组成，所以要素在本体之先，那就是本体由“一般”组成，就是本体由非本体组成，非本体可以在本体之先了。④

亚里士多德指出，如果人们认为“理念”是由要素组成的，同时又认为在本体之外有一个分离存在的实体——“理念”，就必然会得出上述矛盾的结论。因此，只要这样：（1）如果要素 a 和 b 不是

① 1086^{b}14—20。

② Cf. W. Jaeger：*Aristotle*，Oxford，1934，p. 188.

③ 1086^{b}20—37。

④ 1086^{b}37—1087^{a}4。

一个，而是很多个；在许多个 a 和 b 之外，再有分离存在的“a 自身”和“b 自身”，就会有无数个相同的音节，也就有无数个本体和它们的要素了。(2) 认为知识就是一般的，所以事物的原则也只能是一般的，这只有在一种意义上是正确的。因为知识，正像“知道”这个动作一样，有两种，一种是潜能，一种是现实。作为潜能的知识，是一般的和不确定的；而作为现实的知识，却总是确定的，是对于一个确定的（具体的、特殊的）对象的——这种知识本身就是一个“这个”，它处理的对象也是一个“这个”，是特殊，而不是一般。视觉所看到的，本来是个别的颜色，可是这个个别的颜色正好是（一般的）颜色；感觉本来只以个别为对象，所以视觉只是“由于偶然”才看到那一般的颜色。因此，知识在一种意义下是一般的，在另一种意义下又不是一般的。①

亚里士多德在这里谈的是关于组成本体的要素或原则的问题。这些要素是一般的，还是个别的？对于这个问题，亚里士多德并不是简单地肯定一个方面，而否定另一个方面。他是分析了这两方面，指出都有不可能的情况，要素既不能是一般的，也不能是个别的。因为亚里士多德的基本思想是：“一般”不是分离的本体。如果本体的要素是“一般”，本体由“一般”组成，就是由非本体组成，就是“非本体”先于本体，这是不可能的。另一方面，本体的要素也不能是个别的，因为我们的知识只能是一般的；关于个别的东西，不能有任何知识。要素是知识的对象，我们认识事物就是要认识它的要素和原因。所以，要素也不能是个别的。这样，两个方面都有不可能的情况。但是，亚里士多德也不是简单地完全否定这两个方面。如果本体的要素既不是一般的，又不是个别的，那么，它只能什么都不是，只能是“无”了。亚里士多德的意思是：这方面的不可能，就是那方面的可能；同样，那方面的不可能，就是这方面的可能。所以，如果我们说它既不是甲，又不是非甲，这也就等于说它既是甲，又是非甲。这就是辩证法的分析方法。亚里士多德经常使用这样的辩证分析。他在《形而上学》第三卷提出要讨论的问题时，就是这样分析每个问题的。现在这里提出来的问题，实际上就是那里提出来的第九个问题。②

但是，亚里士多德也不是从抽象的逻辑推论得出这个结论来的。

---

① 1087^{a}5—25。

② 参看 B，1003^{a}7—17。

他分析了“知识”的问题。按照当时一般的希腊哲学的认识论，知识的对象是“一般”，只有感觉的对象才是个别的事物，亚里士多德通常也是这样看的。但在这里，他却提出一种新的看法，那就是认为知识也有潜能与现实之分。他说，只有潜能的知识才以“一般”为对象。但“一般”是不确定的，它可以是这一个，也可以是那一个——正是在这个意义上，才说它是潜能的，而不是现实的。当知识成为现实时，它就有一个确定的对象，就不是“一般”，而是个别的一个“这个”了。所以他说，现实的知识是以个别为对象的。这样，知识在一种意义下（潜能的）是一般的，在另一种意义下（现实的）又不是一般的，而是个别的。

亚里士多德这个思想，是和当时的传统思想——认为知识的对象只是一般，不是个别——不一样的，也超出了他自己原来的思想。应该说，这个思想是更为深刻的。诚然，我们的思想是要从个别上升到一般，也就是从认识现象进到认识本质。这也就是亚里士多德认识本体的过程。但如果我们的思想达到“一般”以后，就停止了，这样的认识还只是抽象的、空洞的（亚里士多德说是“潜能的”），还没有认识那一个具体的事物。所以，我们的认识还要再从一般回到个别，这就是亚里士多德在这里说的，要从潜能到现实的知识，才能真正认识具体的事物。从这个意义上说，亚里士多德这个思想的内容是符合辩证法的。可惜，在这方面，亚里士多德没有再进一步发挥下去。

但是，我们也不要过分夸大这一方面，好像亚里士多德已经完全自觉地掌握了辩证法了。不能这样说。其实，正如列宁所指出的，亚里士多德在一般和个别的问题上，常常动摇不定，陷入混乱。我们已经一再指出过这方面的问题。就拿本体来说，亚里士多德一再反对说“一般”是本体，其实，他所反对的，只是最抽象的“一般”，如“一”和“存在”，还有“理念”和“数”这样的“一般”（亚里士多德主要是反对将“理念”和“数”当成可以和具体事物分离的独立存在的本体）。但是，他自己认为是第一本体的形式和定义，当然也是“一般”，而不是个别，所以，他怎么能反对“一般”是本体呢？这问题也只能说是他没有完全弄清“一般”和个别的区别。

《形而上学》第十三卷第六—九章，是继续第一—五章批判柏拉图学派的“数”和“理念”的理论的。在这部分中，亚里士多德重点是批判当时各派的思想——包括柏拉图的学说、他的学生斯潘雪浦和色诺克拉底的学说，以及毕达哥拉斯学派的学说，主要是批判他们将“数”或“理念”和个别事物相分离的学说。因为这些学说本身我们已经无法知道，所以对于这些论证，我们不能完全理解。但是，亚里士多德在第九章结尾时的那一段（$1086^a29—^b13$）分析，却是很重要的。这一段话，说明了亚里士多德批判柏拉图的“理念论”以及柏拉图学派的数论，按照列宁的说法，这就是对一般的唯心论的批判——指出他们将“一般”当作了个别的存在物。应该说，亚里士多德能够在两千多年前就看出这一点，是很有价值的。

第十七章
“数”不是本体的第一原则
——《形而上学》第十四卷

《形而上学》第十四卷（N）和第十三卷（M）一样，主要是批判当时柏拉图学派关于数的理论的。但是第十四卷的重点和第十三卷有所不同，第十四卷的重点是批判那种认为“数”是本体的第一原理和要素的学说。这里用的“原理”这个词，就是希腊哲学开始提出来的“本原”（ἀρχή）这个词。在古代希腊哲学中，唯物论者认为“本原”是物质性的元素，毕达哥拉斯学派首先提出“数”是万物的“本原”。“数”不是物质性的东西，而是抽象的原则，所以根据英译，我们也将它译为“原则”。柏拉图学派接受了毕达哥拉斯学派的这个观点，也认为“数”是事物的第一原则。认为“数”是事物的第一原则，这是当时柏拉图学派的普遍趋势，他们的哲学是数学化的哲学。亚里士多德在第十三卷中，主要是批判柏拉图学派将“数”和“理念”当作分离的、独立存在的本体；在第十四卷中，则是针对他们将“数”当作第一原则及要素的论点进行批判的。当然，这种分别并不是绝对的，这两卷的内容有一些是重复的。有些研究者认为，从第十三卷第九章后一半起，就开始了第十四卷。

相反的东西不能是第一原则

毕达哥拉斯学派认为“数”是事物的第一原则，同时又认为相反的东西是第一原则，他们提出了十对相反的东西：有限和无限、奇和偶、一和多、善和恶、右和左等等。这个思想也为柏拉图学派接受了。柏拉图就以“一”和“多”（他又叫作“不定的二”即“大和小”）作为第一原则。因此，亚里士多德就从这个方面开始批判。

第一章开始，他就提出这个问题：哲学家们认为事物（无论是自然的事物或不动的本体）的第一原则是相反的东西。但是，亚里士多德认为，如果是第一原则，就不能再有什么东西在它之先；而且，它也不能既是原则，同时又是这个事物的一种属性。正好像如果将“白”说成是第一原理。白不是作为别的东西，而只是作为“白”，白是表述一个主体的，我们只能说一个白的东西。所以，假定白，是要先假定一个主体，假定“白”是这个主体的属性，是白的人、白的纸等等。这个主体（人、纸）就是先于白的。所以，说白是第一原则，显然是荒谬的。相反的东西也属于这种情况。凡是从相反的东西中产生的东西，总包含着一个在相反的背后的主体；在任何相反的情况中，总有个主体。而相反的，乃是表述这个主体的，相反的东西不能和主体分离而存在。因此，主体在相反的东西之先。所以，亚里士多德说，任何相反的东西都不能是完全意义的第一原则。①

然后，亚里士多德具体分析柏拉图学派所说的一对相反的——“一”和“多”。他说，这些哲学家认为这对相反的之一（“多”）是质料，但是他们的具体说法也有些不同。有些人（指柏拉图）认为这就是“不等”，它是“多”的本质，也就是“一”的质料；另一些哲学家（指斯潘雪浦）则认为“一”的质料是“多”。前者认为数是从“不等”即“不定的二”也就是“大和小”产生的，后者认为是从“多”产生的，二者都是由“一”的本质（即作为形式的“一”）产生的。但是，亚里士多德指出，他们这样说的时候，是不清楚的。例如，那些说“不等”和“一”是组成数的要素的哲学家，认为“不等”就是由大和小组成的“不定的二”；但是，他们又将“大和小”当作一个，没有区别大和小是定义上相同，还是它们（大和小）就是一个。所以，有些人（包括柏拉图）就将大和小当作不同的两个东西，而将大、小和“一”当作数的三个要素。还有些人（不确定的柏拉图学派中人）认为是“多和少”，还有些人（可能指毕达哥拉斯学派）则更一般地指“过和不足”。（就是说，无论“大和小”、“多和少”，等等，一般地说，就是“过和不足”。）这些说法没有太大的不同。② 亚里士多德接着又指出，这种关于“相反”的说法，

① 1087a30—b4。

② 1087b4—26。

究竟怎么相反，谁和谁相反？也是可以有不同的理解的。例如，有人认为和“一”相反的是“异”和“别的”，有人认为是“多”。如果事物是由相反的组成的，则是哪个相反的呢？如果相反的一方是“一”，那么，或者是“一”根本没有相反的，或者是“一”有许多相反的。而“不等”是和“等”相反的，“异”是和“同”相反的，“别的”是和“自身”相反的。所以和“一”相反的可以有许多，“不等”、“异”、“别的”都是和“一”相反的。但是，“多”是和“少”相反的，如果“一”和“多”相反，“一”又成为“少”了。①

亚里士多德指出这些问题以后，就从两个方面——“一”（形式）和“多”（质料）——进行驳斥。在第十三卷中，他曾经对“一”和“多”进行过批判，但在第十四卷中的批判更深刻。

第一，对于形式原则即“一”的反驳。

亚里士多德说，“一”显然只是指一个量度。在每一种不同的情况中，都有一个在量度背后的事物，这个事物有它自己特有的量度。例如，音阶的量度是四分之一的音程，空间的量度是一步或一指，韵律的量度是一个节拍或一个音节，重力的量度是一定的重量。一切情况都是这样，性质的量度是性质，数量的量度是数量。度量“一”就是不可分的单位，性质的度量是在种类上不可分的，数量的度量是在数目上不可分的。亚里士多德由此得出结论说：“一”既然不过是计量事物的度量的单位，所以，“一自身”就不能是任何事物的本体。②

这就是亚里士多德得出的结论，“一”只是一个计量事物的量度，所以，不能是事物的本体。他推翻了从毕达哥拉斯学派到柏拉图学派的一条重要的前提。接着，他对这一点又作了补充的说明：因为“一”只是计量多数的事物的，而“数”就是计量出来的“多”，或者是许多个量。所以，“一”不是数。（古代希腊的“数”是不包括1的，是从2开始的，所以，“数”是多而不是一。）因为度量不是量，“一”和度量不过是计数的出发点而已。度量必须和它所计量的东西是相同的，如果被计量的是马，它的量度就是“一匹马”；如果被计量的是人，量度就是“一个人”；如果被计量的是人、马和神，量度或者就是“有生命的东西”，一个人、一匹马和一个神，可以说是三个有生命的东西。但如果被计量的是人、白、走路，

① 1087b26—33。

② 1087b33—1088a4。

那就很难得出一个数来，要说它们有个共同的主体，那或者只能说是空洞的像“种”这一类东西了。① 亚里士多德说明了，“一”只能作为事物的量度，它总只能依附于一个主体，没有独立存在的“一”可以作为事物的本体。而且，“一”作为量度说，也是只能由本体决定的。

第二，对质料原则即“不定的二”的反驳。

他说，那些认为“不等”即由大和小组成的“不定的二”是本体、是质料的人，所说的也是不可能的。因为：（1）这些“不等”、“大和小”、“不定的二”并不是基质，它们只不过是数和空间量度的属性而已。数有多和少，空间量度有大和小，它们和奇与偶、平滑与粗糙、直与曲一样，只是事物的属性。而且，（2）这些“不等”、“大和小”都不过是一些关系，属于“关系”范畴，在实体和本体性上是最后的，后于性质和数量。（亚里士多德认为，在所有范畴中，性质、数量是和本体最接近的，而关系却是和本体离得最远的。）而且这种关系只是数量的属性，而不是数量的质料。因为必须先有某个事物，它本身具有多或少、大或小等相对的（关系的）性质，它才是多或少、大或小的。（3）这种“关系”不是本体或实在的东西，还可以从这点上看出来，就是它（大或小、多或少）本身没有固有的生成和毁灭，没有运动。因为数量还有增和减，性质还有变化，本体则有生成和毁灭。大或小这些关系词是没有变化和生灭的。我们说它变化，只是说有个事物，它现在变得大一点，或是变得小一点，或是变得相等，这是和另外一个事物相比较，相对地说才产生了这种变化的。所以，这种关系是表示两个事物之间比较的关系。（4）事物或本体的质料，只能是潜能的，而关系却既不是潜能的，也不是现实的本体。让这种非本体的关系成为本体的要素，并且让它先于本体，成为第一原则，这是奇怪的、不可能的，因为其他的范畴包括数量、关系等，都只能后于本体。（5）任何事物的要素，作为组成这个事物的要素，它们不能是表述这个事物的。而大和小却是表述数的分和合的，长和短是表述线的，宽和狭是表述面的。如果有个数，总是用“少”来表述它的，例如 2（因为 2 不是“多”，不然 1 就是“少”了——在希腊，1 不是数，所以不是“少”），就必须有绝对的多，那是 10，或是 10 000。这样看来，一个数怎么能由

---

① 1088^a4—14。

多和少组成呢？不能用“多和少”同时去表述一个数，事实上，一个数要么是多，要么是少①，不能是多和少。因此，怎么能说“多和少”是数的质料呢？亚里士多德在这里反复说明的，也就是“不等”、“多和少”只是事物的数量方面的关系，只是事物的属性，而不是本体，也不是质料的原则。

所以，“一”和“多”（“不定的二”）都只是本体的数量和关系，怎么能说它们是本体呢？这就是亚里士多德得出的结论。这个结论推翻了毕达哥拉斯学派和柏拉图学派以“数”为事物的第一原则或要素的学说。

存在和非存在

在第二章开始，亚里士多德讨论永恒的事物（指天体）是不是能由要素组成的。他说，凡是由一些要素组成的事物，总是有质料的。从一方面说，即使是永恒存在的东西，无论它是已经生成或正在生成，它总必然是从它所由以组成的要素产生的；而从另一方面说，凡是生成的东西总是从潜能的东西生成的［如果它没有这种能力（潜能），它就不能生成，也不能由这种要素生成］，可是潜能的东西却是可能的东西，它是既能够实现，又可能不实现的。这样，如果永恒的数或事物，是由潜能的质料组成，它就可能存在，也有可能不存在；而凡是可能不存在的东西，它的存在就有个限度，它们就不能是永恒的。这是我们在别的地方②已经说过的。所以，任何永恒的本体只能是现实的。如果这个说法是一般地正确的，则永恒的本体就不能由质料的要素所组成。③——亚里士多德这个说法还是反驳柏拉图学派的观点的，他们认为“数”是永恒的，而数就是由要素组成的，其中还包含质料的要素，这是潜能。所以，这一部分还是上一部分反驳的继续。

亚里士多德在第二章中，主要的是探讨柏拉图学派为什么会产生这种错误的数的理论的。为什么柏拉图学派认为“数”是由“一”和“不定的二”这些原则或要素组成的呢？他认为根源在于他们接

---

① 1088^{a}15—^{b}13。

② 参看Θ，1050^{b}7以后；《论天》，第1卷第12章。

③ 1088^{b}14—28。

受了巴门尼德的“存在”和“非存在”的理论。

他说，柏拉图学派所以作这种解释，有许多原因，其中特别是古老的巴门尼德的思想对他们的影响。巴门尼德认为万物是“一”(就是“存在”自身)，而“非存在是没有的”。柏拉图学派拒绝这种观点，他们要证明“非存在”也是存在（有）的。他们认为“非存在”就是某些不同（异）于“存在”的东西。巴门尼德认为事物的第一原则只能是“存在”，是“一”；柏拉图学派认为不但有“存在”，还有“非存在”，所以，他们认为，事物的第一原则就是“存在”和“非存在”。而异于“一”的就是“多”，所以，数就是由“一”和“多”这两种相反的要素组成的。①

亚里士多德对于这种看法提出了分析批评。

他说，第一，“存在”是有许多种含义的，它有时指本体，有时指性质、数量等其他的范畴。如果没有“非存在”，那么，这种种存在是一种什么样的“一”呢？是说本体是“一”，还是别的范畴也是同样的“一”，或者是要所有这些范畴都合起来成为“一”？那么，“这个”、“如此”、“多大”都合在一起成为一个“一”了。这当然是奇怪而且不可能的。那样就会有一个“一”，它的一部分是“这个”，一部分是“如此”，一部分是“多大”，一部分是“这里”等等，这些东西怎么能合成“一”呢？② 但是，从另外一方面说，正如“存在”有多少种含义，“非存在”也有多少种含义。“不是人”表示它不是某个本体，“不是直的”表示它不是某种性质，“不是三尺长”表示它不是某种数量。③（这就是柏拉图提出来的相对的“非存在”理论。他认为，“非存在”不是像巴门尼德所设想的绝对的“无”，而只是表明它不是某种存在。比如，本体是存在，则凡不是本体的东西，相对于本体说，就是“非存在”，所以，如果“人”是存在，“不是人”就是“非存在”。④）亚里士多德说，既然“存在”和“非存在”都有这么多不同的含义，那么，是哪一种“存在”和“非存在”组成事物或“数”的呢？他说，柏拉图又认为“非存在”就是“假的”。有人说，我们必须假定有某种假的东西，正像几何学家如果将某种不是一尺长的东西假定为一尺长，就是假的。但是亚里士

① 1088b35—1089a6。

② 1089a7—15。

③ 1089a15—19。

④ 参看柏拉图《智者篇》256E。

多德说，不是这样，几何学家不能去假定假的东西，不能去推论假的东西，也不能认为事物所由以产生以及最后归为这种意义（假）的“非存在”。因为有几种意义的“非存在”，现在说的“非存在”不能是假的存在，只能说它是潜在的存在。从这种潜在的存在开始生成，人是从“不是人但是潜在的人”生成的，白是从“不是白但是潜在的白”生成的。这种“非存在”既不是绝对的“无”，也不是“假”，而是潜能的存在。这样的“非存在”当然是可以生成为“存在”的。至于生成的东西是“一”还是“多”，则是无关重要的。①

亚里士多德说，要研究的问题是，为什么作为本体的存在是“多”呢？说本体是“多”和说性质、数量是“多”，它们有什么关系？柏拉图学派所说的“不定的二”（大和小）不是有许多种颜色、气味、形状的原因，因为这些东西是可以有许多个数目和单位的。②他说，如果柏拉图学派考虑到这点，他们就可以看到，本体所以是“多”的原因，也和这些颜色、气味、形状是“多”的原因相似，都是由于它们的潜能的质料。他们的错误在于将这种质料的原则当作一种关系（“不等”）。像“不等”这样的关系，本身也是一种“存在”，怎么能将它和“一”、“存在”当作是一对相反的对立的原则呢？③ 他们应该问为什么“关系”是多？但是，当他们问为什么在“一”以外还有许多单位（每个单位都是一）时，他们并没有问为什么在“不等”以外还有许多不等？实际上他们是讲了许多个不等——如“大和小”、“多和少”、“长和短”等等。④ 必须假设每个事物都有它的潜能的东西，而柏拉图学派却将“关系”（他们也同样可以将“性质”）当作潜在的本体。这是错误的，因为“关系”既不是潜在的“一”和“存在”，也不是和“一”、“存在”相矛盾的，它本身也是一种存在。⑤ ——以上这一大段是很难理解的，因为这又是批判柏拉图学派的某种具体理论的。罗斯注释本中对这一大段也没有作任何解释，我们这里是根据罗斯的提要介绍的。⑥ 这段话的主要思想大概是：亚里士多德认为，柏拉图学派从巴门尼德的“存

① 1089a19—31。

② 1089a31—b2。

③ 1089b2—8。

④ 1089b8—15。

⑤ 1089b15—20。

⑥ 参看 W. D. Ross：*Aristotle's Metaphysics*，vol. II，pp. 469，476-477。

在”，论证了相对的“不存在”；根据“存在”和“非存在”的理论，提出了“一”（“存在”）和“多”（“不定的二”、“大和小”、“不等”）的对立。亚里士多德认为，他们所说的“多”是一种关系，是“存在”的一种，它和“一”、“存在”并不是对立的。所以不能从“存在”和“非存在”推出事物有相反的第一原则。

但是，在下面这段话中，亚里士多德却提到了一个值得注意的问题。他说，如果研究“存在”何以是“多”时，不是要去研究同一个范畴何以是“多”，（因为实际上任何范畴都是多，有许多个本体、许多个性质，等等）而是要去研究“存在”作为一个整体，为什么是“多”。对于本体以外的范畴，如性质、数量等，它们的“多”是另外一个问题。因为它们是不能和本体相分离的，性质、数量是“多”，原因是它们的基质是“多”；对每个范畴都应该有个质料，而这质料是不能和本体分离存在的。问题是在“这一个”（这里，亚里士多德不是指具体事物，而是指本体）的“多”，要说明“这个”是多，就要说明它既是一个“这个”，又具有一般性的品格。关于本体的困难问题是：如何会有许多个现实的本体，而不是一个。①

这里，亚里士多德谈的是“一”和“多”的关系问题。第十三卷从开始以来，都是在谈这个问题。柏拉图学派认为“一”和“多”是组成本体的要素，是第一原则。亚里士多德批评这种观点。诚然，如果像柏拉图学派那样将“一”和“多”分离开来，“一”是形式，“多”是质料，是会引起许多困难的。但是，如果不是像柏拉图学派那样地区别“一”和“多”，不将它们对立起来，割裂开来，而是看到它们的联系，从而将它们看成是一对基本的原则，是否可以呢？亚里士多德在《形而上学》中多次谈到“一”和“多”的关系，在第五卷（Δ）第六章谈了，第十卷（I）整卷都是谈的“一”和“多”的问题，那里的许多论证，对于我们了解亚里士多德的辩证法思想，是很有意义的，但因与本书讨论的主题无关，我们不能在这里讨论了。不过，亚里士多德在这里提到的“多数的这个”，却是值得讲一下的。

亚里士多德在《范畴篇》中将“这一个”（个体性，*τόδε τι*）作为本体的一个标志。在那里，他认为，从“这一个”的标准看，具

---

① 1089^b15—30。

体的事物（个体）比一般（“属”和“种”）更是本体，因为他认为，“这一个”首先应该是指这一个、那一个具体的事物，然后才是它们的“属”和“种”。在《形而上学》第七、八、九卷讨论本体时，他虽然以“这一个”作为本体的标准，但是他认为，“这一个”首先不是属于个体，而是属于形式——就是本质。因为，他认为个别事物之所以具有“这一个”的性质，是由于它的本质即形式。具体事物的个体性是从它的形式那里来的。所以，形式比具体事物更是“这一个”。这个次序颠倒过来了。可是，说一个一个的具体事物是“这一个”，是容易理解的，因为一个一个的具体事物就是这一个、那一个个体。“这一个”是个体性，它应该是个别的、特殊的。所以，当他后来说形式、本质是“这一个”时，就不好理解了。因为形式、本质本身就是一般的东西，怎么能说它是“这一个”呢？将一般的东西说成是“这一个”，是个体，不是又将一般和个别混淆了吗？这正是亚里士多德反复批判柏拉图的“理念论”的一个基本论点。柏拉图的“理念”是将一般和个别分离开，然后又将一般当作个别了，这是他的根本性错误。亚里士多德批判了柏拉图，认为一般就存在于个别之中，这样，一般和个别就不是互相分离的，而是相互联系的。一般既然存在于个别之中，一般也就具有个体性，同时这种个体性（“这一个”）也就是一般的。所以，它是一般和个别相结合的“这一个”，我们可以说它是“这样的一个”，其中的“这样”就表示了它的一般性。“这样的一个”，就其一般性来说，它只有一个（抽象的一个）；但就其表现在个别性方面说，它又是具体的许多个。这就是亚里士多德在这里说的“多数的这一个”。它既是一般和个别相结合，同时又是“一”和“多”的结合。从这个意义上说，我们仍旧可以承认，“一”和“多”是事物的一对基本原则，当然，不能像柏拉图学派那样将“一”和“多”当作两个完全不同的东西分离开来。

所以，亚里士多德又讲了一段。他说，如果“这一个”（本体）和数量是不同的，我们只知道为什么数量是“多”，而不知道为什么本体是多。因为所有的“数”都表示数量，“单位”也表示数量，它只是不可分的量。如果数量和本体是不同的，我们不知道为什么本体是“多”。但如果说数量和本体是相同的，也会遇到许多困难。[①] ——可

① 1089b32—1090a2。

惜亚里士多德的话到这里打断了，没有从这方面再分析下去。从亚里士多德的思想说，数量和本体属于两个不同的范畴，当然不是相同的，但是它们也不是完全不同的，因为数量也就是本体的数量，因此，数量的“多”也就是表示本体有“多”的数量。

从第二章最后一段到第四章第一段，亚里士多德又批判柏拉图学派认为“数”是分离独立存在的学说，其内容基本和第十三卷第二、三章相同。罗斯认为，这一点可以说明：第十三卷和第十四卷不是同一篇系统的著作，可能是两篇各自独立的论文，所以内容有相同之处，现在主要根据罗斯的提要，简单介绍其内容。

亚里士多德说，我们现在要注意的问题是关于“数”的存在的问题。相信“理念”的人是为事物的存在提供了原因，因为他们认为“理念”是别的事物存在的原因。他又分别谈到各种不同的学说。(一) 那些看到“理念”的困难而主张数学的数的人（指斯潘雪浦），为什么我们要相信他们的说法，相信有这样的数存在？并且，这样的数对别的事物有什么用处呢？他们并不认为数是别的事物的原因，(毋宁说他们认为数是自己存在的东西)，我们也看不出数是别的事物的原因。为什么要相信有这样的数呢？[①]

第三章开始，亚里士多德说到（二）那些相信“理念”存在，并且认为“理念”就是“数”的人（指柏拉图）。他们是从具体实例中找出一个分离的词（“理念”），又以它的“一”来解释“数”的存在，但是他们的结论是不明确的，我们不能因此承认“数”的存在。(三) 至于毕达哥拉斯学派，他们看到感觉事物有许多数的属性，因而认为实在事物是由“数”组成的，只是他们所说的数不是分离的“数”。(四) 那些认为只有数学的数存在的人（指斯潘雪浦），他们只是竭力主张可感觉的事物不是科学研究的题目，但我们认为可感觉的事物是科学研究的题目。显然，数学的对象是不能像他们说的那样和可感觉的事物分离存在的，如果分离存在，数学的对象就不是物体的属性了。亚里士多德又说，毕达哥拉斯学派在不主张分离这点上，是不会遭到反驳的；但他们认为自然物体是由“数”组成的，就是有轻重的（具体的）物体是由没有轻重的东西（抽象的“数”）组成的，看来他们是在说另一个天体，而不是我们可看到的这个天体。但是那些认为“数”是分离的人（指柏拉图学派）认为

① 1090^a2—15。

"数"既是存在的又是分离的，数学公理对于可感觉的事物是不真的，只对于灵魂有用。（"数"既是和可感觉的事物分离，因此数学公理对可感觉的事物也是没有用的，只对理性灵魂有用。）那么，上述困难又要发生了，"数"就不是具体事物的属性了。①

还有些人，他们看到点是线的极限，线是面的极限，面是体的极限，从而认为有点、线、面这类实在的东西。这种说法是不对的。因为：(1) 这些只是极限，不是本体。即使走路、运动也都有个限制，难道这也是本体吗？(2) 即使它们是本体，也只能是这个世界上我们可感觉到的事物的本体，它们如何能与可感觉的事物分离存在呢？②

如果我们是不容易满足的，则还可以究问：关于一切数和数学对象，照他们的说法，是有在先的和在后的关系。比如，数是关于空间的度量，空间的度量又先于可感觉的事物。这种先后有什么关系呢？事实上，如果数不存在，空间的度量还会存在；如果空间度量不存在，可感觉事物还会存在。③ ——这就是说，从逻辑上讲，事物由空间度量组成，空间度量又由数组成，在后的由在先的组成；可是在事实上，具体事物是自己存在的，它们并不需要以空间度量和数为存在的原因。

亚里士多德说，那些相信"理念"的人（指色诺克拉底）似乎可以避免这种困难。因为他们认为空间度量是由质料和"数"组成的，线是由 2 这个数组成的，面是由 3 这个数组成的，体是由 4 这个数组成的。（他们可以用任何别的数，也没有什么不同。）但是，这些度量是不是"理念"？它们以什么方式存在？它们对事物有什么作用？正像数学对象对事物没有什么作用一样，它们对事物也没有什么作用。这些思想家的错误，在于想将数学对象和"理念"统一起来。④

而那个第一个假定有两种数——"理念的数"和数学的数——的人（指柏拉图），他说不清数学的数是如何存在，又是由什么东西组成的。他将数学的数摆在"理念的数"和可感觉的数的中间，就是有三种数："理念的数"、数学的数和可感觉的数（我们看到的三个人、四块石头等）。但是，(1) 如果数学的数是由大和小组成的，它

---

① 1090[a]16—[b]5。
② 1090[b]5—13。
③ 1090[b]13—20。
④ 1090[b]20—32。

就和“理念的数”相同了，他认为空间度量就是由某种大和小组成的。既然都是由大和小组成的，怎么能区别这些不同的数呢？（2）如果不是由大和小，而是由某些别的要素组成的，那么，他就要在大和小以外提出许多别的要素来了。而且，如果这两种数的原则都是“一”，“一”是它们共同的本原，那么，我们就要研究如何由“一”生成为许多事物，而按照他的说法，数是由“一”和“不定的二”组成的。[1]“一”和“不定的二”如何能组成这些不同的数呢？

最后，亚里士多德嘲笑他们，说他们的理论都是荒谬的，是自相矛盾的，都像西蒙尼德的“冗长的废话”，是奴隶们制造出来，是人们不能正当地说出来的。他说，“大和小”看来都要起来反抗了，因为除了使“一”加倍以外，没有别的办法可以产生“数”了。[2] ——这里可以看出，亚里士多德对于柏拉图学派的蔑视，嘲笑他们说的不过是“冗长的废话”，所谓“大和小”、“不定的二”等等，不过就是将“一”加倍而已。

下面，亚里士多德又讲到永恒的事物是否生成的问题。第二章开始时[3]讨论过这个问题。在那里，他认为永恒的事物都是现实的，不是潜能的，因为潜能就是能存在又能不存在的，它不能是永恒的。所以，他认为永恒的事物不是由要素组成的。现在，他也认为永恒的事物不是生成的，说它们生成乃是不可能的事情。他接着说，无疑地，毕达哥拉斯学派是认为“一”是由面、体、种子、要素等构成的，一旦无限被构成时，它立刻就被这些限制的东西所限制了。那样，它就不再是无限了。但是他立即说，因为毕达哥拉斯学派讲的是自然世界的构成，是属于物理学的理论，与我们现在的研究无关。我们现在要研究的乃是不变的事物的原则，是要研究不变的“数”的生成问题。[4]

但接着他又谈到柏拉图学派的思想，说他们认为奇数不是生成的，那就是说，偶数是生成的。他们认为偶数最初是从“不等”——即大和小——生成的，大和小变得相等时，即成为偶数。那么，在它们变成相等以前，它们就是不等了；如果它们总是相等的，在它们以前就没有不等。所以他们实际上只是看到了奇数和偶

① 1090^b32—1091^a5。

② 1091^a5—12。

③ 指 1088^b14—35。

④ 1091^a12—22。

数的性质，并没有能说明它们的生成。①

所有这些议论，都是针对当时柏拉图学派的具体的学说的，而且对每个问题都只谈了一点，没有系统阐述，因此，我们也不能解释它们。我们只能在这些问题中看到当时对于数的种种矛盾的思想。

第一原则和“善”

自第四章以后，亚里士多德都是讨论“数”是第一原则或要素的问题。在第四章中，亚里士多德主要讨论以“数”为第一原则和以“善”为第一原则的关系问题。以“数”为第一原则，这是柏拉图学派接受了毕达哥拉斯学派的学说而发展起来的理论，但是，从苏格拉底起到柏拉图以后，目的论的思想又十分明显，那就是认为目的——“善”和“美”——是事物的第一原则。这样两种“第一原则”的思想，究竟是什么关系？哪一种是正确的呢？亚里士多德现在就是要讨论这个问题。

他说，困难在于这些要素或原则和“善”与“美”是什么关系，是不是有“善”这样一个要素，如果没有，“善”就只能是在要素以后才发生的。（因为要素或第一原则总是最先的。）他说，看来，神话和现在的某些思想家（指斯潘雪浦）是一致的，他们对这些问题作了否定的回答。他们说，只是事物自然地有了进步以后才出现“善”和“美”的。他说，他们所以这样说，就是为了避免遭到像那些说“一”是第一原则的人所遇到的那种反驳。（但是，他说，那种反驳其实并不是由于他们说“善”是第一原则的属性，而是由于他们将“一”作为原则或要素，并且从“一”产生出“数”。就是说，是因为他们以“数”为第一原则才遭到这样的反驳。）他说，古老的诗人在这点上也同意他们，即认为在时间上，首先是黑夜和天空，或混沌和海洋，最后才是统治者宙斯。②——罗斑（L. Robin）解释说，这是说自然的力量（黑夜、天空、海洋）是先于统治自然的权力（宙斯，即古希腊人的上帝）的。③先有自然，然后才有统治自

① 1091ᵃ23—29。

② 1091ᵃ33—ᵇ6。

③ 参看罗斑：《希腊思想和科学精神的起源》，陈修斋译，46页，北京，商务印书馆，1965。

然的力量——善。这是希腊神话中的唯物论思想。但是，亚里士多德接着指出，这些思想家所以这样说，乃是因为他们认为世界的统治者是“变化”。但是有些人虽然不用神话的语言，仍将原始的创造力量和“善”结合在一起。他举出恩培多克勒和阿那克萨戈拉，前者认为“爱”是要素，后者认为“理性”是原则。这些思想家就是以“善”为第一原则。还有那些主张有不变的本体存在的人，说“一自身”也就是“善自身”，但是他们认为其本质主要还是在于“一”。[①] 他们是以“数”为第一原则。

无论有多少种不同的说法，归结起来不外有两种，一种认为“一”是第一原则，一种认为“善”是第一原则。亚里士多德问：究竟哪一种是对的呢？亚里士多德说，如果那第一的、永恒的、自足的东西，首先不是“善”，那可就奇怪了。说事物是不可毁灭的、自足的，除了因为它的本性是“善”外，还有什么别的理由呢？所以，说第一原则是“善”，可能是正确的。但是如果说这个“善”的第一原则也就是“一”，或不是“一”，至少是数的要素。亚里士多德认为，这是不可能的，因为这样就要引起有力的反驳。有些人为了避免困难，就放弃了这个理论（斯潘雪浦放弃了“一”和“善”是同一的理论），而认为“一”只是数学的数的第一原则和要素。因为按照“善”和“一”是同一的理论，则每个“单位”都和“善”是同一个“属”了，“善”就太多了。再说，如果“理念”是数，一切“理念”就都是“善”了。而人们可以假定他所喜欢的任何东西的“理念”，如果这些只是“善的理念”，这些“理念”就不是本体了；如果它们是本体的“理念”，一切分有“理念”的动植物和一切个体就都是“善”了。[②] 这显然是不可能的。亚里士多德也是坚持目的论的。他认为只能说第一原则是“善”，不能说第一原则是“一”。因为“善”是个价值概念，它只能应用于有价值的东西，而不能应用于没有价值的东西，所以并不是任何事物都是“善”的。而“一”却是最普遍的概念，任何个体都可以说是“一”。如果“善”和“一”是同一的，那就是说任何东西都是“善”，这是不可能的，并不是一切东西都是“善”的，还有和“善”相反的“恶”。

所以，亚里士多德接着说，如果“一”和“善”是同一的，则和“一”相反的东西——多、不等、大和小，就都是“恶”了。他

---

① 1091^b6—14。

② 1091^b15—30。

指出，有的思想家（指斯潘雪浦）避免将“善”归为“一”，因为这样可以避免说“恶”是“多”的基本性质，而别人（指柏拉图和色诺克拉底）认为“不等”是恶的性质。而且这样就要得出：除了“一自身”以外，一切东西都要参与（分有）恶。柏拉图在《蒂迈欧篇》中认为“多”是接受的空间①，这样，“恶”也就成为空间，“善”在其中实现了。而且，我们已经说过，质料就是潜在的事物，例如，现实的火的质料也就是潜在的火，则“恶”也将是潜在的“善”了。② 亚里士多德在这里说的是：“一”是和“多”相反的，“善”是和“恶”相反的；如果“一”和“善”是同一的，就要得出“恶”和“多”也是同一的，从而推出一系列荒谬的结论。这也说明，这两对相反的东西，其意义是不同的，“善”和“恶”是价值概念，“一”和“多”却不是价值概念。亚里士多德只能承认“善”是第一原则，不承认“一”是第一原则。

亚里士多德分析说，所以引起这些反驳的原因：（1）他们认为每个原则就是一个要素；（2）他们以相反的东西作为原则；（3）他们以“一”作为第一原则；（4）他们将“数”当作自存的第一本体，当作“理念”。③ 以下，他就这些方面进行分析。

在第五章开始，亚里士多德说，如果不将“善”摆在第一原则之中，或者虽然摆在第一原则中，却说得不正确，说善不是第一本体，都是不可能的。如果有人将宇宙的原则和动植物的原则加以比较，因而得出比较完全的东西总是从比较不确定、不完全的东西来的，（因而，“善”——目的是在后的，）这种想法也是不对的。而这却引导那个思想家（指斯潘雪浦）说，实在的第一原则也是这样的，因而“一自身”甚至是不存在的。④ 这种看法是不正确的。即使在动物和植物的世界中，产生它们的原则（本原）也是完全的，是人生人，种子并不是在先的。⑤ 这是亚里士多德简单地重复第十二卷第七章作过的论证。他从目的论的原则出发，认为目的——“善”总是在先的，看起来是种子产生人，实际上种子还是人产生的，是人生人。所以他认为，目的——“善”是第一原则、第一本体。

---

① 《蒂迈欧篇》52A、B。

② 1091^b30—1092^a5。

③ 1092^a5—8。

④ 参看 Λ，1072^b30—34。

⑤ 1092^a5—17。

接着他讲到数学的对象和具体事物是不同的。他说，如果认为产生空间位置的同时就产生了数学上的体，这也是不对的。因为空间的位置是个别事物所特有的，它们在空间中是彼此分离的，而数学的对象却是不在任何空间中的。如果说数学对象必须在某个地方，却又说不出它们在哪一种地方，也是不对的。① 既然数学对象是不占空间的，怎么设想它产生占空间的物体呢？

亚里士多德提出的问题是："数"如何能是存在的具体事物的要素呢？他说，那些认为存在的事物是从要素来的，因而存在事物首先就是"数"的人，应该先区别一下：说一个东西是从另一个东西来的，这是什么意思；而"数"从它的第一原则来又是什么意思。② 说一个事物是由要素来的，则或者是要素混合起来成为事物，或者是要素排列组合成为事物。而这两种说法都是有问题的。

如果说事物是要素混合而成的，但是，（1）并不是每个东西都能混合的；（2）由混合产生的事物和它的各个要素是不同的，一个要素就不能再是分离的不同的东西了。但是柏拉图学派还希望它们是分离的。③

如果说事物是像音节一样由要素排列组合起来的，但是，（1）排列组合的东西必然占有空间的位置，所以，要素（数）也必须占有空间位置了；（2）排列组合的东西原来是彼此分离的，这样，"数"就是由"一"和"多"或"一"和"不等"两个分开的东西组成的。④

再说，所谓从某些东西来，在一个意义下，原来的东西仍旧在产生出来的东西之中；在另一个意义下，就不在其中了。说"数"是从它的要素来的，是什么意义呢？"数"的要素还在数之中，就像从种子产生的事物那样吗？可是"数"的要素是不可分的，从不可分的东西怎么能产生出任何东西来呢？⑤

柏拉图学派认为是由相反的东西——"一"和"多"等要素组成"数"的。亚里士多德说，如果是由相反的东西组成的，则在相反的东西的背后，必有某个持续存在的东西（基质）。有的思想家（指斯潘雪浦）认为"一"和"多"是相反的；有的思想家（指柏拉图）

---

① 1092a17—21。

② 1092a21—24。

③ 1092a24—26。

④ 1092a26—28。

⑤ 1092a28—33。

认为“一”和“不等”是相反的，“一”就是“等”。如果“数”是从相反的东西来的，就必然有某个持续存在的东西，这是什么呢？再说，在这个世界中别的从相反的东西中来的东西都是会毁灭的，可是“数”却是不毁灭的。关于这些问题，柏拉图学派什么也没有解释。而且，不论要素是否在组合物中，相反的东西总要毁灭它，就像恩培多克勒说的，“斗争”毁掉了混合。而“数”又是不毁灭的，这又如何解释呢？①

还有，认为“数”是本体或存在的原因，这是从什么意义上讲的呢？说“数”是原因，或者是（1）因为“数”是界限，像点是空间度量的界限一样。所以毕达哥拉斯学派的欧吕托（Eurytus）要确定哪些是什么东西的“数”，如什么是人的数、马的数？他用小石子来模仿生物的形状，以确定这种生物的数是多少；别的人则用三角形和正方形来计算数。（2）因为“数”的比例构成和谐。人和别的事物也是这样的吗？可是，像白、甜和热这些属性如何是数呢？它们是数的什么比例与和谐呢？显然，“数”不是事物的本质或形式因。亚里士多德认为，比例是本质，是形式，而“数”不过是质料。例如，说肉或骨的本质是“数”，只是在这个意义上说的，即说它是“三份火和两份土”。而“数”，无论它是什么“数”，总是某个东西的数，或是火的份数、土的份数，或是单位的数；而事物的本质却是多少份这种东西和多少份那种东西的混合，这就不是数，而是数的混合的比例了。不论这些数是具体的，还是任何别种数。②

最后，亚里士多德作出结论说：“数”，无论是一般的数，还是由抽象的单位组成的数，既不是动力因，也不是质料因，也不是形式因，当然，更不是目的因。③ 一句话，他否认了毕达哥拉斯学派和柏拉图学派的基本观点，他们认为“数”是事物的原因。

说“数”不是目的因，不是“善”，这是亚里士多德在第四章中主要论述的。“数”本身不能动作，所以它不是动力因，这也是容易理解的。说“数”不是形式因，因为从亚里士多德看来，“数”只是组成比例的质料，而不是比例本身，只有比例才是事物的形式。可是，“数”只是比例的质料，它还不是事物的质料，所以它也不是质料因。

在第六章中，亚里士多德继续讨论“数”不是事物的原因或第

---

① 1092ᵃ33—ᵇ8。

② 1092ᵇ8—21。

③ 1092ᵇ21—25。

一原则的问题。他说，人们可以提出这样的问题：因为事物的组成是用“数”来表示的，或者是用容易计数的“一”，或者用奇数，(亚里士多德这里指出奇数，因为他曾经指出，在毕达哥拉斯学派所说的十对相反的东西中，“奇”和“善”是排在同一系列的。①）那么，事物可以从“数”中得到什么好处（“善”）呢？他说，事实上，蜜水如果用 3 乘 3 的比例混合并不更美味一些，如果将过浓的蜜水适当冲淡一些也许更好。他说，混合的比例也不仅仅是用“数”表示的，而是用数的相加来表示的。混合不是“数”的相乘，而是相加，比如，三份蜜加二份水，并不是 3 乘 2。凡是相乘的东西，它们的单位是相同的，而混合的事物，它们的单位是不同的。所以，不能说火是 2×5×3×6，而水则是 2×3。② 亚里士多德的意思是说，如果这样，火和水的区别就只有数量的不同，火比水大 5×6＝30 倍。亚里士多德认为这是荒谬的，他认为火和水的单位是不同的，就是认为火和水不仅有量的不同，更重要的是有质的不同。这是反对从毕达哥拉斯学派以来的数论只承认事物有量的差别，而忽视了事物的质的差别。在这点上，亚里士多德正确地指出了他们的缺点。但是，亚里士多德也看不到质和量的关系，看不到量变可以转为质变，因为当时的科学还没有发展到这一步。

在这个问题上，亚里士多德进一步论证说，如果一切事物都参与“数”，同一个数既可以属于这个事物又可以属于其他的事物，则参与同一个数的许多事物就都是相同的了。如果“数”是事物的原因，事物的存在就是因为它的“数”，例如，太阳的运动有个“数”，月亮的运动也有个“数”，每个动物的生命和成长也都有“数”。而这些“数”，有些是平方，有些是立方，有些是相等，有些是加倍，“数”总只能在这些范围中活动，而这个范围是很有限的。如果所有的事物都参与“数”，则不同的事物只能归为同一个“数”了。这样，凡是属于同一个数的事物也都相同了，太阳和月亮就可以成为相同的东西。③ 这当然是荒谬的。

亚里士多德问：为什么说“数”是原因呢？因为人们看到字母中的母音是七个，乐律是由七根弦组成的，天上的“七姐妹星座”也是七个，动物在七岁时换牙齿（其实有些动物是这样，有些并不

---

① 参看 A，986ᵃ23—30。

② 1092ᵇ26—1093ᵃ1。

③ 1093ᵃ1—13。

是这样），而古代希腊史诗中攻打底比人的英雄也是七个。但是，在这些事实中，能够说因为有“七”这个数，才有七个英雄和七颗星吗？不能这样说。七个英雄是因为底比的城门的缘故，“七姐妹星座”是我们数起来是七个，正像大熊星座我们数起来是十二个一样，别的人数起来可能不止七个，也许更多一些。他又举了一个希腊字母中复子音（辅音）的例子，说明这些以“数”作为事物的原因的人，实际上往往是牵强附会，生拉硬扯。他说，他们像老式的荷马学者一样（中国古代有些注释家也是这样），见小而忘大。① 他说，有些人还说了许多类似的情况，例如，音程中的中音（第四和第五音程）的比是九比八，所以认为史诗以十七个音节为一行，音节的数目和两个中音之和相等。他们又说，从第一个字母 A 到最后一个字母 Ω 之间的数目等于长笛上的最低音到最高音的数目，也相当于天使合唱队的数目。② 要在不朽的事物中找这样的比喻是不难的，在可毁灭的事物中也可以找到不少。③ 用这类事例来说明“数”是事物的要素和原因，实在是生拉硬扯。

亚里士多德说，经过我们这样审查以后，人们所说的“数”的高贵的特性，以及将一般的数学关系当作事物的原因，已经可以消失了，因为它们都不符合我们分析的第一原则的意义。虽然毕达哥拉斯学派将“善”归属于“数”，并且将奇数、直线、正方等等并列在“美”和“善”的系列之中。④ 将季节和特殊的数合在一起，从数学公理中去收集这些符合的事情，看起来好像是一致的，实际上却是偶然的，只能说是比喻。在每个范畴中都可以找到这类比喻，比如长上的直，面上的平，数中的奇，色中的白等等。⑤ 总之，亚里士多德指出，将这些情况归因于“数”，都是经不起科学的考验的，它们都是一些牵强的比附。

最后，亚里士多德顺便提到“理念的数”。他说，“理念的数”也不是音乐的现象和其他类似现象的原因，因为即使是相等的“理念的数”，彼此在形式上、在单位上也是不同的。单是因为这点，我

---

① 1093a13—23。

② 这些例子的解释，参看吴寿彭译的《形而上学》，305 页注释，北京，商务印书馆，1959。

③ 1093a28—b6。

④ 参看 A，986a23。

⑤ 1093b7—21。

们也就不必假定“理念的数”了。[①] 假定这样的“理念的数”，对于我们说明具体事物的原因，更是没有什么用处的。

从以上冗长的分析中，亚里士多德指出：“数”既不是组成事物的要素，也不是构成事物的原因。所以他得出最后的结论说：这些就是这种数论所得到的结果。事实上，我们的对手们在关于“数”的生成上遇到了不少困难，他们也无法为数造成体系。看来，这就表明：数学的对象既不是可以和可感觉的事物相分离的，也不是第一原则。[②] 现存的《形而上学》一书，至此告终。

* * *

《形而上学》第十四卷和第十三卷一样，都是批评柏拉图学派的“数”的理论的。它们原来可能是两篇不同的著作，所以内容有些重复，但是批判的角度则是有所不同的。第十三卷是对于当时在柏拉图学派中几种不同的关于“数”和“理念”的理论，进行了批判；而第十四卷则是抓住这些数论的共同点——他们认为“数”是第一原则、要素、原因——进行批判。

在批判认为“数”是第一原则的理论时，亚里士多德主要是针对柏拉图学派以矛盾原则——“一”和“多”（“不定的二”），也就是“存在”和“非存在”——作为第一原则。亚里士多德却认为相反的（矛盾的）东西不能是第一原则。他的理由是：相反的东西不能是第一的、最初的，相反的东西后面还得有个基质、主体，那是先于相反的东西的。这种看法，从理论上说，并不是进步的。古代希腊哲学开始寻找万物的“本原”，很快就遇到了矛盾的问题。泰利士以水为万物的本原，但水是冷的、湿的，怎么能用水去解释相反的——热的、干的事物的产生呢？阿那克西曼德为了避免这个矛盾，就提出一个“无限”作为万物的本原。“无限”不是相反的任何一面，既不是热的，也不是冷的，因此它就既可以是热的，又可以是冷的。用这种办法只能避免矛盾，并不能解决矛盾。后来的哲学家不得不承认相反的东西是第一原则。毕达哥拉斯学派归为十对矛盾。爱利亚学派的巴门尼德也是反对将矛盾当作第一原则的，他要取消矛盾，只承认最高的唯一的“存在”。他们取消了矛盾，同时就将运动、变化也取消掉了，世界成为永远静止不动的死亡的世界。这种思想当然要遭到反驳。许多哲学家论证：运动是存在的，因而“非存在”

---

① 1093^b21—24。

② 1093^b24—29。

也是存在的。最高的原则还是矛盾的原则，必须承认相反的是第一原则，取消矛盾是不行的。柏拉图提出“理念”的时候，就“理念”是绝对的、完全的意义说，他又是肯定了一个单一的（不是矛盾的）第一原则。但他也就因此遇到了许多矛盾，他的“理念论”不得不因而有所改变。他后来用“数”解释“理念”，并且提出“一”和“不定的二”作为原则，也说明了他从否认矛盾的原则转变到承认矛盾原则的过程。尽管他这种学说还是有许多问题的，但从承认矛盾为最高原则这点说，总还是进步。亚里士多德为了批评柏拉图的数论，否认相反的东西是第一原则。从理论上说，不得不认为这是一种退步。从实际上说，亚里士多德虽然在理论上否认相反的东西是第一原则，但他自己难道不就是以相反的东西为第一原则吗？他所说的本体，就是由形式和质料这一对相反的东西组成的，而且又是由现实和潜能这一对相反的东西来说明的。如果没有这两对相反的第一原则，亚里士多德的哲学体系能建立起来吗？这个事实也说明：既然矛盾是客观存在，任何事物都充满着矛盾，事物的第一原则也就离不开矛盾。亚里士多德的哲学本身也说明了这个道理。

亚里士多德不同意矛盾的“数”是第一原则，却认为“善”是第一原则。这是从苏格拉底开始，为柏拉图和亚里士多德继承的目的论思想的表现。这时候的希腊哲学已经从早期的自然哲学时期转到研究人类社会、伦理道德问题。因而价值概念就比较突出了，要问什么是“好”、“善”的问题。和简单的机械论相比，目的论有点优越性，特别是当人类对许多客观现象（特别是社会现象）还无法解释的时候，只能求助于目的论。从这方面说，目的论的产生也有它的必然性。但是，目的论的思想终究是比较浅薄的。亚里士多德只承认“善”是第一原则，并不是值得称道的。正因为亚里士多德坚持目的论思想，所以他的哲学能够为后来的唯心论，特别是中世纪宗教神学所利用。

结　论

亚里士多德有关本体的主要论证，以上已经分析介绍了。现在，我们可以将他有关本体的思想作一个总体的考察。

唯物论还是唯心论

亚里士多德关于本体的思想，并不是前后一致的，而是有很大的不同和变化。主要有三种不同的思想：

一、《范畴篇》认为具体事物是第一本体；

二、《形而上学》第十二卷认为理性——神是第一动者，是最高的本体；

三、《形而上学》第七、八、九卷认为形式——本质是第一本体。

现在我们看看他这三种思想是怎样变化发展的。

第一，《范畴篇》中的本体思想。

亚里士多德在《范畴篇》中将本体和其他范畴——性质、数量、位置、关系等等区分开来，认为只有本体是主体，其他范畴都是属于本体的，是本体的性质、本体的数量等等。所以，本体就是最后的主体（基质）。从逻辑上说，别的范畴都是表述本体的，是它的宾词；从本体论上说，其他范畴都是在本体之中，不能离开本体而独立存在的。这样，他就得出了本体的第一个特征，即它不是表述其他范畴的，而是其他范畴都表述它的；它不是在其他范畴之中的，而是其他范畴都是在它之中的。简要地说，本体就是主体或基质。

亚里士多德认为，其他范畴都不能离开本体而独立存在，但是本体却是可以离开其他范畴而独立存在的。这就是亚里士多德所说的"分离问题"的一个方面的意义。本体具有这样的"分离性"，这是亚里士多德提出的本体的第二个重要的特征。当然，这时候亚里士多德所说的本体可以和其他范畴分离，并不是说本体可以根本不具有任何性质、任何数量等等，可以根本没有任何的属性。他只是说本体可以不具有这种属性而具有那种属性。比如，“白”总是某种本体的颜色，它不能离开本体而独立存在；而本体如苏格拉底这个人，他可以是白的，也可以不是白的，他可以从原来的白变为后来的不白。属性可以发生这样那样的变化，而本体不变。本体是“变中的不变”。这是亚里士多德所说本体具有分离性的意义。

既然本体是分离的，它就是可以一个一个独立存在的个体，是“这一个”，其他范畴都只能表示本体是“如此这样的”，只有本体才是“这一个”。所以，只有本体具有“个体性”，这是本体的又一个重要特征。

亚里士多德在《范畴篇》中规定的本体的这几个重要的特征，他后来仍然坚持着，只是作了不同的解释而已。

在《范畴篇》中，亚里士多德根据本体的这几个特征，明确指出：具体事物是第一本体。因为可以作为本体的，除了具体事物外，还有具体事物的“属”和“种”。比如，苏格拉底、柏拉图等等都是“人”，“人”就是这些个体的“属”；“人”的更高一级的属就是“动物”，就是“种”。“人”和“动物”当然也是本体，而不属于性质、数量等其他范畴。苏格拉底等具体的人是个别的本体，“人”和“动物”是一般的本体。我们只能说“苏格拉底是人”，而不能说“人是苏格拉底”。所以，“人”和“动物”是表述苏格拉底的，而非苏格拉底是表述“人”和“动物”的。因此，亚里士多德认为，虽然具体事物、“属”、“种”都是本体，但是它们的本体性是有程度的不同的。具体的个别事物的本体性最大，所以，只有具体事物才是第一本体，“属”和“种”的本体性较小，只是第二本体。而且，“属”和“种”相比，“属”的本体性比“种”更大一些。所以，在《范畴篇》中，亚里士多德认为：凡个别性越大的，本体性也越大；相反，越是一般的，本体性也就越小。这种看法，当然和本体的“个体性”的特征是一致的。

但是，亚里士多德并没有用“在其中”这个标准来区别具体事物、“属”和“种”的本体性程度。在《范畴篇》中，他并不认为“属”和“种”是在具体事物之中的，他还没有认识一般存在于个别之中，因此他也没有专门讨论一般和个别是否分离的问题。

总之，亚里士多德在《范畴篇》中的本体学说，是他早期的思想，比较简单，是和人类的常识符合的朴素唯物论的思想。特别是他肯定具体事物是第一本体，而“属”、“种”等一般的本体是第二位的。这和当时柏拉图学派认为一般的“理念”是高级的本体恰恰针锋相对。所以，可以肯定地说，亚里士多德在《范畴篇》中的本体学说是唯物论的思想。但是，这种唯物论，主要还不是从主观与客观的关系说的，因为亚里士多德认为，无论具体事物，还是“属”、和“种”都是客观的。只是亚里士多德认为在具体世界中存在的个别事物是第一位的，它们的一般性——“属”和“种”是第二位的。就个别先于一般说，亚里士多德的思想是唯物论的。

第二，《形而上学》第十二卷中的本体思想。

虽然在《形而上学》一书中，这部分思想被排在第十二卷，是后于第七、八、九卷的，但西方亚里士多德研究者倾向认为第十二卷是比较早期的著作，后于《范畴篇》，大约和《物理学》同时，早于第七、八、九等卷。而且，他们认为第十二卷是一个提纲性的著作，其中许多论点没有详细、深入地展开。

亚里士多德在《物理学》中研究了自然世界中事物的运动变化，以及有限、无限、空间、时间等等问题。他认为，虽然自然世界中的具体事物的运动变化都是暂时的、有限的，但是运动本身却是永远存在的、永恒的，运动决不会终止；运动存在的时间也不会终止，时间也是永恒的。既然运动和时间都是永恒的，就必须有一个永恒的本体存在，是这个永恒的本体在永恒地运动。（运动总是本体在运动，没有本体，便无所谓运动。）他是从永恒的运动推导出永恒的本体来的。

这个永恒运动的本体是什么？亚里士多德认为不是物质世界，而是“努斯”——理性。在这点上，亚里士多德和柏拉图一样，都是从阿那克萨戈拉的学说得到启发的。柏拉图在《斐多篇》中说苏格拉底听到阿那克萨戈拉说的“努斯”很高兴，以为他说明了事物的真正原因，但是后来失望了，因为阿那克萨戈拉没有坚持用“努斯”，仍用物质来解释各种现象。① 亚里士多德对这个问题作了哲学的论述。他说，阿那克萨戈拉认为最初是物质的元素混合在一起，混沌一片。物质的元素只是潜能，只是可能运动，只能被动，而自

① 《斐多篇》97C—99D。

己不能运动。这样的本体自己不能运动，怎么能永恒运动呢？能够永恒运动的本体必然是现实的，永远主动而不被动的。这就是“努斯”即理性。

但是，这个理性又只能以自身为对象。理性的对象就是“善”，欲望的对象也是善（大家都愿望“好的”），欲望和愿望都是服从理性的。理性的对象就是“善”，它就是一切事物要达到的目的。作为一切事物的目的因，“善”是不动的。因为它被其他一切事物所爱，别的事物都想达到“善”，才产生种种运动。因此，别的一切事物的运动都是被动的，它们都带有质料，都含有潜能，而且它们的动或不动，都具有偶然性。只有理性的对象——“善”，本身就是目的，它是不动的动者（本身不动，却推动一切事物运动），才是必然的、永恒的运动。“善”就是幸福和愉快，理性静观其对象，就是最幸福的活动。所以，理性和它的对象是同一的，就是善，就是生命，也就是神。

他还举了这样一个例子来说明：一支军队有秩序地排列着，它们的秩序是遵照指挥官的命令的。指挥官的命令就是秩序，它和对象——军队的秩序是同一的。理性和它的对象是同一的。

这就是亚里士多德的“神学”！这当然是彻头彻尾的唯心论。黑格尔在《哲学史讲演录》中将这部分思想当作是亚里士多德形而上学思想的代表，甚至说是它的全部思想，给以极高的评价，说“没有比这更高的唯心论了”。

我们看到，这里的根本问题还是在于：究竟物质世界运动变化的最后根源是不是在于物质自身？辩证唯物论产生以前的一切哲学，包括一切唯物论者，都不能说明事物自身的矛盾运动，都不能说明事物的运动根源。因而只能在物质世界以外去寻求运动的根源，这样就只能将主动的能力（主观能动性）归于物质以外的理性和神。这就是唯心论。如果认为是理性或神直接创造出世界的，那就是原始的赤裸裸的宗教创世说。哲学家要将它说得细致一点、哲学化一点，将理性——神说成是目的，因为它是“善”，一切事物都趋向它，要想达到它。事物的目的因就是事物的动因。这就是目的论的思想。在古希腊，这种目的论的思想是经过苏格拉底、柏拉图，到亚里士多德才用哲学的论证将它确定下来的。这种思想，后来一方面为宗教利用，为中世纪的经院哲学发挥了；另一方面为唯心论哲学所利用，一直到黑格尔，把亚里士多德这方面的思想大大地发展了。

实际上，我们已经看到，亚里士多德自己只是提出了这些思想，作了一些简单的论证和判断，但在这方面并没有很多详细的论证。他在《形而上学》中主要论证的，并不是在这个方面。

第三，《形而上学》第七、八、九卷中的本体思想。

《形而上学》第七、八、九卷是专门讨论本体的，可以说是《形而上学》一书的核心，也是全面阐述亚里士多德“第一哲学”体系的。这部分思想比较接近《形而上学》第十二卷，和《范畴篇》是不同的；但是，不但它有严格的论证，而且它主要是阐明只有事物的形式——本质是第一本体，这是和第十二卷不同的。

亚里士多德又重新提起《范畴篇》中提出过的那几个关于本体的特征来讨论本体的问题，并且得出和《范畴篇》完全不同的结论来。

他是这样论证的：如果以《范畴篇》中提出的“最后的主体（基质）”作为本体的特征，那也不能说具体事物是最后的主体。因为具体事物是由质料和形式组成的，具体事物还是表述质料的，而不是质料表述具体事物的，所以，只有质料才是最后的主体。

在《范畴篇》中，亚里士多德还没有将具体事物分析为质料和形式。在《物理学》即“第二哲学”中，亚里士多德才发现有形式和质料的区别，将这引入“第一哲学”来，原来的看法就要发生变化了。什么是质料呢？亚里士多德给它下的定义，就是将具体事物中的一切形式、一切规定性都剥掉，最后剩下的就是质料。比如，将一个具体事物的一切属性都去掉，它便只是一个占空间的——有长、宽、高的物体，再将这长、宽、高也去掉，它便只留下一个空无所是——什么都不是，既不是这个，又不是那个，没有任何规定性的质料，这就是人类最初得到的一个抽象的物质概念。

亚里士多德在第七卷第三章中指出：如果用最后的主体这个标准来衡量，那就只能承认质料是主体了。但不能这样，因为关于本体，还有其他两个标准，那就是分离性和个体性。如果用这两个标准来衡量，那么，形式和具体事物（它是由形式和具体事物组合而成的）就比质料更是本体了。① 质料、形式以及由这二者组成的具体事物，它们三个都是本体，问题是：它们之中哪一个的本体性更

---

① 1029ª26—30。

大一些？《范畴篇》中认为具体事物的本体性最大，所以是第一本体，“属”（也就是形式）是第二本体。现在认为，如果按第一个标准衡量，质料的本体性最大，它应该是第一本体。但按照亚里士多德关于质料的定义，既然质料是什么规定性都没有的空洞抽象的东西，怎么能说它是第一本体呢？

所以现在，他强调的是后面两个标准，即分离性和个体性。如果用这两个标准来衡量，则形式和具体事物才能有这两种性质，所以，它们比质料更是本体。问题在于，在形式和具体事物之间，还要进行比较，究竟它们之中哪一个的本体性更大呢？从表面上看，好像具体事物之有分离性和个体性，本来是没有问题的。可是，因为具体事物是由形式和质料组成的。具体事物的分离性和个体性，当然不是由质料来的，而是由形式来的。或者，按照亚里士多德比较严格的说法，质料只是潜能，只是有分离性和个体性的可能性，使这些分离性和个体性成为现实性的，是形式，因为形式是现实性。亚里士多德专门写了一章（第九卷第八章）论证现实先于潜能。形式先于质料，当然也就先于具体事物（因为具体事物中也包含有潜能）。这样，第一本体的位置就只能给予形式，而不能给予具体事物。原来《范畴篇》中第一本体和第二本体的位置就颠倒过来了。

但是，以上还只是从判断本体的几个标准的变化来说明亚里士多德思想的发展的，还要看到这里含有更深的意思，这就是亚里士多德不但提出本体的问题，而且他认为本体的主要意义就是本质，他要进一步探究事物的本质。本来，从古希腊哲学开始以来，无论唯物论者说的物质性的本原，或者是非物质性的“数”、“存在”、“理念”，都是说的事物的本质。但也正像在本体问题上一样，自觉地从哲学上确定本质这个概念，并且加以分析论证的，也是从亚里士多德开始的。我们要认识一个事物，不但要认识它是如此这样的东西，而且要问它为什么是这样的东西，它之作为这样的东西究竟是由什么决定的，这就是本质的问题。一切科学都是要从事物的现象深入到事物的本质，哲学就要对此作出说明。

这个问题，在当时是由苏格拉底提出探究事物的定义开始的。柏拉图认为事物的定义就是它们的“理念”，但是他这样做，没有能够解决定义的问题。亚里士多德在这点上超过了柏拉图。他指出，事物的定义就是事物的公式，它是由“种”和“属差”组成的。他还提出了人们认识本质的过程和创造活动的关系，提出了下定义必须按照事物内在的联系而不能主观任意的问题。这些都是他作出的理论贡献，远远超出了他同时代的人。虽然在今天看来，这些都只是初步的认识事物的方法，但它反映了亚里士多德时代的科学水平。亚里士多德是他那个时代的最伟大的科学家，是许多门科学的创始人，所以能对当时的科学方法作出哲学的总结，并且在后来西方的科学和哲学的发展中，发生深远的影响。所以，他这部分关于本质的思想，在人类认识发展史上是起过重要作用的。

但是，在他的关于本质的思想中也存在一个很大的偏见，就是他认为事物的本质只是形式，而将质料完全排除在本质之外。他认为，一个环的本质就在于它的圆形，至于它的质料——是铜造的还是木造的，是与环的本质无关的。一个人的本质只是他是"两足的动物"，与他是由血、肉这些质料组成是无关的。这些，都和他极端地蔑视质料，认为质料是没有任何规定性的，只是消极被动的潜能有关的。贬低质料（物质），抬高形式，这就决定了他的本体即本质的学说，基本上是属于唯心论而不属于唯物论的。

亚里士多德关于本体即本质的思想，在某些方面是和他的第一动者——神学相符合的，他强调现实性以及带有目的论思想等方面，都属于唯心论思想体系。但是，在一般论述亚里士多德的哲学思想时，都将亚里士多德的思想说成是一个完整的、首尾一贯的哲学体系，先讲他关于本质、形式和质料、现实和潜能的思想，最后归结到没有质料的形式，归结为第一动者——理性、神。好像这是亚里士多德哲学的最高峰，是他的哲学发展的必然结果。如果这种结论能够成立，则亚里士多德哲学的整个发展趋势，是越来越倾向唯心论，而且是从理性主义向神秘主义的发展。

我不同意这种看法。因为既然一些亚里士多德专家的研究已经认为《形而上学》第十二卷早于第七、八、九卷，在第七、八、九卷中并没有继续发挥第十二卷中的思想，而是恢复亚里士多德固有的科学的、理性的分析论证的态度，所以，与其说亚里士多德从第七、八、九卷的思想向第十二卷的思想发展，还不如说他从第十二卷的思想向第七、八、九卷的思想发展。虽然都属唯心论，但发展趋势是向着理性、向着科学方面的，这比较更符合于亚里士多德的整个思想特征。

辩证法还是形而上学

亚里士多德有关辩证法的思想很多，这里着重讨论和他的本体学说有关的思想，集中讨论关于一般和个别的问题。这也是了解亚里士多德的本体学说的一个关键问题。

就以亚里士多德在《范畴篇》中提出的关于本体的几个特征或标准看，其实都是和一般与个别的问题有关的。（一）关于表述的问题。总是用一般表述个别，而不是用个别来表述一般的，只能说"苏格拉底是人"，不能说"人是苏格拉底"。（二）关于"在其中"的问题，主要也就是一般是否在个别之中的问题。（三）分离性的问题，主要还是一般和个别是否分离的问题。（四）个体性的问题。本来就是只有个别事物才具有个体性。所以，在《范畴篇》中认为只有个别事物是第一本体，因为从这几个标准来衡量，都必然得出结论：只有个别事物才能是第一本体。这是符合常识的，是合乎素朴的辩证法的思想。在《范畴篇》中只有一个缺陷，就是亚里士多德还不敢肯定一般只存在于个别之中。

读者可能已经注意到：在亚里士多德后来讨论本体时，他没有再将是否存在于本体之中单独列出来作为衡量本体的一个标准。是不是他抛弃了这个标准呢？不是的。他只是换了一个方式，将它并入分离问题了。因为"在其中"就是不分离；是分离，就是不在其中。亚里士多德到处都提到分离问题，这个问题的确是很复杂的，有各种各样的分离。比如第十二卷讲的那不动的动者，当然是一个和其他本体分离的、高高在上的本体。我们现在只能重点探讨一般和个别是否分离的问题。

从总的说，亚里士多德基本上是认为一般存在于个别之中，一般不能和个别事物分离存在的。这可以从两方面说明：从正面说，亚里士多德论证一般存在于个别之中；从反面说，亚里士多德批判柏拉图学派将"数"和"理念"说成是和个别事物分离的本体，就是批评他们将一般和个别割裂开来。在这两个方面，都有许多符合辩证法的思想。

亚里士多德认为形式（一般）是组成具体事物的一个部分、一个方面——本质方面。所以，一般是在具体事物之中。而且，形式和质料并不是两个不同的东西结合在一起，它们的区别只在于存在方式的不同，形式是现实的存在，质料是潜能的存在；也可以说，形式是现实的（实现了的）质料，质料是潜能的（没有实现的）形式。这说明了形式和质料、现实和潜能的相互联系，以及它们在运动过程中的相互转化。亚里士多德自己是在第七卷第十二章说明定义——它是由“种”（潜能）和“属差”（现实）组成的——如何能是统一的，来说明这种辩证的关系的。

亚里士多德在批判柏拉图学派的“数”和“理念”时，主要批判他们将这些“一般”看成是在个别事物以外独立分离存在的本体。亚里士多德的“形式”和柏拉图的“理念”的根本区别，是在于“形式”是在具体事物以内的，而“理念”是在具体事物以外，分离独立存在的。这样的分离就发生了世界的两重性或两个世界的问题。亚里士多德正是批评柏拉图学派将一般和个别割裂的学说。他在第十三卷第九章中还深刻地指出，柏拉图学派的理论错误，就在于他们看不到一般和个别的区别，因而将一般的“理念”又当作是个别存在的实体，将一般和个别这两种不同的特性加在同一个事物上面，所以发生世界两重性的问题。亚里士多德也指出，在实际上，一般是不能和个别分离存在的；但是，在一种情况下，一般可以和个别分离，那就是在思想中，我们可以将一般和个别分离开来，这就是思想的抽象作用。他在第十三卷第三章中讨论了这个问题，指出正是由于人们从具体事物中抽取其不同的方面，才能成为各门不同的科学。这是人类对于“抽象”的最早的科学认识。只有认识了抽象的作用和意义，才能比较正确地认识一般和个别的关系。

这些思想，就当时的历史条件说，都是有价值的。但是，在人类认识发展史上，亚里士多德是第一个企图说明这些问题的人。他的这些思想都还处于开始创立的时期，不可能对这些问题有完全清楚的认识，并将其一贯坚持。因此，在一般和个别的关系问题上，他又常常动摇不定，陷入稚气的混乱之中。这些混乱表现在许多方面，我们已经随处指出了。

亚里士多德所以在这个问题上产生混乱，主要原因发生在认识论问题上。因为亚里士多德在认识论的问题上还是坚持希腊哲学中流行的看法，即将感性认识和理性认识绝对地割裂开来。感性认识（意见）以可感觉的事物为对象，理性认识（知识）以永恒的一般为对象。亚里士多德在第七卷第十五章中，专门论证个别事物是不能下定义的。因为个别事物是变化运动的，而且它还包含质料，质料是可能存在也可能不存在的，如果为个别事物下定义，这样的定义就不能是永恒的。由此，亚里士多德的思想产生了一系列矛盾。

古希腊哲学开始提出寻求万物的本原，也就是要在杂多的现象中寻求本质，从个别中寻求一般。这是人类思想发展的普遍规律。亚里士多德的本体学说也是这样，他先认为个别事物就是第一本体，后来又发展到认为只有个别事物的本质才是第一本体，他是最早用哲学语言提出从现象到本质的问题的。这样的本质当然是个别事物的本质。亚里士多德说，本质是用定义和公式表示的，这个定义和公式当然也就是个别事物的定义和公式。本质和现象虽然有区别，但是它们有联系，本质就是现象的本质。这样，现象和本质就不是绝对割裂的两个世界。亚里士多德在本体论上是坚持一般在个别之中，反对将一般和个别割裂开来，因而避免了两重世界的错误。但是由于在认识论上，他还是将两种认识割裂开来了。个别事物不是理性认识的对象，那么，理性认识所认识的本质，就不能是个别事物的本质了。这样，他还是将本质与现象割裂开，仍旧造成了两个世界的重叠。

就以亚里士多德常举的“人”为例。“人”是 εἶδος，是“属”，也是“形式”，它本来就是一个个个别的人如苏格拉底、柏拉图等等人的形式。当然，这是所有人共同的形式，如果说到苏格拉底或柏拉图等每一个人，则又有他们各自的特殊性，苏格拉底不同于柏拉图。在亚里士多德时代，还没有提出每一个具体的人如苏格拉底的形式（“理念”）的问题。既然“人”是（所有）具体的、个别的人的共同的形式，那么，关于“人”的定义也应该是所有的具体的人共同的定义，至少我们用理性定义（逻各斯）认识的，就是所有的人的共同性。但是，亚里士多德认为这个关于“人”的定义，不是具体的人的定义，只是一般的“人”的定义。这样，仍旧将一般的“人”和所有具体的人割裂开来了。他将“个体性”归于“人”，岂不是又犯了他自己批评的柏拉图学派的错误——将一般和个别两种不同的性质加在同一个东西——“人”上面了？他为一般的“人”下定义，要分析“人”的形式和质料（一般的灵魂和一般的血与肉），这和苏格拉底这个具体的人所特有的形式和质料（苏格拉底特有的灵魂和苏格拉底特有的血与肉），实际上还是形成了两个世界。

这个事实说明：亚里士多德在认识论上将感性认识和理性认识

割裂开，就不能避免一般和个别的对立（以及混淆），也不能避免两个世界的重叠。亚里士多德也企图用潜能和现实的关系来解释感觉和理性的问题，但这就牵涉到他的整个认识论的学说，是他在《论灵魂》中讨论的问题，不在本书讨论范围以内了。

附　录

亚里士多德对柏拉图“理念论”的批判是对一般唯心主义的批判

——《形而上学》一书释义之一

亚里士多德对于柏拉图“理念论”的批判，在哲学发展的历史上和理论上都具有一定的意义，但是过去所有的资产阶级哲学家和哲学史家都设法歪曲或抹煞它。黑格尔在《哲学史讲演录》一书中以两三百页的篇幅不厌其烦地谈到柏拉图和亚里士多德哲学的许多方面，但关于亚里士多德对“理念论”的批判，却只写了几行，并没有提及这个批判的真正意义，所以列宁在《哲学笔记》中指责他说：

> 唯心主义者黑格尔对亚里士多德（在其对柏拉图的理念的批判中）破坏唯心主义基础这一点胆怯地避而不谈。①

在现代的研究中，我们只要举出当代英国著名的亚里士多德学者、牛津版英译《亚里士多德全集》的主编、亚里士多德若干重要著作（其中包括《形而上学》）的翻译和注释者罗斯，在他写的《亚里士多德》一书中，对于亚里士多德对柏拉图“理念论”的批判，竟作出这样的评价：

> 详细地叙述这些争论是乏味的；其中一部分是没有价值的吹毛求疵，别的一些，最好也只能称是开玩笑而已。②

所以在他校释《形而上学》一书中，对于和这批判有关的第一卷第九章、第十三、十四卷作了100多页的注释，却根本没有谈到这些

---

① 《列宁全集》，中文1版，第38卷，313页。

② 罗斯（W. D. Ross）：《亚里士多德》，157页，伦敦，1923。

批判的理论意义。① 还有一些资产阶级哲学史家，为了贬低这个批判的意义，企图将它说成并不是批判柏拉图本人的“理念论”的，而是批判某些不知名的柏拉图学派中人的拙劣理论的。

亚里士多德对柏拉图“理念论”批判的真正意义，只有用马克思主义的观点进行分析，才能得到正确的认识。列宁在《哲学笔记》中对它作出了科学的论断：

> 亚里士多德对柏拉图的“理念”的批判，是对唯心主义，即一般唯心主义的批判。
>
> 当一个唯心主义者批判另一个唯心主义者的唯心主义基础时，常常是有利于唯物主义的。见亚里士多德对柏拉图等人的批判，黑格尔对康德等人的批判。②

从列宁的评论中我们看到：亚里士多德的批判，不仅是对于柏拉图的那种特殊形态的唯心主义的批判，而且是批判了唯心主义的基础的，从而是对于一般的唯心主义的批判，所以是有利于唯物主义的。这就是说，在唯物主义反对唯心主义的斗争史中，亚里士多德对柏拉图的批判，不仅具有特定的历史阶段的意义，而且是具有一般的哲学史和哲学理论的意义的。本文试图通过具体解释亚里士多德批判的论证，说明这些论证决不是像罗斯所说是“吹毛求疵”和“开玩笑”的，而是如列宁所说是“对一般唯心主义的批判”，有相当重要的意义的。

一

亚里士多德所批判的对象，是柏拉图的“理念论”。关于这种理论，亚里士多德在《形而上学》第一卷第六章中曾简要地阐述过：

> 在我们已经说过的这些体系（引者注：此指第五章叙述的意大利学派即毕达哥拉斯学派和爱利亚学派——代表者巴门尼德的哲学体系）之后，出现了柏拉图的哲学，他在许多方面是追随这些思想家的，但有他自己的、不同于意大利人哲学的特

① 参看罗斯：《亚里士多德的形而上学》（校释本），第1册，187～211页；第2册，406～500页，伦敦，1924。

② 《列宁全集》，中文1版，第38卷，313页。

点。因为从他年青时候熟识克拉底鲁和赫拉克利特的学说（一切可感觉的事物都永远在流动状态中，关于它们不能有任何知识）以来，这些观点，一直到晚年，他还保持着。苏格拉底则忙于讨论伦理的事情，忽略了作为整体的自然世界，只在这些伦理事情上寻求普遍的东西，开始专心致志寻求定义；柏拉图接受他的教训，但认为寻求普遍定义的问题不能应用到可感觉的事物上去，只能应用到另一类实体——为了这个理由：因为可感觉事物总是永远在变动中的，所以具有普遍性的定义不能是关于任何可感觉事物的定义。他就将这另一种实体称之为"理念"，他说：可感觉的事物都以"理念"之名为名，皆依存于它们和"理念"的关系；因为这些多数的事物都是由于分有和它们同名的"理念"才存在的。这里，只有"分有"一词是新的；因为毕达哥拉斯学派说事物是由于"模仿"数而存在的，柏拉图则说它们由于"分有"理念而存在，只是改变了名称而已。但是对于"形式"（引者注："形式"即"理念"）的分有或模仿是什么呢？他们留下了一个没有解决的问题。（987[a]29—[b]13贝刻尔本页数，下同）①

在这段话中我们可以看到，柏拉图"理念论"的理论来源可以追溯到三个方面：其一是意大利的毕达哥拉斯学派和爱利亚学派认为事物的本质是一种不变的本体（毕达哥拉斯学派说是"数"，爱利亚学派说是"存在"）。其二是赫拉克利特关于万物是永远变动的学说，赫拉克利特的门徒克拉底鲁则推论说：关于变动的事物，我们不能有任何知识。柏拉图的"理念论"就是要将这两种学说结合在一起：现实世界中形形色色的具体事物是不断变动的，只能是我们感觉的对象，而不是"知识"（柏拉图的术语，专指理性认识）的对象；这些事物的本质则是另一类东西，那是永恒不变的"理念"，它们不是感觉的对象，而是知识的对象。其三是苏格拉底要寻求普遍的、一般的定义，柏拉图认为：一个个具体的事物都是特殊的、变动的，是不能下定义的，只有"理念"才是没有变化、永恒不灭的，是知识的对象，才是可以下定义的。所以柏拉图实际上就是继承苏格拉底所探索的东西，不过苏格拉底只限于在伦理问题上寻求普遍

① 本文所引《形而上学》的中译文，都是根据牛津版英文《亚里士多德全集》第8册，罗斯译《形而上学》的英译文转译的，下同。

的定义，柏拉图则将它扩大到整个世界了。

需要说明的是，“理念”一词是翻译希腊词 ἰδέα 或 εἶδος，即后来英文中的 Idea，中文通常译成“观念”。“观念”主要指它是属于主观的，是思想中的东西。唯心主义 Idealism 本来起源于柏拉图的这个术语。但在柏拉图最初使用这个术语时，虽然少数著作如《泰阿泰德篇》等曾提到它在主观方面的意义，但他的绝大多数著作却将“理念”看成是客观存在的东西，是认识的对象而不是在认识的主体之内的东西。（但是我们知道，这种普遍性只有在思想中才能把握，只有思想才能将它从具体对象中抽象出来，在思想中它就是“概念”、“观念”，所以这个词的客观的意义向主观的意义转变是很自然的。）罗斯在《形而上学》一书的注释中说①，εἶδος和 ἰδέα在苏格拉底的时代有两方面的意义：一是指客观对象的形状。ἰδέα出于动词 ἰδεῖν，原意是“看”，由此产生的名词即指所看到的形状或形式。亚里士多德哲学中一对最基本的概念：“质料”和“形式”中“形式”的原文也是 εἶδος，和柏拉图的“理念”是同一个词，从以上引文中已经看到这两个词是通用的。还有一个意义就是指事物的类型，一类事物有许多个个体，这许多个体有共同的形式，也就是类型。在亚里士多德哲学中，他区别一个个具体的个体（如“苏格拉底”这一个别的人）、“属”（如“人”、“马”）、“种”（如“动物”），其中“属”就是 εἶδος。在《形而上学》一书中，亚里士多德认为“属”就是这一类个别事物的“形式”，也就是它们的本质和本体。我们了解了“理念”和“形式”的原意，才可了解柏拉图和亚里士多德哲学之间的联系，以及他们的客观唯心主义实质。

所以，柏拉图哲学的核心就是认为有两个世界的对立。一个是现象世界，其中的事物都是具体的、相对的、不断变化的、有生灭的；另一则是普遍的、绝对的、永恒不变的、不灭的，也就是柏拉图所虚构出来的“理念世界”。前者是感性认识的对象，后者才是理性认识即他所称为知识的对象。这两个世界既然是互相对立的，它们之间又有什么关系呢？在以上引文中，亚里士多德告诉我们，柏拉图的“理念”和具体事物之间的关系有三点：第一，具体事物以“理念”之名为名，如有“美的理念”，就有一类美的具体事物，如美的人、美的花等；第二，具体事物依存于“理念”；第三，具体事

① 参看罗斯：《亚里士多德的形而上学》（校释本），第1册，160页，对 $987^{b}8$ 的注释。

物“分有”同名的“理念”。用柏拉图自己举的例子来说明。在他的对话《斐多篇》中，他说：如果要问具体的美的事物，如一朵美的花、一个美的人、一张美的画等等为什么能是美的，要寻求美的原因是什么，别的一切回答都是不可靠的，唯一可靠的回答是：一切美的具体事物之所以能是美的，是因为它们都分有了“美的理念”。① 一切具体的美的事物之所以能够说是美的，能够具有美的性质，其原因是有“美的理念”，所以具体事物依赖“理念”，“理念”是第一性的，具体事物是第二性的。柏拉图在《理想国》中，一再将“理念”说成是真实的东西，具体事物仅只是“理念”的影子，是摹本。

亚里士多德最后指出：在这里，只有“分有”一词是新颖的。因为和毕达哥拉斯学派相比较，柏拉图和毕达哥拉斯学派一样，都肯定有一类永恒不变的东西（毕达哥拉斯学派的“数”和柏拉图的“理念”）作为现实世界中具体事物的本体；他们的区别只在于毕达哥拉斯学派说事物“模仿”数，而柏拉图则说事物“分有”理念。但是究竟怎样“模仿”或“分有”呢？他们并没有能从理论上作出说明，所以亚里士多德说“他们留下了一个没有解决的问题”。

以上这些就是亚里士多德批判的出发点。

二

亚里士多德对于柏拉图的“理念论”的批判，主要论证都见于《形而上学》第一卷第九章，这些论证在同书第十三卷第四、五两章中又重复出现，很少改动，许多论证几乎是逐字抄录的，所以后人怀疑它们本是属于两个不同的著作，被误编在一起了。第一卷第九章的后面一半（991^b9 以后）以及第十三、十四两卷的大部分章节也是批评一种“理念论”的，这种理论以为“理念”就是“数”，是一种内容非常奇特的数论。现在留下来的柏拉图的著作中没有讲到这种数论，后人怀疑这是属于柏拉图的门徒、亚里士多德当时主要的论敌斯潘雪浦、色诺克拉底等人的。那些论证应该另文释义，不在本文讨论范围之内。

亚里士多德批判“理念论”的论证不容易读懂，这由于两方面

① 柏拉图《斐多篇》100B—E。

原因：第一，这些论证过于简单，好几个论证甚至只有结论，没有前提和推论，有些前提和推论要从《形而上学》一书的其他各卷中才能找到。我们将在下一节中具体诠释这些论证。第二，如果我们不了解亚里士多德对“理念论”批判的中心思想，即使我们读懂了亚里士多德的论证，也会觉得这些论证是荒谬可笑的，和我们的思想习惯是格格不入的，因为他的这些论证都是以一个中心思想为基础的。这个中心思想，亚里士多德自己在《形而上学》第十三卷第九章 $1086^{a}29—^{b}13$ 中曾经阐述过：

……对于那些相信“理念”的人，要同时检查他们的思想途径和他们所陷入的困难。因为他们既将“理念”当作是普遍的东西，同时又将它们当作是可以分离的、是单独的个体。而这点，上面已经论证过，乃是不可能的。为什么那些将它们的本体描述为普遍的东西的人，却又要将这两种对立的特性在同一东西中结合起来呢？（引者注：即认为“理念”既是普遍的、一般的东西，却又是可以分离存在的个别的、特殊的东西。）理由就在于他们认为本体和可感觉事物不是同一个东西。他们认为在感觉世界中的个别事物都是在流动的状态之中，都不是停留不变的，而普遍的、一般的东西则是在它们以外的某种和它们不同的东西。在我们以前的讨论中已经说过：苏格拉底曾以他的定义推进了这种理论，但是苏格拉底并没有将普遍的东西从个别的东西中分离开来；就在没有将它们分离开来的这一点上，他的想法是正确的。从结果看，这点是明白的；因为如果没有普遍的东西，就不可能得到知识，可是分离却是引起对于“理念”的反驳的原因。而苏格拉底的继承者却以为如果在可感觉的、变化无常的实体以外还有任何本体的话，它们就必然是可以分离的，对于这些普遍地表述的本体，不能有别的，只能给它们以分离的存在，以致得出：普遍的东西和个别的事物几乎成为同一类的东西了。这点就是我们已经指出的一种困难。

亚里士多德在这里提出来的问题，实在是辩证法中一个极为重要的问题，即一般和个别的关系的问题，也就是普遍性（共性）和特殊性（个性）的关系问题。这是辩证法的问题，同时也是认识论中的重要问题。

对于一个具体的事物，我们要认识它，首先是直接的感觉，即认识的感性阶段。从感性认识上升到理性认识，开始必须经过抽象分析，得出一些简单的、一般的规定性来。这样经过抽象分析所得到的简单的规定性，就是事物的一般性、普遍性、共性。用上面柏拉图所举的例子来说：我们将美的花、美的人等等加以比较，由此及彼，得出来美的一般性，它既不是这朵花的美，也不是那个人的美，不是任何特殊性的美；但又是那朵花的美，又是这个人的美，是它们之所以为美的美的共同性。柏拉图称之为“美的理念”，用我们的话来说，这就是美的一般性、普遍性、共性，可以称作“美一般”。

从人类思想发展的历史来看，要辨别一般和个别，并不是很容易的事情。古希腊哲学思想中，在苏格拉底以前的哲学家们，尤其是爱利亚学派的巴门尼德，已经或多或少地感到要区别一般和个别，但是他们甚至不能明确地提出这个问题来。根据亚里士多德的记载，苏格拉底是第一个要从特殊的个体去寻求普遍的定义的人。所以在柏拉图早期的“苏格拉底的对话”中，一再重复着这样的问答：提出什么是勇敢、什么是美等等问题，可是得到的回答却总是说某一种特殊的勇敢或美，例如说的是男人的勇敢或女人的美等等。苏格拉底一再驳斥这种回答，强调指出，他所要求的答复乃是一般的勇敢或美，是普遍的定义。由此可见，当时一般人分不清个别和普遍，苏格拉底是最早明确地提出来要在个别的事物中寻求普遍的定义的人。我们应该承认这是人类思想发展史上一个必不可少的步骤，是一个进步。马克思在《〈政治经济学批判〉导言》中说：“生产一般是一个抽象，但是只要它真正把共同点提出来，定下来，免得我们重复，它就是一个合理的抽象。”① 但是如果单提出这样的一般性，而不了解一般和个别的辩证联系，不了解共性即寓于个性之中，就不可能用来说明现实的事物。所以马克思接着又说：“总之：一切生产阶段所共同的、被思维当做一般规定而确定下来的规定，是存在的，但是所谓一切生产的一般条件，不过是这些抽象要素，用这些要素不可能理解任何一个现实的历史的生产阶段。”②

柏拉图的“理念”实在就是脱离了个别的一般。假设“理念论”本来就是为了解释现实世界，但是，这种“理念”当然也不可能用来理解任何一个现实事物的。正是由于这一点，我们在下文将看到亚里士多德批判柏拉图的“理念”是：如一个人本来要计数一些事

① 《马克思恩格斯全集》，中文1版，第12卷，735页，北京，人民出版社，1962。
② 同上书，738页。

物，由于难于计数，所以将这事物增加了一倍，结果当然是更难于计数。这也就是说，柏拉图的“理念”不能用来解释现实世界。

所以柏拉图的“理念”不过是一个空洞的抽象物。柏拉图自己在后期对话篇中，似乎已经意识到他原有的“理念论”的这种不可克服的困难。为了摆脱这种窘境，他在《巴门尼德篇》特别是《智者篇》提出所谓的“通种论”，就是想用一种抽象的范畴（也就是“理念”）之间的相互联系的学说来修改原有的“理念论”，但是由于他并没有从根本上放弃他原有的唯心主义立场，所以并没有能真正摆脱原来的困难。

在人类思想发展史上，苏格拉底开始提出来从个别事物中寻求普遍性的问题，但是并没有能解决它。柏拉图紧紧跟随着苏格拉底，他将苏格拉底的思想向前移动了一步。但是恰恰就是这一步，柏拉图却将苏格拉底的普遍性“部分片面地、夸大地、发展（膨胀、扩大）为脱离了物质、脱离了自然的、神化了的绝对”①。柏拉图将本来不过是具体事物的普遍性、一般抽象物的“理念”，片面夸大为可以和具体事物相分离开来的超现实世界中的实体了，这就是作了唯心主义的歪曲。以上亚里士多德所说的“理念论”的根本错误，就是指的这一点。当然，苏格拉底也是一个唯心主义者，但是苏格拉底的唯心主义表现在其他方面。正像以上引文中亚里士多德所指出的，苏格拉底并没有将普遍和个别分离开来，在这一点上，他还是正确的。

亚里士多德开始认识到：普遍性如“理念”，本是我们的思想从客观对象中抽象它的某一方面而得出来的东西，只有在我们的思想中才能将它从客观对象中分离出来；而在客观实在里，它就只能是在对象之中的，不能离开具体的对象而独立存在。“分离”是亚里士多德用来批判柏拉图“理念论”的一个重要的专门术语。在思想中，我们固然可以将普遍性从具体的对象中抽象出来，作为一个个彼此“分离”开的，又是和具体的对象“分离”开的概念来进行考察，但是这种“分离”只是在思想中才是可以允许的，在现实的客观世界中却是不存在的。在客观世界中，只有一个个独立的、具体的个体才是彼此“分离”存在的东西，这一个苏格拉底（个别的人）和那一个柏拉图（个别的人）当然是彼此“分离”开来独立存在的个体，

① 《列宁全集》，中文1版，第38卷，411页。

谁也不能在任何别一个人之中，但是他们的共同性即“人”这个一般的东西，却只能是在一个个具体的人之中，作为这一个人和那一个人的某一方面（他的共性）而存在，决不能在苏格拉底或柏拉图或任何一个具体的个别的人以外，“分离”开来独立存在的。当然，在客观实在的世界里，更不可能有一个一个彼此“分离”的、独立存在的普遍性了。在客观世界中，只有具体的个体才是彼此“分离”开来而独立存在的，普遍性、一般性是不能“分离”存在的。亚里士多德指出：那些相信“理念”的人，即苏格拉底的继承者们——当然首先就是柏拉图本人，“既将‘理念’当作是普遍的、一般的东西，同时又将它们当作是可以分离的、是单独的个体”。亚里士多德认为：“这是不可能的”。一般的东西本来是从具体事物中抽象出来的，既经抽象出来，它就不再具有具体事物那种可以“分离”而独立存在的特性了。具体事物的个体性和“理念”的普遍性是两种根本不同的属性，现在柏拉图却将个体性也加到“理念”上去了，使“理念”也成为可以“分离”（既和具体事物分离，又彼此互相分离）的客观存在的实体，这就是“将这两种对立的特性在同一东西中结合起来”，这就是混淆了这二者间本来的区别，将它们看成是“同一类的东西”。为什么会产生这样的错误呢？亚里士多德指出，原因就在于柏拉图一方面受了赫拉克利特的思想的影响，“认为在感觉世界中的个别事物都是在流动的状态之中，都不是停留不变的”，但是我们知道，作为一个坚决的唯心主义者和形而上学者，柏拉图是不能真正接受赫拉克利特的这种素朴的辩证唯物主义的观点的，所以他将赫拉克利特的这种思想限制在他所说的现象世界即“影子”和“摹本”的世界之中，才是有效的。柏拉图的核心思想则是接受爱利亚学派巴门尼德的唯心主义和形而上学，认为真实的世界或这个现实世界的本体乃是永恒的、不变的、绝对的东西。这个永恒的、绝对的本体和那个不断流动的现实世界，在他看来，应该是两个根本不同的实体。这本体就是列宁所说的片面夸大了、神化了的绝对。这样，他就将两个世界“分离”开来了。所以亚里士多德批判柏拉图“理念论”的中心思想，就在于指出柏拉图“将普遍的东西从个别的东西中分离开来”，这就是上面这段引文的核心。亚里士多德批判柏拉图的“分离问题”，在西方哲学史上，从中世纪以来一直是个争论不休的问题。

这个问题也只有用辩证唯物主义的观点才能真正解决。

列宁在《哲学笔记》中，特别在其中的《谈谈辩证法问题》一文中，再三强调了个别与一般这两个对立面的辩证联系，在那里，列宁就引用了亚里士多德的《形而上学》的一句话（999^{b}18—19）："因为不能设想：在个别的房屋之外还存在着一般的房屋。"然后列宁就分析了一般和个别的辩证联系：

> 这就是说，对立面（个别跟一般相对立）是同一的：个别一定与一般相联而存在。一般只能在个别中存在，只能通过个别而存在。任何个别（不论怎样）都是一般。任何一般都是个别的（一部分，或一方面，或本质）。①

毛泽东在《矛盾论》中分析矛盾的普遍性和特殊性，指出这就是矛盾的共性和个性的关系，他说：矛盾的普遍性"是共性，是绝对性。然而这种共性，即包含于一切个性之中，无个性即无共性。假如除去一切个性，还有什么共性呢？"② 矛盾的特殊性是相对的。他还指出："这一共性个性、绝对相对的道理，是关于事物矛盾的问题的精髓，不懂得它，就等于抛弃了辩证法。"③

在西方哲学史上，苏格拉底和柏拉图开始提出普遍性的问题，亚里士多德则是最初感到普遍性与特殊性二者之间有辩证关系的人。我们只能说他是"感到"这个问题，因为他对于这个问题的认识还是模糊的、不一致的。在他批判柏拉图的时候，他反对将普遍和个别分离开来，主张一般存在于个别之中，这时候他是正确的。但在他自己的哲学体系中，最后还是分不清一般与个别的关系，又重新陷入他自己所批判的唯心主义的泥坑中去了，所以列宁说他是"在一般与个别的辩证法，即概念与感觉得到的个别对象、事物、现象的实在性的辩证法上陷入稚气的混乱状态，陷入毫无办法的困窘的混乱状态"④。为什么会产生这种情况？留待本文第四节再作说明。

亚里士多德批判柏拉图将"理念"和个别事物分离开来，这个思想是符合辩证法的"共性包含于个性之中"的原理的。这一点是我们理解以下亚里士多德的这些论证的锁钥。

---

① 《列宁全集》，中文1版，第38卷，409页。

② 《毛泽东选集》，1版，第1卷，294页，北京，人民出版社，1952。

③ 同上书，295页。

④ 《列宁全集》，中文1版，第38卷，416页。

三

现在我们可以来具体解释亚里士多德批判柏拉图“理念论”的论证了。

这些论证大体可分为十个。

第一个论证　亚里士多德一开始就嘲笑这些主张“理念”的人说：他们要寻求周围事物的原因，却引进了另外一些与这些事物数目相等的东西——“理念”，这就有如一个人要想计数事物，却认为事物太少不易计数，就将要计数的事物扩大一倍，然后再来计数，同样是可笑的（990^{b}1—4）。[①] 这是因为他们对于每一事物，都要肯定一个和它同名的，可是在它以外独立存在的本体。对任何一组事物，在这一组多数的事物之上都有一个“一”，这个“一”就是“理念”，“理念”只能是单一的。譬如有无数个具体的人，但只能有一个“人的理念”。

柏拉图的“理念”就是在同一组多数的事物之上肯定的一个同名的东西。柏拉图并没有给每一个单独的具体事物（如个别的人——这一个苏格拉底）肯定一个“理念”，所以他只有“人的理念”而没有“苏格拉底的理念”。在西方哲学史上，是在罗马哲学时期新柏拉图学派的普罗提诺（204—270）才开始为个别的事物肯定一个“理念”的，所以柏拉图的“理念”是“多中之一”，是“以一统多”。

既然“理念”是多中之一，那么具体的事物必然是多数的，“理念”为数就比较少，怎么亚里士多德说它们数目相等呢？罗斯对此的解释是[②]：因为在柏拉图的哲学中，一个具体的人，不但可以有“人的理念”，还可以有许多别的“理念”，如这个人是大的，就有“大的理念”，他是白的，就有“白的理念”，他有头有足，就可以有“头的理念”和“足的理念”（见下文第五个论证）。所以一方面个别事物的数目可以是无穷的，另一方面“理念”的数目也可以是无穷

---

① 以下仅举贝刻尔本页码，没有必要时不再引文。《形而上学》第一卷第九章的中译文可以参看《古希腊罗马哲学（原著选辑）》，284～292页。

② 参看罗斯：《亚里士多德的形而上学》（校释本），第1册，191页，对990^{b}2的注释。

的，双方大体相等。

所以柏拉图对每一组东西，无论它是本体，还是性质、关系，都设下了一个同名的“理念”。因为这个“理念”是在这一组东西之外分离独立存在的，所以说他是将“事物扩大一倍”的这个批判才是有效的。因为我们总是将共性看成就在个体之中而不是在个体以外的，所以我们乍看这样的论证时，会觉得它不合理，怀疑它是不是像罗斯说的是“吹毛求疵”的；只有我们懂得了亚里士多德所批判的中心点就是分离问题，他所批判的“理念论”就是将普遍性也当成是一个个独立的个体时，才能理解这个批判并不是“开玩笑”，而是有意义的。以下的论证也都有同样的情况。

这个论证就是指出柏拉图的“理念论”本来是为了要解释具体的事物，可是他只是为这些事物肯定了一个同名的“理念”，除了将所要解决的问题增加了一倍（因为我们可以追问，要求柏拉图对“理念”再进行解释，说明其原因），从而增加了困难以外，并没有任何积极的意义。亚里士多德在《形而上学》第七卷第十六章中还嘲笑这些主张“理念”的人，实在不过是在可感觉的事物之上加上了一个“它自身”的词而已（1040^{b}33—35）。因为在柏拉图的著作中，“美的理念”有时也称作“美自身”或“绝对的美”。他只加上了这么一个名称，对于这名称能有什么内容，却不能真正说明。这里，亚里士多德已经看到：柏拉图所说的“理念”在实质上不过就是我们在上节中指出来的那种空洞的抽象物而已。

第二个论证 （990^{b}9—16）按照柏拉图论证“理念”存在的方法，即凡一类多数的事物，就有一个和它们同名的“理念”，那么，我们就应该承认各种科学所研究的对象都可以有相应的“理念”。但是，这样就会有一些我们认为是不应该有“理念”的东西，也可以有它们的“理念”了。亚里士多德举出以下三类：（一）否定的东西，如对于正义的否定就是不正义，美的否定就是丑（可以参看柏拉图《理想国》475E—476B）。既然在现实世界中存在着多数不正义的和丑的事物，那就得承认有“不正义的理念”和“丑的理念”了。可是这是和柏拉图“理念论”的精神相违背的，柏拉图的“理念论”是唯心主义目的论的思想，《理想国》中肯定“善的理念”是最高的存在，一切“理念”都应该是善的、最好的。从目的论的观点看，就不能承认有“不正义的理念”和“丑的理念”。柏拉图《巴门尼德篇》（130D）中的少年苏格拉底就不承认有头发、污泥这一类最无价值的东西的“理念”。亚里士多德在《形而上学》第九卷第九章1051ª15中指出：“坏的理念”就要比坏的事物更坏。这就和目的论的“理念论”根本相反了。（二）既然有能生灭的事物，就应该承认有“能生灭的理念”了。可是这也是和“理念论”的根本精神相冲突的。因为按照“理念论”，“理念”就是永恒不变、不能生灭的，所以“能生灭的理念”乃是自相矛盾。现在我们知道：从一类能生灭的事物中抽象出来它的共性“能生灭的”，这本身是一个抽象物，它和能生灭的具体事物是不同的，这里不发生矛盾。但是柏拉图是将“理念”看成事物的绝对性，所以“美的理念”就是最美、绝对的美（柏拉图《会饮篇》211A）。因此，“能生灭的理念”也就应该是最能生灭的，它就不应该再是永恒不变的“理念”了。（三）有一些我们认为它不是独立一类的东西，例如事物之间的关系，譬如等于、大于、小于，是否也有“等于的理念”、“大于的理念”、“小于的理念”呢？柏拉图在《斐多篇》74A、75C、100E中曾经承认有这一类关系的“理念”，但在《巴门尼德篇》131D—E，他却论证这些“理念”是不可能的。

这个论证指出的是，如果按照“理念论”的原则，则任何一类多数的事物，都可以有一个同名的“理念”，但是这样就要破坏了“理念论”。据说，在柏拉图的学园内，对于哪些事物可以有“理念”，哪些不可以有“理念”，本来就是一个争论不休的问题，所以亚里士多德指出它的这一个弱点。

第三个论证 只有一句话。亚里士多德说：“有一些论证则引进了第三者。”（990ᵇ16）

什么是“第三者”？它在《形而上学》一书中出现过不止一次，但都没有具体说明。有人猜想在柏拉图学派中，这是一个惯用语了，所以亚里士多德认为无须再加说明。（顺便提起，无论在罗斯的英译文中，或是在现有的中译文中，都将这个论证和上一论证联在一起，好像是同一个论证。其实，这是两个并没有必然联系的、彼此不同的论证。）幸亏在柏拉图《巴门尼德篇》132A—133A中，曾经比较详细地论证过“第三者”，使我们现在还能知道它的内容。这论证大致如下：如果有甲、乙、丙、丁等许多个别事物，由于它们都具有共同的性质，例如都是美的，从而有一个同名的“美的理念”和它们分离存在着。那么，以同样的推论方法，我们也可以说：在这些个别事物（这是第一者）和这个“美的理念”（这是第二者）之间，也具有共同的性质，我们就应该肯定有“第二个美的理念”和它们分离存在着，这就是“第三者”了。用同样的推论方法，我们还应该承认有“第三个美的理念”、“第四个美的理念”……以至于可以有无穷个“美的理念”的存在了。

这个推论是说：如果肯定了有和事物分离存在的“理念”，从而有两个彼此独立存在的世界，则以同样的推论方式，我们就应该承认有无穷个“理念”，也就是有无穷个世界了。显然，这是荒谬的。这个论证之所以能是有效的，并不是如罗斯所说是“开玩笑”的，也是因为它是以“理念”和个别事物的“分离”为前提的。如果以为“理念”即在个别事物之内，当然不能作出这样的推论来。

第四个论证 应该有重要的意义，可惜其中还有一句话，可能原文有错误，不能解释。引文如下：

> 一般说，关于“形式”的论证毁坏了事物，我们对于这些事物的存在是比对于“理念”的存在更为关心的；因为由此就要得出：在先的不是“二”而是数了，就是相对的先于绝对的了。(990^{b}17—20)

这一段话所以具有重要的意义，乃是因为亚里士多德在这里明白地宣告：我们对于现实世界中的具体事物的存在，是比对于“理念”的存在更为关心的，因为我们本来就是要说明这个现实的世界。可是现在，这些关于“理念”的论证并不能解释事物，反而毁坏了事物。为什么毁坏了事物？这点可以看下文第七个论证。当亚里士多德宣告我们最关心的是现实世界中的事物时，可以说他是站在清醒的唯物主义的立场上的。

这一段话的后一半是不能解释的。前半句说“在先的不是‘二’而是数了”。这里的“二”一般都解释为“没有定的二”，在柏拉图后期有关于数的理论中，也在亚里士多德的《形而上学》中，这“没有定的二”乃是被看成为组成具体的数的“质料”的，而这里所说的“数”则是指数的“理念”或“形式”。“形式”或“理念”先于“质料”，这和“理念论”是符合的。但是按照“理念论”，“理念”是绝对的，事物是相对的，则后半句应该说是“就是绝对的先于相对的了”，却为什么说是“就是相对的先于绝对的了”呢？这是不能解释的。罗斯在注释中引了古今若干注释家的解释，也都不能说明问题。罗斯自己解释说，因为根据亚里士多德的《范畴篇》，“数”虽是属于“量”的范畴，但也可以归到“关系”的范畴，“关系”的范畴就是相对的[①]（“关系”和“相对”在希腊文和英文中都是同一个词根），但也不能解释清楚这个问题。这个问题所以会引起我们注意，因为亚里士多德所说的“在先的”，不单是指时间上在先，而且也指“本体上在先”[②]，他所说的“在先的”，实在有我们现在说的“存在和意识谁是第一性的”中的“第一性”的意义。本来这句话可以为我们在第四节中探讨亚里士多德这些批判究竟在多大程度上是站在唯物主义立场上的这个问题提供一些线索，可惜遇到这个矛盾，使我们不能判断亚里士多德自己对于谁是在先的东西这点究竟是如何看法的。

第五个论证 按照柏拉图的“理念论”，个别的人如苏格拉底可以有“人的理念”，但他同时有性质如“白”、数量如“大”，就也可以有“白的理念”、“大的理念”。苏格拉底这一个人就可以有许多个“理念”，这样就会遇到成千种困难（990^b23—27），例如柏拉图在《巴门尼德篇》129C—D提出来的：苏格拉底既是一个，他又有许多部分，所以又有“多”的性质，那么是否他同时分有了相对立的“理念”——“一”和“多”呢？

在亚里士多德的哲学里，为了避免柏拉图“理念论”的这一困难，所以将“存在作为存在”进行分类，就是他的“范畴”。在十个范畴中，“本体”范畴是中心，其他的范畴如“性质”、“数量”、“关系”等都是附属于“本体”的。这样，苏格拉底就只能分有“本体”的范畴——“人”了，不能分有什么“白的”、“大的”理念（990^b27—33，参看本章992^b18—23）。

但是这样一来，又产生另外一个问题：既然这同一个字（在上述例子中，即“人”），它既是可感觉事物的本体，又是“理念世界”中的本体，那么为什么要将“理念”说成是在个别事物之外的东西呢？（990^b33—991^a2）由此也可以看出：亚里士多德还是紧紧抓住他的中心思想——分离问题的。

第六个论证 “理念”和分有“理念”的事物既然是同名的，它们之间总有某些共同的东西，或者有共同的实质，或者只有一个共同的名称。亚里士多德自己举的例子：加里亚这一个真正的人，他和一个木偶之间并没有共同的实质，但是人们却将它们都叫作“人”，只能说是因为它们有一个共同的名词而已（991^a2—8）。

---

① 参看罗斯：《亚里士多德的形而上学》（校释本），第1册，196页，对990^b20的注释。

② 亚里士多德关于“在先”的理论，可参看《形而上学》第九卷第八章。

这问题也就是："理念"是这一类具体事物所共有的实质呢，还是只是它们所共有的名字？这就是中世纪哲学中唯实论和唯名论争论的出发点。将"理念"（中世纪开始称作"共相"）当成是在具体事物以外存在的实体，那就是唯实论者的唯心主义理论，是直接继承柏拉图的"理念论"的。唯名论者则认为"共相"只是在事物之内的名称，是不能离开事物而独立存在的。马克思说唯名论者是"唯物主义的最初表现"。由此也可以看出，亚里士多德的这些批判决不是没有道理的。

第七个论证 亚里士多德特别指出：这是"尤其重要"的一个论证。因为原来的目的乃是要解释这个现实的世界，说明它所以能如此存在的原因。现在"理念论"所采取的办法是：在现实世界之外假定一个"理念的世界"。所以亚里士多德就问：假定了"理念"之后，对于现实世界中的具体事物能有什么帮助呢？他从以下三个方面来论证："理念"不但不能帮助解释现实世界，反而要毁坏了具体事物（991^{a}10—14）。他的论证过于简略，必须用柏拉图和亚里士多德其他著作中的论证来补充。

第一，因为"理念"是在个别事物以外存在的，并且它本身又是永恒不变、不能运动的东西。所以亚里士多德说它对于可感觉的事物，是既不能引起运动，又不能引起任何变化的。按照亚里士多德对于"四因"（质料因、动因、形式因、目的因）的看法，"理念"不是动因，所以不能解释事物的运动和变化。事实上我们看到柏拉图在有些对话中，确是不得不在"理念"以外再假设一些创造事物的动因的。譬如在《理想国》中，要让木匠按照"床的理念"来制作具体的床，要由"哲学王"按照"国家的理念"——"理想国"——来创造一个合乎理想的国家；后来在《蒂迈欧篇》中，就直接提出"创世主"，要由神来创造世界了。唯心主义最后一定走上宗教神学。这是没有例外的。

第二，"理念"也不能帮助我们去认识具体的事物。在柏拉图的认识论中，感性认识和理性认识是形而上学地割裂开来的——感觉和知识各自有不同的对象，具体事物是感性认识的对象，只有"理念"才是理性认识的对象。亚里士多德在《形而上学》第七卷第六章（1031^{a}30—^{b}7）中解释说："理念"是具体事物的本体，也就是事物的本质；我们不能用理性的知识直接去认识具体事物，必须通过认识事物的本质即其"形式"或"理念"，才能去认识具体事物。现在，因为事物的“理念”和事物是互相分离的，所以这条认识的途径是中断了。本文第二节中所引亚里士多德在《形而上学》第十三卷第九章中所说到的“如果没有普遍的东西，就不可能得到知识，可是分离却是引起对于‘理念’的反驳的原因”（1086^b6—8），就是指这个意思。这样，即使我们认识了“理念”，也不能通过它去认识具体事物。所以，“理念”不能帮助我们认识具体事物。

亚里士多德在第七卷第十五章（1040^a9—10）中还进一步论证说：如果“理念”是可以和个别事物分离存在的，这样的“理念”实际上就是独立存在的个体，因为只有个体才是能够分离存在的。既然“理念”是个体，它就只能是感觉的对象而不能是理性认识的对象了，这样的“理念”就是不能用理性认识去认识的东西，就是不能下定义的。这样就从根本上否定了对于“理念”的认识。

第三，假定“理念”，不但对于认识个别事物没有帮助，对于具体事物的存在也是没有帮助的。亚里士多德在《形而上学》第七卷第六章（1031^b8—12）中解释这一点：如果“理念”和个别事物是互相分离的，它们就是互相不同的。这样，“善的理念”（善的本质）就不是善的事物，“存在的理念”也不是存在的事物。这就是说，“善的理念”是不善的，“存在的理念”是不存在的。反过来说，善的事物不是“善的理念”，也就是说善的事物之中没有善的本质，所以善的事物是不善的；同样可以推论出，存在的事物是不存在的。如果这样，“存在的理念”是不存在的，就是从根本上否定了“理念”的存在；而存在的事物没有存在的本质，也就从根本上否定了一切具体事物的存在。所以，由于“理念”和具体事物的分离，导致了从根本上否认“理念”和具体事物的存在。这也就是“毁坏了”具体事物。

这个论证之所以是“尤其重要”的，因为亚里士多德在这里指出：如果“理念”和具体事物是分离的，则肯定了“理念”，而对于现实世界中的具体事物，无论是关于它们的运动、认识或是存在，都是没有帮助的。这样，肯定“理念”又有什么意义呢？这也就是从根本上否定了“理念论”。

第八个论证　“理念”不但不能说明具体事物的运动和存在，它也不能说明事物的产生。如果像柏拉图在《理想国》和《蒂迈欧篇》中所说的：“理念”是模型，具体的事物“分有”它们；亚里士多德说：“这不过是使用空洞的语言和诗意的比喻而已。”（991^a21—22）

这是因为：第一，是什么东西按照“理念”制造出具体事物来的呢？（991a23）第二，个别的事物如苏格拉底这个人，并没有“苏格拉底的理念”可以作为模型，可是苏格拉底这个人还是产生出来了。如果说苏格拉底还可以“人的理念”作为模型，也还有一些我们认为没有“理念”的东西，（亚里士多德举的例子是房子或戒指这些人造物。人造物是否有“理念”？在柏拉图的对话中是有不同的说法的，《斐多篇》中不提人造物的“理念”，《理想国》中却肯定有“床的理念”。）它们虽然没有“理念”作为模型，也还是产生出来了（991b6—7）。由此可见，“理念”作为事物的模型是没有必要的。

亚里士多德又进一步论证：如果以“理念”为模型，则一个具体事物可以有不止一个模型。这里，亚里士多德不讲性质、数量等等的理念，专就本体的“理念”说：对于苏格拉底这一个人，“人”（亚里士多德称之为“属”）是他的模型，而“人”的定义就是“两足的”（亚里士多德称之为“差别性”或译“属差”）“动物”（亚里士多德称之为“种”）。这样，苏格拉底这一个人也就有“人”、“两足的”、“动物”这几个模型了（991a27—29）。

再进一步指出：从以上“苏格拉底（个体）——人（属）——动物（种）”这个例子可以看到：“人”和“苏格拉底”的关系，是模型和摹本的关系；“动物”和“人”的关系，也同样是模型和摹本的关系。这样，“人”就既是模型，又是摹本了（991a29—32）。这又如何能维持模型说呢？在柏拉图的《理想国》中确是有这样的双重关系的：木匠根据“床的理念”制造出具体的床，画家又根据具体的床画出床的像来，所以具体的床在这里既是“床的理念”的摹本，又是床的画像的模型，但在这里就需要肯定两个创造者——木匠和画家了。

这个论证说明了，如果“理念”和事物是分离的，为了要说明事物的产生，柏拉图就只能说“理念”是模型。但模型说只是一个空洞的比喻，仔细考察一下就可以发现它是矛盾重重的。

第九个论证 亚里士多德在作了上述批判论证之后，又对将“理念”说成是“数”的理论进行了批判，最后总结起来说：

> 一般说，虽然哲学是寻求可感知事物的原因的，我们却放弃了这个任务（因为我们完全没有谈到开始发生变化的原因），而当我们幻想我们是说明了可感知事物的本体时，我们只是断言了第二类实体的存在，可是我们对它们是可感知事物的本体

的说明方式实是一种空话，因为，如我们已经说过的，“分有”乃是没有意义的。(992^{a}24—28)

本来是要寻求现实世界中的具体事物的原因，“理念论”提出了“第二类实体”作为具体事物的本体，但是“理念”如何能是本体呢？既然二者是分离的、独立存在的，便必须能够说明它们之间能发生什么关系。关于它们二者之间的关系，柏拉图的一种说法是模型说，这在上一论证中已经批判过了；还有一种说法是“分有”，亚里士多德现在指出这也是没有意义的。

亚里士多德在《形而上学》第一卷第六章中已经指出过：柏拉图并没能说明什么是“分有”以及具体事物是怎样“分有”理念的，所以只是留下了一个没有解决的问题（见本文第一节）。在《形而上学》第七卷第十四章中则比较详细地论证了“分有”将产生不可能的结果。主要论点有二：第一，“理念”是“多中之一”，必然是单一的，具体事物则是多数的；个体的人虽有成千上万，“人的理念”却只能有一个，“理念”有单一性。而且“理念”是绝对的，它是最完善的，所以它应该是完整的，有完整性。凡是“理念”就必须同时具有单一性和完整性这两种特性。现在既然多数事物都分有理念，这些具体事物又都是独立分离存在的，每一个事物都分有这同一个理念，如果它们每一个都分有一个完整的“理念”，那就应该有许多个“理念”，这就破坏了“理念”的单一性。反之，如果要保持“理念”的单一性，则每一个具体事物所分有的就不能是整个的“理念”，而只能是“理念”的一个部分，可是这样也就破坏了“理念”的完整性。(柏拉图《巴门尼德篇》131B—E 中作过相似的论证。)所以，如果要保持“理念”的完整性，就要破坏它的单一性；如果保持单一性，就要破坏它的完整性。这样，如果是“分有”，“理念”的单一性与完整性就不能同时存在（1039^{a}35—^{b}2）。这个论证之所以能是有效的，也是必须有那个前提：“理念”是在具体事物之外分离存在的。所以实际上也是一种个体，不是抽象物，才会发生“分有”的是整体还是部分的问题。第二，同一个具体事物将“分有”相反的、对立的“理念”了（1039^{b}3—4）。这就如上文第五个论证中举过的柏拉图《巴门尼德篇》中的例子：苏格拉底既可以“分有”“一的理念”，又可以“分有”“多的理念”。

这个论证指出：要是将“理念”和事物分离开来，便必须说明这二者之间有什么关系。上一论证说明“模型说”是不可能的，这一论证说明“分有说”是没有意义的。这样，具体事物和“理念”之间就不能发生联系。那么，“理念论”对于说明具体事物又能有什么用处呢？这也就从根本上动摇了“理念论”。

第十个论证 亚里士多德最后还指出：对于“理念”的认识，作为一门科学乃是不可能的。因为按照亚里士多德的看法，任何一门科学对于它所要研究的对象必须是根本不知道的。例如学习几何学的人，虽然事先必须具有某些别的（例如算术的）知识，但对几何学所要研究的东西必然全无所知，才去研究它。但是关于“理念”的科学，它的对象就是最普遍的存在，它就是关于所有一切事物的科学。既然它的对象是无所不包的，学习“理念”的科学的人就必须对于所有一切东西都毫无所知。但是另一方面，无论学习任何科学，都必须在知识上先有一些前提，作为依靠，才能进行学习。要学习几何学，就必须先有算术的知识，作为前提。一个对所有一切东西都毫无所知的人，如何能着手学习关于“理念”的这门科学呢？（$992^{b}25$—$993^{a}1$）

这个论证看来似乎没有道理，但是如果我们以此与柏拉图的认识论——所谓“回忆说”联系起来看，就可以知道虽然亚里士多德在这里的表述并不恰当，但实在是包含了深刻的意义的。柏拉图既然将“理念”和具体事物分离开来，在认识论上他也就必然要将理性认识和感性认识分离开来。理性认识以“理念”为对象，感性认识以具体事物为对象。理性认识并不是从感性认识来的。这样就发生了“对于‘理念’的知识是从哪里来的”这样的问题。实际上这样的“知识”当然只是“无源之水、无本之木”。柏拉图就捏造说：我们关于“理念”的知识是天赋的。这就是他的“回忆说”。他在《斐多篇》75A—79D中论证“灵魂不灭”时说：人在出生以前，灵魂已经在“理念的世界”中认识了“理念”，降生以后，灵魂和肉体结合，关于“理念”的知识就暂时忘记了，当他看到各种具体的事物时，引起他“回忆”起相应的有关“理念”的知识来了。这种学说当然是彻头彻尾的唯心主义，是僧侣主义和神秘主义的理论。亚里士多德批判他的，正就是这种无源之水的认识论，所以他在最后驳斥柏拉图说：“如果这门科学真正是天赋的话，就很奇怪，何以我们竟没有觉察到我们拥有这种最伟大的科学呢？”（$993^{a}1$—2）所以这里他已经是在向唯心主义的“天赋观念说”进攻了。

柏拉图认为关于“理念”的科学乃是最高的知识，他称之为

"辩证法"。亚里士多德却指出，要是将理性认识和感性认识割裂开来，这门科学根本就是不可能的。

以上简单地解释了这十个论证。可以看出，这些论证并不是罗斯所说的是"吹毛求疵"地"开玩笑"，相反，亚里士多德的这些论证都是针对着一种理论，这种理论以为普遍性、一般是和具体事物相分离的一种单个的存在物。这种理论就是客观唯心主义，亚里士多德的这些论证都是对于客观唯心主义的批判，所以列宁说这些批判破坏了唯心主义的基础。

四

我们都知道，唯心主义尽管有千百样变种，但是归根结底，只有两大类型。一种是主观唯心主义，赤裸裸地宣称客观世界不过就是我的观念或感觉，这种唯心主义就是"唯我论"。在西方哲学史上，自从18世纪贝克莱主教宣扬这种主观唯心主义之后，特别是现代形形色色的资产阶级反动哲学都抓住这种腐朽的理论来为垂死的帝国主义作辩护。这种主观唯心主义在古代希腊还没有很明显的表现，古代早期的唯心主义大都是客观唯心主义。客观唯心主义宣扬一种超越于现实世界之上的某种本体。可以说这种唯心主义本来是从古代人类，由于科学尚未发达，对于周围许多现象不能解释，因而产生的宗教迷信中脱胎出来的。古代希腊哲学史，就是人类逐渐摆脱宗教神话，开始进行哲学思维的历史。其中一部分人一开始就以物质因素解释自然世界，将哲学思维和当时的科学实践联系起来，走上了健康的唯物主义的道路，这就是德谟克里特的原子论的路线；另一部分人走上了相反的道路，那就是以柏拉图为代表的唯心主义的路线。

古代希腊的唯心主义基本上都是属于客观唯心主义的。列宁在《亚里士多德〈形而上学〉一书摘要》中分析了产生这种唯心主义的认识论根源：因为我们人类对于客观事物的认识，不是简单的、直接的、像照镜子那般死板的动作，而是复杂的、曲折的，因而有可能使某一个片面被夸大，使幻想脱离生活。

> 不仅如此，它还有可能使抽象的概念、观念向幻想（最后＝神）转变（而且是不知不觉的、人们意识不到的转变）。因

> 为即使在最简单的概括中，在最基本的一般观念（一般“桌子”）中都有一定成分的幻想。①

柏拉图的“理念论”就是这种幻想的产物。上面第二节中已经提到：从具体上升到抽象是人类思想必经的历程，但是将抽象得来的一般的共性、概念、观念片面地夸大起来，使其脱离了生活、脱离了现实世界，成为超越在现实世界之上的某个独立存在的、更真实的世界，这就完全是幻想，是虚构。这种“直线性和片面性，死板和僵化，主观主义和主观盲目性就是唯心主义的认识论根源”②。这种幻想出来的东西，最后必然又等于神，唯心主义总是和宗教僧侣主义分不开的。

亚里士多德所批判的，正就是这种唯心主义。这种唯心主义，虽然在古代是由柏拉图系统地表现出来的，但是它却决不是柏拉图所特有的唯心主义。应该说，至少是一切客观唯心主义都具有这样的特点。列宁说得好：

> 原始的唯心主义认为：一般（概念、观念）是单个的存在物。这看来是野蛮的、骇人听闻的（确切些说：幼稚的）、荒谬的。可是现代的唯心主义，康德、黑格尔以及神的观念难道不正是这样的（完全是这样的）吗?③

属于这一类唯心主义的，当然不止柏拉图和康德、黑格尔，在西方哲学史中，古希腊的毕达哥拉斯学派、爱利亚学派特别是巴门尼德，以后的新柏拉图学派、中世纪的唯实论者、近代哲学中莱布尼兹的单子论，以至现代资产阶级哲学中的新实在论，在一个意义下，也都属于这一类型的唯心主义。在中国哲学史中，孔子的“仁”和老子的“道”，难道不是这样的唯心主义？佛学的某些流派难道不是这样的唯心主义？从朱熹的“理学”一直到解放以前冯友兰先生的“新理学”更完全是这一种类型的唯心主义。尽管他们的表现方式各有不同，有的隐蔽些，有的赤裸裸些；有的简单些，有的“精致”些，可是都是将一般看作单个的存在物，都是将抽象物和现实分离开来，都是这种“野蛮的、骇人听闻的、荒谬的”唯心主义。所以，亚里士多德所批判的，乃是这些唯心主义所共同的特征和共同的

---

① 《列宁全集》，中文1版，第38卷，421页。

② 同上书，412页。

③ 同上书，420～421页。

基础。

但是，在这张不完全的名单中，我们还必须列入亚里士多德自己的哲学。

上节解释亚里士多德批判“理念论”的论证时，已经提到这些论证中是具有唯物主义的特征的。亚里士多德批判“理念论”时所具有的唯物主义成分还表现于他在《形而上学》第十三卷第三章中指出普遍性或一般的存在物，乃是在我们思想中将它从客观对象中抽象出来的。列宁指出，这是“卓越地、明确地、清楚地、唯物主义地解决了这些困难（数学以及其他科学把物体、现象、生活的一个方面抽象化）。但是，作者没有使这种观点贯彻到底”①。

亚里士多德不可能将唯物主义的观点贯彻到底。因为，在分析他的论证时可以看出，他只是在“分离”问题上批判“理念论”，所以他和柏拉图的对立，乃是“形式在事物以内”和“理念在事物以外”的对立。柏拉图主张“理念”在事物以外独立存在，当然是唯心主义；亚里士多德主张“形式”在事物以内，却不见得就是唯物主义。因为主张“形式”在事物以内，虽然是比柏拉图的“理念论”前进了一步，是合乎辩证法的“共性在个性之中”的，但是，问题并没有全部解决，它还没有完全回答哲学的根本问题，即谁是第一性的问题。既然我们可以在思想中将“形式”从具体事物中抽象出来，这个“形式”和具体事物之间，或是它和与“形式”相对立的“质料”（“质料”实在就是亚里士多德所解说的物质）之间，还有一个是谁决定谁的问题：是“形式”决定“质料”，还是“质料”决定“形式”呢？这也就是谁是第一性的问题。在亚里士多德的哲学中，常以是谁“在先”的形式提出来的。因为，“形式”在事物之中，仍有两种可能：一种是“形式”决定“质料”，即“形式”在“质料”之先，这仍是唯心主义；一种是“质料”决定“形式”，这才是唯物主义，才是毛泽东同志所说的“无个性即无共性”。正是在这个问题上，亚里士多德动摇于唯物主义和唯心主义之间，不能将唯物主义观点贯彻到底。在他较早的著作《范畴篇》中，他主张具体事物是第一性的本体；但到了《形而上学》一书，特别是在其中专门讨论本体问题的第七、八、九卷中，他却明白断言“形式”是第一性的本体；在《形而上学》第九卷第八章中，他全面论证了“现实性”

① 《列宁全集》，中文1版，第38卷，422页。

先于“潜能性”，也就是“形式”先于“质料”的问题。“形式”不但是时间上在先，而且是“本体上在先”和“逻辑上在先”。这就是说，亚里士多德明确地认为“形式”是第一性的，“质料”是第二性的。他并不认为“无个性即无共性”，相反，他是主张无共性即无个性的。因此，他已经是堕落到唯心主义了。

亚里士多德哲学中的唯心主义，可以归结为他的神学（《形而上学》第十二卷）。但他的神学，就是以这种形式第一性、质料第二性的哲学学说为其理论基础的。在他看来，“质料”是第二性的，它只是潜能，没有运动的能力；只有“形式”才是现实性，是事物的“动因”，所以是第一性的。他就由此推出所谓“最高的形式”，或“无质料的纯粹形式”亦即“神”出来，从而完成了他的唯心主义体系。

（附带提到：现在有些哲学史著作中，都将《形而上学》第七、八、九卷论证“形式”是第一性的本体这一点忽略掉了，好像亚里士多德是一贯主张具体事物是第一性的本体，从而好像他是一贯站在唯物主义的立场上似的。其实，这种看法不符合历史实际，亚里士多德关于“本体”的思想是有改变的，从《范畴篇》中的唯物主义思想转变到《形而上学》中的唯心主义思想。这问题需要详细讨论，留待日后对《形而上学》第七、八、九卷的诠释。）

亚里士多德既然不能贯彻唯物主义的观点，而是在唯物主义和唯心主义之间动摇；同样的，他也不能贯彻辩证法的观点，而是在辩证法和形而上学之间动摇。他主张一般只能在个别之中，不能在个别之外，这是合乎辩证法的。但是他主张在个别之中的一般可以先于个别，既是时间上在先，又是本体上在先、逻辑上在先。我们可以设想：如果一般在个别之先，那岂不就是说，在还没有个别的时候，可以先有一般吗？这样一来，亚里士多德岂不还是承认有离开个别的一般，岂不仍是将一般和个别割裂开来了吗？在他的哲学体系中，不得不肯定有一个没有任何“质料”的“形式”，不动的“第一动者”，它就是思想，也就是神，这和柏拉图的“创世者”还有什么区别呢？亚里士多德在开始的时候主张一般和个别不能分离，到后来，还是将一般与个别割裂开来。难怪列宁说他：“这个人就是弄不清一般和个别、概念和感觉、本质和现象等等的辩证法。”[1] 亚

① 《列宁全集》，中文1版，第38卷，418页。

里士多德的哲学，就是这样地在唯物主义和唯心主义、辩证法和形而上学之间摇摇摆摆。所以列宁说他对于柏拉图“理念论”的批判是既具有“唯物主义的特征”，又是“一个唯心主义者批判另一个唯心主义者”①。

在哲学史上，主张普遍性在具体事物之中，然而普遍性又在具体事物之先的这种唯心主义者，绝不止亚里士多德一个人。在亚里士多德以前，至少有苏格拉底。本文第二节中所引亚里士多德在《形而上学》1086a30—b13 中说的：苏格拉底没有将普遍的东西和个别的东西分离开来，就这点说，他是正确的。——但在我们看来，苏格拉底也和亚里士多德一样，只有前一半是对的，后一半主张普遍的东西先于个别的东西时，他也仍然是唯心主义者。中世纪经院哲学中的唯实论者内部就有这样的对立：早期的唯实论者如安瑟伦，接近柏拉图的观点，主张“共相”是客观实在的，可以离开具体事物而存在，有人称他们是“极端的实在论”；后期的唯实论者如托马斯·阿奎那，就是接受了亚里士多德的观点，认为“共相”在具体事物之中，他被称为“温和的实在论”。但无论是前者或是后者，却都是唯实论，都是唯心主义。在近代哲学史中，像柏拉图这种类型的唯心主义比较少见，通常都是属于亚里士多德这一类型的。黑格尔就是最显著的例子。黑格尔站在辩证法的立场上，主张一般不能和个别分离，但是他认为“绝对理念”是第一性的，客观物质世界不过是它的“外化”而已。黑格尔和亚里士多德是属于同一类型的唯心主义者。

了解亚里士多德对于柏拉图“理念论”的批判，对于我们划清唯物主义和唯心主义的界限也可以有所帮助。

将亚里士多德对于柏拉图“理念论”的批判，和中国哲学史上清代哲学家王船山、戴东原对于宋明理学的批判相比较，可以看出他们有相似的论点，但结果却根本不同。他们都反对将一般与个别相割裂，都是主张“理在事中”的，在这点上，都具有辩证法的思想。但是王船山和戴东原是以“理在事中”去反对“理在事先”，亚里士多德却只是以“理在事中”去反对“理在事外”。表面上只差了一个字，但这一字之差却导致了根本的对立。反对“理在事外”，主张“理在事中”，这是对的，但是这样还没有解决哲学根本问题，因

① 《列宁全集》，中文1版，第38卷，313页。

为这个在事中的“理”，它和“事”的关系，究竟是何者在先呢？这里仍可以作出根本对立的回答来：主张“事在理先”，即个别决定一般，具体事物是第一性的，这才是唯物主义的回答；反之，主张“理在事先”，即一般决定个别，“理”是第一性的，这就是唯心主义的回答。所以王船山、戴东原以“理在事中”去反对“理在事先”，这是明确地站在唯物主义的立场上反对唯心主义。而亚里士多德以“理在事中”只是反对“理在事外”，自己又主张“理在事先”，这就是站在唯心主义立场上了。虽然主张“理在事中”，但又主张“理在事先”，最后就不能不承认在先的“理”是超越具体事物而存在的本体，这就是亚里士多德所说的“无质料的纯粹形式”的神。当走上这一步时，实际上又是主张在事物之上的“理”，从而就否定了他自己原先主张的“理在事中”。这乃是由于亚里士多德站在唯心主义的立场上，不能真正理解“理在事中”，不能以唯物主义去贯彻辩证法的思想，从而也就搞不清楚抽象和具体的关系。所以亚里士多德批判柏拉图“理念论”的理论，最后都可以用来批判亚里士多德自己，这就是亚里士多德在哲学史上所演出的悲剧。在西方哲学史上，从苏格拉底开始，经过亚里士多德和中世纪的温和的实在论者，一直到黑格尔，都是走的这条道路。在一般和个别的关系问题上，他们开始时都有些辩证法的思想，但由于他们坚持唯心主义，不能将辩证法贯彻到底，最后就堕入形而上学的泥坑。必须将辩证法和唯物主义结合起来。在一般和个别的关系问题上，毛泽东同志在《矛盾论》中所说的“共性即在个性之中，无个性即无共性”，就是最明确地表现了辩证唯物主义的观点的。

（原载《北京大学学报（人文科学）》1963年第5期）

后　记

1944年，我在西南联大读书，要作毕业论文，我对西方哲学史有兴趣，想从头读起，就选了柏拉图的哲学作为论文题目。第二年当了研究生，跟陈康先生读了点柏拉图和亚里士多德的书，开始学习怎样从哲学家的著作中分析研究他们的哲学思想。不久就迎来解放，哲学史被抛在一边，我转学马克思主义哲学了。1959年，我的生活发生了一次转折。1963年，让我重新搞哲学史，并且要我讲《形而上学》的课。当时有些爱好哲学史的同学告诉我，他们想读这本书，却遇到了不少困难。我开始想用马克思主义的方法对《形而上学》作些分析和解释。但是，我刚写了一篇文章（本书附录），就离开了学校。以后的工作，又是与哲学史没有直接关系的。

直到1979年初，要我参加多卷本西方哲学史的编写工作。虽然直到现在，这项工作还只是我的业余工作，但是我想，这次我应该有个长期的打算，准备为这项工作贡献我的余生。要写哲学史，就必须对最重要的哲学著作进行研究。我首先想到的还是《形而上学》。这本书在西方哲学史上的作用和影响是大家知道的，可是国内现在却很少有人研究这本书。我原来想根据比较权威的罗斯的英文译本和他的注释重新翻译这本书，但试译了几卷以后，发现这样做并不能帮助读者看懂这本书。因为罗斯的注释偏重于文字的校勘、词句的解释和对一些论证的逻辑进行分析，而对亚里士多德的哲学思想，他只在校释本的引言中作了简单的阐述，谈不到有细致的分析，当然，根本不可能作出科学的评价。所以，即使将他的注释也翻译出来，对于一般哲学史爱好者，仍旧是一本读不懂的书。最后，我采用了现在的办法，既翻译了原书的重要论证（为了易于了解，采取了意译），又加了分析和说明。本书讨论到的虽然还不是《形而上学》全书，但是这本书的主要部分已经包含在内了。这是一个尝试，这种写法对于想读《形而上学》这本书的同志是否会有些帮助呢？只能期待读者的指教了。

由于这是业余时间进行的工作，时间不多，我能借阅的书也不多，加上以上说的我自己的基础知识很有限，本书一定会有许多错误，希望同志们指正。

1981 年 1 月

重印跋

人民出版社要将1981年初版的拙著《亚里士多德关于本体的学说》收入《哲学史家文库》重印出版，非常感谢。但是十几年来我对亚里士多德思想的看法已经有点变化，乘此机会向读者交代一下。

当初写这本书的时候，正是那场毁灭文化的浩劫刚刚过去，在"解放思想"的旗帜下，学术界出现繁荣局面，西方哲学的研究也成为一个热门。我看到有些文章说到亚里士多德时都讲他所说的"第一本体（实体）"是具体的个别事物，有人甚至由此作出亚里士多德是唯物论者的结论。我以为这种看法至少是不全面的，说明我们对亚里士多德哲学研究太少，《形而上学》这部西方哲学史上的重要典籍没有受到应有的重视，所以决定写这本书。

这本书的主要思想得自陈康先生。1947年我在北京大学当研究生，陈先生给我们领读《形而上学》第七（Z）、第八（H）卷，就是先从《范畴篇》和《形而上学》第五（Δ）卷的有关章节讲起，指导我们如何从原著中学习分析论证从而整理它的发展线索。当时陈先生已经在耶格尔的思想影响下，接受用发生和发展的方法研究亚里士多德的思想。我写本书时已经看到陈先生发表在*Phronesis*上的论文Aristotle's Concept of Primary Substance in book Z and H of Metaphysics（《亚里士多德〈形而上学〉Z卷和H卷中的第一本体概念》），这是指导我写本书的主导思想，在"前言"中已经申明。本书出版后我才看到陈先生在台湾《大陆杂志特刊》上发表的文章《从发生观点研究亚里士多德本质论中的基本本质问题》（他讲的"本质"就是我们讲的"本体"，"基本本质"就是"第一本体"），对这个问题的一些关键问题作了精辟的分析。陈先生的这几篇文章已都收入我们编的《陈康论希腊哲学》（商务印书馆，1990）书中。

本书出版后我就开始《希腊哲学史》的写作，1993年开始准备写第三卷，我又回到亚里士多德《形而上学》这个主题上来。

这时候对西方研究亚里士多德的状况知道得多了一些，近几十年来他们争论中的一个大问题是：亚里士多德的形而上学中主要是神学（theology）还是本体论（ontology）？他在《形而上学》第四（Γ）卷提出哲学是研究“作为‘是’的‘是’”（ὂν ᾗ ὄν，being as being，过去将 *το ον*、being 译为“存在”，本书也是这样译的；现在将它改译为“是”和“是的东西”，理由在《希腊哲学史》第三卷中详述，此处不赘），从而开创了以 to on 为对象的 ontology，他说这门学问是以普遍的“是”为对象的，可是在第六（E）卷中他又提出第一哲学是研究一种特殊的“是”即永恒不动的独立分离的“不动的动者”，从而得出他的神学。西方学者因而争论：亚里士多德哲学研究的究竟是普遍的“是”还是特殊的“是”？又归结到普遍和特殊的问题，也就是本书中常讲的一般和个别的问题。欧文斯（J. Owens）神父在 *The Doctrine of Being in the Aristotelian Metaphysics*（《亚里士多德〈形而上学〉中“是”的学说》）中采用“核心意义”（πρός ἕν）的方法将“是”归结为本体，又将本体归结为第一本体——神，得出亚里士多德的哲学就是神学的结论。其他许多学者不同意他的意见，坚持亚里士多德的《形而上学》中，除神学之外还有独立的本体论学说。这时候我们已经看到陈康先生最后一部研究亚里士多德的著作 *Sophia*，*The Science Aristotle Sought*（《智慧·亚里士多德寻求的学问》，1976，纽约），陈先生也是不同意欧文斯的意见，将亚里士多德的神学和本体论综合起来研究，认为亚里士多德所寻求的既不能归结为神学，也不能归结为本体论。他自己意识到这两方面的矛盾，多次试图调和，但是没有成功，得出这样的结论。

稍后又从余纪元得到信息，他原是中国人民大学苗力田教授的研究生，毕业后先在意大利后在加拿大学习希腊哲学，1994 年获博士学位，他的博士论文 *Aristotle's Dual Metaphysics—An Interpretation of Metaphysics*（《亚里士多德的双重形而上学——〈形而上学〉ZHΘ 卷的解释》）中提出近二三十年来西方亚里士多德学者中又有一场争论，讨论亚里士多德所说的“形式”（eidos）究竟是普遍的还是特殊的？双方各有一些比较著名的学者，各自从亚里士多德著作中找到根据，反复辩驳各不相下。余纪元认为在亚里士多德的著作中确实有这两种不同的说法，在有些地方他说形式是 tode ti（“这个”），另一些地方则说形式是 toionde（“这样”，本书中译为

“如此”)；前者是在回答“本体是什么”即说它是本质时说的，后者是在回答“本体为什么生成”即寻求动因时说的；即使在《形而上学》第七（Z）卷同一卷中也出现这种矛盾的说法，余纪元也认为亚里士多德自己想调和这种矛盾没有成功。

我在写《希腊哲学史》第三卷亚里士多德的形而上学思想时，是将它作为整体来研究的，因而神学和本体论的关系成为重要问题，他所说的形式究竟是普遍的还是特殊的也是必须说明的。我同意陈先生和余纪元的观点，吸收他们的意见，说明亚里士多德形而上学中确实存在着矛盾。

但是在写本书时我还没有这种想法，虽然觉察到亚里士多德在第十二（Λ）卷中讲的神学和别的学说间有些矛盾，也只是将它当作亚里士多德关于本体学说的发展变化中的一个过程来看待（参看本书第六章的结束语）。关于亚里士多德所说的形式即本体和本质究竟是个别的（“这一个”）还是普遍的（“如此”）？在第九、十一章中也都作为问题指出过，却没有深究下去。这些问题在《希腊哲学史》第三卷中作了介绍和论述。

虽然本书存在这些缺点，但我还是同意将它重印，第一，它将《范畴篇》、《形而上学》第五、十二、七、八、九卷中关于本体的学说按先后发展顺序来论述，我以为是有根据的合于实际的，为读者提供亚里士多德思想发展的概貌；而在《希腊哲学史》第三卷中我们是将逻辑学和形而上学、神学和本体论分别论述的。第二，《形而上学》第十三（M）和十四（N）两卷是亚里士多德批判柏拉图学园将“相”（idea，过去和本书都译为“理念”，《希腊哲学史》第二卷改译为“相”）说成是毕达哥拉斯学派的数的学说的，在《希腊哲学史》第三卷中限于篇幅没有专门讨论，可是这部分学说当前西方有些学者颇感兴趣地作了研究，而本书为读者介绍了亚里士多德在这方面提出的基本论证。第三，这本书是我在思想解放初期写的，留下一些当时时代的痕迹。比如我几次引证列宁说亚里士多德“这个人就是弄不清一般和个别、概念和感觉、本质和现象等等的辩证法”这句话，而我现在的看法却认为：正是由于亚里士多德开始将一般和个别、概念和感觉、本质和现象区分开，才会产生后来的辩证法。这本书多少可以让后人看到我们这一代人在思想解放中的艰难历程。

人的认识是永远没有止境的，对亚里士多德哲学的研究也是永远不会有止境的，我在这里陈述近 20 年来思想的一点变化只不过是其中极微小的片段，希望能对有兴趣于亚里士多德哲学的读者有点助益。

1997 年 3 月

当代中国人文大系

文学

论二十世纪中国文学　谢　冕

新世纪的太阳

——二十世纪中国诗潮　谢　冕

中国反封建思想革命的一面镜子

——《呐喊》《彷徨》综论　王富仁

嬗变

——辛亥革命时期至五四时期的中国文学（修订版）　刘　纳

性格组合论　刘再复

中华古代文论的现代阐释　童庆炳

维纳斯的腰带

——创作美学　童庆炳

中西比较诗学（修订版）　曹顺庆

文学的维度　南　帆

修辞论美学

——文化语境中的20世纪中国文艺　王一川

众神狂欢

——世纪之交的中国文化现象（最新版）　孟繁华

历史学

古文献丛论　李学勤

楚史　张正明

夏商西周的社会变迁　晁福林

《周礼》主体思想与成书年代研究（增订版）　彭　林

简帛数术文献探论（修订版）　刘乐贤

秦史稿　林剑鸣

秦汉交通史稿（增订版）　王子今

汉代婚姻形态　彭　卫

察举制度变迁史稿　阎步克

唐、吐蕃、大食政治关系史　王小甫

唐代藩镇研究（增订版）　张国刚

唐五代敦煌寺户制度（增订版）　姜伯勤

宋朝阶级结构（增订版）　王曾瑜

宋代地方财政史研究　包伟民
宋夏关系史　李华瑞
元代大都上都研究　陈高华　史卫民
明清土地契约文书研究（修订版）　杨国桢
在国家与社会之间
——明清广东地区里甲赋役制度与乡村社会　刘志伟
市场机制与社会变迁
——18世纪广东米价分析　陈春声
明清福建家族组织与社会变迁　郑振满
近五百年来福建的家族社会与文化　陈支平
清代社会的贱民等级　经君健
江南的早期工业化（1550—1850）（修订版）　李伯重
中国的社与会（修订版）　陈宝良
近代中国社会的新陈代谢　陈旭麓
十九世纪后半期的中国财政与经济　彭泽益
太平天国的历史和思想　王庆成
离异与回归
——传统文化与近代化关系试析（增订版）　章开沅
二十世纪初中国政治改革风潮
——清末立宪运动史　侯宜杰
中国近代会党史研究（增订版）　蔡少卿
章太炎思想研究　姜义华
寻求历史的谜底
——近代中国的政治与人物　杨天石
胡适新论　耿云志
国学与汉学
——近代中外学界交往录　桑　兵
西学东渐与晚清社会（修订版）　熊月之
晚清政治革命新论（增订版）　郭世佑
美国的奠基时代（1585—1775）（修订版）　李剑鸣

哲学

哲学与主体自我意识　高清海
走向历史的深处　陈先达

理论思维的前提批判（第2版）	孙正聿
为马克思辩护	杨　耕
论黑格尔的逻辑学（第3版）	张世英
海德格尔思想与中国天道（修订新版）	张祥龙
走进分析哲学	王　路
现象学的始基（内外编）	倪梁康
论可能生活（第2版）	赵汀阳
生命伦理学	邱仁宗
激动人心的年代	李醒民
现代科学与伦理世界（第2版）	张华夏
希腊空间概念	吴国盛
中国佛教与传统文化	方立天
进化主义在中国的兴起（增补版）	王中江
中国伊斯兰探秘	金宜久
多元化的上帝观（增订版）	何光沪
宗教哲学研究（增订版）	张志刚
心学之思	杨国荣
孟子性善论研究（修订版）	杨泽波
情感与理性	蒙培元
从物质实体到关系实在	罗嘉昌
因果观念与休谟问题	张志林
科学活动论	刘大椿
中西美学与文化精神	张　法
现代西方伦理学史（上、下卷）	万俊人
庄子哲学及其演变（修订版）	刘笑敢
黄老与老庄	王葆玹
唯物主义的现代形态	萧前　杨耕 等
善的历程	杨国荣
思辨哲学新探	王树人
斯宾诺莎哲学研究（修订版）	洪汉鼎
明代哲学史（修订版）	张学智
价值论（第3版）	李德顺
逻辑哲学研究	陈　波
人活动的效率（修订版）	郭　湛
中国的儒学统治	刘绪贻
亚里士多德关于本体的学说	汪子嵩

图书在版编目（CIP）数据

亚里士多德关于本体的学说/汪子嵩著. —北京：中国人民大学出版社，2012.6
（当代中国人文大系）
ISBN 978-7-300-15679-8

Ⅰ.①亚… Ⅱ.①汪… Ⅲ.①亚里士多德（前 384～前 322）-本体论-研究 ②本体论-古希腊罗马哲学 Ⅳ.①B502.233

中国版本图书馆 CIP 数据核字（2012）第 079197 号

当代中国人文大系
亚里士多德关于本体的学说
汪子嵩 著
Aristotle Guanyu Benti de Xueshuo

出版发行	中国人民大学出版社		
社　　址	北京中关村大街 31 号	**邮政编码**	100080
电　　话	010－62511242（总编室）		010－62511770（质管部）
	010－82501766（邮购部）		010－62514148（门市部）
	010－62515195（发行公司）		010－62515275（盗版举报）
网　　址	http://www.crup.com.cn		
	http://www.ttrnet.com(人大教研网)		
经　　销	新华书店		
印　　刷	北京东君印刷有限公司		
规　　格	155 mm×235 mm　16 开本	**版　　次**	2014 年 8 月第 1 版
印　　张	19 插页 2	**印　　次**	2014 年 8 月第 1 次印刷
字　　数	293 000	**定　　价**	48.00 元